教育哲學導論

——人文、民主與教育

陳迺臣　著

目　　錄

作者簡介

陳迺臣 (1941~)，臺灣臺南人。

學歷：國立政治大學東方語文學系俄文組畢業，

政治大學教育研究所碩士，

美國佛羅里達大學哲學博士。

經歷：曾任臺南縣港明中學教師，

省立屏東師範專科學校講師、副教授，

臺北市立師範專科學校（師範學院）副教授、教授，並

兼總務主任、特殊教育中心主任、兒童研究中心主任、

初等教育學系主任，

國立花蓮師範學院院長，

國立高雄師範大學教育系（所）教授兼主任。

東海大學教授兼懷恩中學校長

現任：美國加州洛杉磯西來大學校長

序

再 版 序

　　本書初版於一九九七年二月，到今天正好滿四年又三個月。

　　在這幾年當中，世局有許多的變化，人類的命運似乎也在起起落落。教育改革的呼聲時有所聞，但是成效並不明顯。

　　教育改革如不能從整體和根源處著眼，則不可能有真正的效果。教育哲學希望提供的是對教育整體環境、整體架構的思考，而且是根本的、直探源頭的思考。教育界、政治界以及其他具有影響力人士的教育改革計畫，如果能夠多採取一些像教育哲學般的思考廣度和深度，對改革也許會有一些大的幫助。

　　許多人類和社會都是在力爭上游。在我們的周邊，也有許多值得我們學習的人事物。我們是生存在一個學習的社會中，而我們的人生也應該是個學習的人生。教育哲學所標示的是，如何學習才能真正有效地改善人生和社會。

　　教育哲學鼓勵人們多反省和思考，不僅是教育的問題，而且是人本身的問題、人生的問題，以及社會的問題。這當中有對人的關懷，也注意到如何有效思考，如何有效改善人生。這一切的基礎，是人思考如何提升自己，並加以實行。

　　一切教育是以人為本，所以是人文的教育。教育目的不在使人離群索居，不在做個自了漢，但是每個人必須先把自己料理好，先

把自己健全起來。沒有健全的個人，就沒有健全的社會；沒有健全的國民，也沒有健全的國家。每個人必須透過教育──不論是什麼形式的教育──把自己給健全起來，才不枉此生。

我是以此自勉，也以野人獻曝的心情，和所有學教育的青年共同勉勵。

第 一 章
緒 論

第 一 章

緒　　論

第一節　由哲學到教育哲學

　　教育哲學是以哲學的觀點、立場及方法，來研究、探討教育的基本原理和教育的實際問題。

　　關於這個定義還需要進一步加以說明：

　　(1)什麼是哲學的觀點、立場和方法？

　　(2)什麼是教育的基本原理？

　　(3)什麼是教育的實際問題？

　　現在就針對上面的問題加以解說。

　　首先解說什麼是哲學的觀點、立場和方法。

一、古今哲學的演變

　　哲學的含義，如果從最廣義的範圍來說，一切合乎事實的敘述，都是哲學的敘述，因此，一切對事實的探研及了解的過程，便是哲學。但是這樣的定義是不恰當的，因為太過簡略。在古早的時代，哲學往往即是學問的全部。但是自從人類的生活及社會發展趨於複雜，知識的產生越來越多，而學問的分工也趨於繁

複，哲學的大家庭就逐漸變小，慢慢地變成了今天的樣子。

今天的哲學是什麼樣子呢？

古代的自然科學、邏輯學和心理學等原來屬於哲學範圍的學術，現在都從哲學這個大家庭分了出去。詩歌、戲劇和小說等文學的創作，原來就不在哲學的範圍之內，今天則仍舊是屬於文學類，但是討論文學原理的美學，自古即是哲學，迄今仍是。政治學、法律學和道德學等領域，今天部分已獨立為政治學、法律學和道德科學，而部分則仍留在哲學裏面，而有所謂的政治哲學、法律哲學、道德哲學等學科。今天的情況是，在一方面，哲學和各種科學、各種人文學，都是處在一個平行的地位。因此，各種的自然科學，如物理學、生物學、天文學、化學等等，各種的社會科學，如政治學、經濟學、心理學、社會學、法律學等等，以及各種人文學，如歷史學、文學、美術、音樂等等，都是和哲學處在一個平行的地位，彼此似乎是不分軒輊、同等重要的。但是在另一方面，我們幾乎有一種什麼學科，那麼也就同時有一種什麼哲學出現。例如，有了政治學（科學），那麼便有政治哲學出現；有了社會學，便有社會哲學出現；有了各種自然科學，便有所謂的科學哲學的出現；有了美術、音樂、戲劇和文學，便有詩學、藝術哲學或美學的出現；有歷史和經濟學，也有相關的歷史哲學和經濟哲學等的出現。從這種現象來觀察和了解，又令人覺得哲學似乎是無所不在，似乎可以跟一切學科結合而形成一種相當密切的關係。

二、哲學是什麼

更準確地說，有許多學科，在其學科體系所感興趣的主題之外，或其所能探討的一切問題探討完畢以後，仍然要追根究底去

追問一些很「根本的」問題的時候，就會進入哲學的領域。這些「很根本的」問題是些什麼樣的問題呢？例如，自然科學家在其學科本身的領域，通常不會問「科學是什麼」，或「科學的界限是什麼」這樣的問題，但是科學的哲學家卻會問這類的問題。心理學家通常研究人的記憶、情感、學習等與教育有關的主題，而且是用所謂「科學的」方法來研究。但是一旦探索「人為什麼要學習」，或「人的本性是善是惡或者不善不惡」時，就進入哲學的範圍。這種在科學研究盡頭以後，進一步所做的研究或探討，往往被稱之為「後設的」或「形而上的」研究。在這種情形底下，後設的或形上的研究，就常常被認為是一種哲學的研究。「後設」或「形而上」其實都翻譯自西方的 *meta* —— 這個字根，原先的含義是「在……之後」的意思。這也常被認為，在一般的科學、經驗的探索完畢之後，人的求知欲意猶未盡，希冀還去做進一步的探索；在了解許多的事實陳述以後，在觀察過許多現象的呈現以後，雖然已經知道得比先前較多了，但是「好奇心」卻也被挑起來。人類是很特別的，他追求真理的需求也不是那麼輕易地可以滿足。他常常要去問，在這個現象的背後，還有什麼。他也喜歡在了解事實以後，進一步問「為什麼」。這種習慣，經常是超越了所謂現實經驗的常識或科學之可證驗的範圍，但是卻也通常遵循著思考的、具有說服力的法則，故形成為理性的知識。由於形而上的探索，多已從經驗的個別事物進入抽象的原理、原則的推思、討論，而這些原理原則也能被用來解釋個別現象或成為生活應用的根源，所以哲學也被認為是知識皇冠上的鑽石，閃爍著智慧的光芒。

所以，哲學是什麼呢？哲學是要探索根本的原理的。哲學要從各種經驗的事實和表面的現象，要從五彩繽紛的花花世界，從

多樣性的苦樂參半的人生浮沉當中，找出一些原理原則性的理解，找出一些萬事萬物變化的軌跡，想去歸納出一些或可賴以依循的「教訓」，想去挖掘生命的奧秘，凝聚出可以導引人生的智慧的水晶。哲學是無論人類在心靈虛空或充實的時候，在勝利的歡笑或挫敗失意以後，在知道或不知的時刻，都需要的。因爲哲學使我們的人生有反省，使個別的事物有了關聯和意義，使心靈產生各種動力，可以想像和創造，並提出理想。哲學是在個別的經驗與現象之後的原理，是超越了現實人生的理想，它能滿足我們人類在飲食男女、茶米油鹽以外的心靈的需要。但是，哲學並不是脫離現實人生的，它不是在象牙塔裏的冥想，它也不是不食人間煙火的怪物。哲學是從現實的人生出發，終於還是要回到現實的人生裏來，但是它也是要從現實的綑縛當中解脫出來。它是一種超越現實的現實。

三、哲學的幾個面向

㈠哲學是探討本質之學

在中國的古典哲學作品*周易*之「繫辭傳」有言：「形而上者謂之道，形而下者謂之器。」（註１）「器」的意思是現象界、經驗界的個別事物，它通常有一定的形體，有質礙，容易測度，可以觀察。而形而上的「道」呢？它是抽象的、無形體的、不易言詮的、不好去描述的、也不容易觀察得到，爲什麼？因爲它不是透過人的感官去了解的，人的感官只能觀察得到那些有形體、有質礙、有大小的東西，但是「道」是沒有這些性質的。科學的方法到目前爲止，也是只能觀察、測度那些透過感官或先透過精密的儀器再透過感官來認識的東西，所以科學的方法便不及於這種「道」的東西。什麼是「道」？「道」便是我們上面所說的那

種原理原則，在佛經稱之為「法」(dharma)，「法」有許多的同名異義的用法，其中的一個用法是把它解釋為事事物物的原理原則，也即是「道」。這種原理原則和人為的把事物簡約化的那種原理原則不一樣，「道」之稱之為原理或原則，實即是事物的本質的意思，是那個事或物之所以成為那個事或物的具足的性質，這種性質應該是本來就有，但是人因為過分依賴感官，往往只看見了一些表面的現象，或只看到了一部分的事實，如果我們不要過分依賴感官這樣的一種認識的能力，而是把人的真正的認識能力發揮出來，那麼我們便能看到事事物物的真正的、最重要的性質，那便是「道」，便是「法」。一種真正的哲學，便是要去發現事事物物的本質，便是要找出真正屬於那個事或物的本來的性質。

這種性質，古希臘哲學家亞里斯多德 *(Aristotle, 384-322 B.C.)* 把它從四個方面來解說：⑴此事或物為什麼而存在（即事物的目的因）；⑵此事或物是由什麼東西所造成（即事物的質料因）；⑶此事或物的形相是怎樣的（即形相因）；⑷此事或物如何能變化（即動力因）。（註2）亞里斯多德從四個方面來分析事物，以便直探事物的真實性質，並發掘事物的功能及其存在的意義。科學家也許也去掘發事物的真相，但是哲學家進一步去找出這個事物之存在的意義是什麼，它為什麼而存在。這個目的因是特別重要的。為什麼？因為它賦予存在的東西以意義，而人類總是要去問這件事或這個東西有什麼意義的，人是因為追求意義而覺得生存有意義，人把意義的價值放在比任何價值更高的位置。所以，人類發明了哲學，藉著哲學來找出事物的本來性質，而在一切的性質當中，又以意義的性質為最重要。哲學是要尋找事物的意義，進一步發現出人生的意義。

　　在西方哲學，常針對一切的存在的東西 (即所謂的「存有」，*beings*) 進行一種本質的探索，想去了解其最終極的、最根本的性質是什麼，這便是所謂的「存有論」 (或譯本體論，*ontology*) 的研究。這萬事萬物的本質，常用一個大寫開頭的 *Being* 來代表，而有別於萬有的個別存在的 *beings* 。西方哲學的存有論，探索到最後，產生了幾種主要的不同的結論，而有原子論 (*Atomism*) ，觀念論 (*Idealism*) ，實在論 (*Realism*) ，單子論 (*Monism*) ，印象論 (*Impressionism*) ，現象學 (*Phenomenology*) 等的分別主張。

　　原子論的祖師應該是古代希臘的德謨克里特斯 (*Democritus, 460-370 B.C.*) 。他主張除了感官的世界以外，還有一個「眞知」的世界，而這是怎樣的一個世界呢？他說這個世界只有原子和空間，其他的東西只是想像中的存在而已。這個世界又有無數的世界，不斷生滅。原子的大小不一，數量無限，生成在宇宙的漩渦當中，又產生出一切的合成物，即火、水、氣、地，它們都是原子所合成。原子間實而不中空，沒有感覺和意識，也不會改變。一切的東西，乃至於太陽、月亮和人的靈魂等都是原子所成。萬物之產生，都有其必然性；漩渦則是萬物生成的動力。人死則靈魂分散，思想是心靈原子的運動，感覺也是。德氏的原子論影響了後來伊壁鳩魯 (*Epicurus, 342/1-270 B.C.*) 及羅馬之盧克瑞修斯 (*Titus Lucretius Carus, 96-55 B.C.*) 等人的思想。到了二十世紀也有原子論，但與此不同。

　　西方的觀念論始於古希臘哲學家柏拉圖 (*Plato, 427-347 B.C.*) 。觀念論者的基本主張是，世界上一切存在的東西，他們的本質不是物質，而是精神，或者稱之爲觀念 (*Ideas*) 。柏拉圖也和赫拉克里特斯 (*Heraclitus, 533-475 B.C.*) 一樣，認爲世界

上的一切東西都是變動不居的，都像流水一般在流動當中，我們的眼睛所視，耳朵之所聞，手腳之所觸，這所有的現象界中的事事物物，有哪一樣是永恒不變的呢？哪一樣不是瞬息萬變、如過眼雲煙？依靠我們的感官，所能捕捉到的，不過就是這些如夢幻泡影的現象，有何真實可言？柏拉圖因此欲在瞬息繁華的世界中，找尋永恒，而他赫然發現，這所謂的永恒的「實體」只存在於事事物物的「觀念」（或譯「理型」）之中。柏拉圖以是認為世上的事物都只是觀念這個實體的影像或摹本而已。感官所能接觸到的這些東西，不是事物的真正的本質，事物真正的本質是「觀念」。這種主張不但奠定觀念論的理論基礎，而且影響了西方後來的教育目的論、教育內容及方法等方面的理論及做法。後來的觀念論者還有笛卡兒 *(Rene Descartes, 1596-1650)*，巴克萊 *(George Berkeley, 1685-1753)*，康德 *(Immanuel Kant, 1724-1804)*，黑格爾 *(Georg Wilhelm Friedrich Hegel,1770-1831)* 等人。他們的主張並不完全一致，但是都認為萬物的本質是精神的、心靈的，或觀念的，他們並不否定物質世界的存在，但這物質世界既非永恒實存，亦非獨立自存，換言之，物質的存在必須依附於精神始有可能。

　　實在論 *(Realism)* 之倡言始於柏拉圖最有名、也是最傑出的學生亞里斯多德 *(Aristotle, 384-322 B.C.)*。亞氏應是位心物二元論者，因為他一方面繼承了柏拉圖的觀念或理型之說，另一方面又提出「質料」*(matters)*，而雙雙肯定了心與物二者的實在性，此與其師之認現象界為虛幻之說，逐相逕庭，蓋亞里斯多德以為精神固然是實體，是存有之本質，而物質也是實體，也是存有的本質。換言之，萬物之本質有二，一為觀念或理型或形相 *(forms)*，一為質料 *(matters)*，為物質，兩者相合始能成物，

缺一而無以成爲存在之事物，故亞氏之說既非唯心，亦非唯物，
而是心物合一之論。於是他也就成爲實在論的創立者。繼起者則
有洛克 (John Locke, 1632-1704)，以至於二十世紀的新實在
論羅素 (Bertrand Russell, 1872-1970)、懷德海 (Alfred
North Whitehead, 1861-1947) 等人。實在論者的共同主張
是，現象界或經驗世界的一切存在，論究到最後，其最根本的性
質，乃是物質，這是獨立自存的物質，不因精神或心靈有無作用
而受到影響。此一理論對後來的教育理論及實際亦產生甚爲深遠
的影響。

　　二十世紀英國新實在論哲學家羅素提出了「邏輯原子論」
(Logical Atomism)，以爲這個世界是一個邏輯的有機體，而非
德謨克里特斯的那種機械論。羅素之所以是個新實在論者，是因
爲他一方面肯定了物質之獨立自存的性質，另一方面他也賦予人
的心靈一項功能，那便是心靈能夠形成一種合理的 (亦即合乎邏
輯的) 世界觀。羅素認爲我們人並不眞正能接觸到所謂的事物的
「實體」，我們所能接觸到的不過是一些感官的感覺材料而已，
而這些材料還需要心靈的加工。宇宙的最終的結構，他說，既不
是日常所見的那些物質的東西，如桌子、椅子，或日月星辰，也
不是物理學家所發現的那些「科學的」物質，如電子、質子等，
而是類似於交響樂的音符的「粒子」(particulars)，但是這粒子
亦不是今日物理學家所新發現的那種粒子。羅素的粒子，事實上
即是我們人對外界的物體之感覺經驗的集合。每個人的感覺經驗
被他自己的模式 (pattern) 所統整，這個模式就是他自己的「觀
點」(perspective)。每個人的觀點最後還要被整合在共同的時空
的領域的世界中。羅素後來以「性質」(qualities) 代替粒子
(particulars) 之說，換言之，所謂的「物」是何義？即是性質的

集合 (the collection of qualities)。物如此，心亦不例外，心亦是性質之集合耳。人的感官所經驗到的，不是物本身（有無此物尚是一大問題），而是性質。（註3）

(二)哲學是外觀內省之學

周易的「繫辭傳」有云：「古者包犧氏之王天下也，仰則觀象於天，俯則觀法於地，觀鳥獸之文與地之宜，近取諸身，遠取諸物，於是始作八卦，以通神明之德，以類萬物之情。」（註4）易之八卦爲包犧氏所作，包犧氏即伏羲氏，乃是古代之聖人，仰觀天象，俯觀地形，又觀察各種鳥獸的形象和紋釆，觀察山澤等地理形勢的高卑，復就近採取自己身體的眼耳鼻口等器官形象，從遠處採取各種各樣的外在事物之形狀、性質，制作了八卦，這樣做的目的，固然可以「類萬物之情」，即是由觀察萬物的情狀，進一步體會萬物的心情；如此做，更可以「通神明之德」，其意思是說，能夠與天地之間萬物變化的法則，同一脈動、同一呼吸，不但了解天地之道，而且能夠行天地之德。什麼是行天地之德？即是人生於天地之間，雖渺小而亦實偉大，其一言一行乃至於日常生活中的各種行爲皆不違道德的普遍理則。

西方哲學之產生，依希臘古代哲學家亞里斯多德所言，是由於人首先觀察到一些難以理解的、令人疑惑的現象，不但起自對近處的疑惑，也起於對遠處如日月星辰等之變化的不了解。哲學的發生，無論中西的說法，認爲都是起於我們人對外在事物及現象的細心觀察。這樣的觀察，慢慢地會轉向對人自己的省察，也即是會轉向爲人自身的內省。

佛教說到知識的來源，有現量、比量、非量和聖言量四種。現量是依照人的感官（眼耳鼻舌身五種根識）和內在的意識作用所實證的知識。比量則是由推理而得的知識。非量是不正確的認

識或人云亦云的不可靠的常識。聖言量是聖人所說或傳授、傳述給一般人的知識，它具有一種知識的權威性。玄奘法師所編譯的**成唯識論**一書中，講到人心的認知及反省有四個作用：相分，見分，自證分，證自證分。「見分」是人這個認識主體的認識作用，「相分」是認識之主體與被認識之客體接觸所產生的一種知覺的作用，「自證分」是由知覺進一步省思統覺而形成概念及知識，「證自證分」則是以自己的思維及概念、知識的形成過程做為省察的對象而加以省察。在這四種心的作用當中，前面三者與外境的觀察直接有關，而第四者「證自證分」主要是一種內在的自我省察的過程。

康德的知識論，調和了經驗主義 *(Empiricism)* 之專重外在感官經驗，及理性主義 *(Rationalism)* 之專重內在理性作用，而提倡兼顧外觀與內省，可謂東西方所見皆同。宋明理學之程朱學派偏重道問學，是傾向經驗論，陸王學派之偏於尊德性，則是傾向於理性論，都有所執著。實則哲學的外觀，要在現象中看出其真如，真如者，真實性也，通常現象界五花八門，易使人目盲，使人耳聾，但哲學家應該在流變中見出法則，而對現象界有著真切的體悟，此則又有賴於內省與觀照。故佛陀看到世界上人類的生老病死、怨憎會、愛別離，貪欲執著等等之苦，即能體悟諸行無常、諸法無我的道理，而思想出離苦得樂之四聖諦：苦聖諦，集聖諦，滅聖諦，道聖諦，並以之教化眾生。哲學家不是逃離現實生活者，他要在現實中體驗，要懂得如何真切地觀察，並在這種觀察體會中，超越現實的束縛，因智慧而獲得身心的自在，並以此智慧幫助別人，此種助人的過程即是教育。故我們亦可說，哲學是一種超越現實之學，既真切了解現實，又能優游超越現實。

㈢哲學是發現（或賦予）價值及意義之學

　　價值有兩種，一種是本具的，即是非外所加者，一種正好相反，乃由外所加者。像人的價值，人文主義者多主張，凡是人，他即本具價值，不必待外加而後有，此即是說，人之存在本身即是目的，人不是爲別的什麼外在目的而生存。人的生存本已有意義和價值，這種論點在今日大抵能爲大家所接受。但是人有什麼價值，本具的意義是什麼，則往往見仁見智，莫衷一是。人本身的價值無庸置疑，但是人生有無價值，則有不少的爭論。如果認爲人生並無何種價值，則會偏向於出離、消極，甚至厭世棄生，結果似又枉走一趟人生。有人說，小乘佛教即是持此主張，實則並不正確。小乘佛教雖然是講出離，但其出離是因厭苦，是從人生的體會當中斷貪瞋癡而獲解脫，故人生是他出離的一個因緣，所以人生也是有重大的意義，若非生此世界，何能悟生命之無常之苦，則又何能思斷苦離欲以脫此流轉束縛？

　　但是大乘佛教除了自己離苦得樂以外，還要進一步幫助別人乃至於一切衆生離苦得樂，他的生命意義又與小乘行者不同。一個人在生活中，在各種的工作和活動中，可以賦予諸種作爲以意義，有的意義豐厚，有的單薄，常在一念之間。以從事教育工作者爲例，他之所以從事這項工作，必有其所以從事之理由。有的人從事教職，純粹是爲稻粱謀；有的是興趣所趨，樂而不疲；有的是因別無選擇，只得委屈從事；有的則是因認爲此項工作，助人最多，益世至巨，故義無反顧，戮力以赴。你給它什麼樣的意義，你便會有什麼樣的作爲，而你的工作也便會有那樣的一種結果產生。

　　在人生之中，在我們的工作之中，尋找到意義是非常重要的，不管那是否爲本具的意義。如它本有意義，你要找出其意義

來；如它本無意義，你也要想想它到底有無意義，如真無意義，何必戀棧、何必去爲？如其真有意義，而你未有發現，則何其可惜？一般的科學，不過是發現事實，描述現象，但是哲學尚要進一步去找出意義或賦予價值，而這在人生中，是不可或缺的因緣條件，因爲缺乏意義，則我們的生存便有如例行公事、索然乏味，或渾渾噩噩、空泛虛無，真正是春夢一場，虛耗光陰，枉爲人身，能不憬然？

㈣哲學是概念釐清之學

哲學家常問的一個問題是，「你說的這句話真正的意思是什麼？」

一般人很容易就隨便接受別人所說的話，或別人所表達的意見，但是哲學的學習者必須練習在回答別人的話以前，或認同別人或反對別人的意見以前，先弄清楚他真正的意思是什麼。

在日常生活中，聽錯一句話，或誤解別人的意思，或許不會有什麼太大的關係，但也可能會產生嚴重的後果，這要看說的是什麼話，或依說話的場合與對象而定。人與人的交往，小至家庭中的成員，大至社會中的各種傳播工具，語言（含文字）總是扮演著最關鍵性的角色。我們使用語言，或者是爲了溝通情感，或者是爲了表達意見，或者爲了說服他人，或者爲了擴大教化，甚至爲了娛樂他人，其功用非常廣泛，其效能亦甚受人類所倚重。語言在本質上是一種工具，人類可藉著它思考（故有人說語言是有聲音的思想，而思想則是無聲的語言），而語言除了負載情感與情緒之外，也負載著各種各樣的概念、想像和思想之火花。

但是語言也同樣可被誤用或濫用。有人藉著它傳達惡毒的思想，傳播邪見，傳染偏見和歧視，語言因此也常淪爲罪惡的工具，而偏離了它原本可以用來傳播真理、平等與關愛的功能。還

有些人，不了解語言的精緻功能，以至於使用不當，或未充分應用語言的優點，結果他的表達不恰當、不清楚，容易引起聽者、見者的誤會，或者模糊了重點，或者一語雙關，或者模棱兩可，致聽聞者困惑、不解。

語言有一個很重要的功用：發現眞理、描述眞理、並進一步傳達傳布眞理，以影響別人。哲學是要發現宇宙及人生的眞理，並且也要表達、傳達、傳布之，所以哲學不但善用語言，而且有些哲學家甚至以語言及其所欲表述之概念或思想的澄清，做爲主要的工作。他們認爲，眞理之所以未明，人心之所以缺乏智慧，主要的原因在於語言文字的功能不彰，或被人誤用濫用，哲學家絕對有責任釐清語言的本質，以及其所負載之思想概念之本質，只有如此，眞理才能愈辯愈明，道德的普遍理則才能彰顯，混亂的人心才得平靜，爭奪不息的社會才得安寧。我們看柏拉圖的三十幾篇的對話錄，大多數是在討論、釐清一些人生中的重要概念，這些概念若得澄清，則生活中的眞實便能顯現出來，而人心當中的理性與智慧也得以受到激發而覺醒。蘇格拉底說，哲學是愛智，是追求眞理的過程，那麼如何去愛智呢？最好的方法莫過於激發人心本具的覺性，而此激發之法則在於一而再、再而三地澄清你我之所思、所感、所言語、所表述，常常深入考察，我之所思所謂或你之所思所謂，果然正確合理乎？當今英美有語言、概念之分析哲學家，可謂承蘇格拉底及柏拉圖之餘緒而更發揚光大者也。

㈤哲學是追求智慧之學

哲學二字從古希臘之字源來理解，含有「愛智」的意思。古哲蘇格拉底 *(Socrates, 469-399 B.C.)* 嘗言，我非智者，我愛智者也。蘇格拉底是柏拉圖的老師，是西方第一位平民教育家，

從其言行來了解，他實是一位眞正的智者，但是他謙稱自己不是智者，而只是一個喜歡追求、探索眞理的人而已。因爲他的這一句話，我們更能肯定他是一位大智者。**金剛經**裏頭說，阿羅漢等聖人不能作是念，說我已得阿羅漢道，菩薩亦不說自己是菩薩，爲什麼？因爲有此念頭，就是著相，即非眞阿羅漢，亦非眞菩薩。宇宙眞理識之不盡，以平常人而言，必須終身努力，不斷追求，或能有所得。孔子亦說，朝聞道，夕死可矣。孔子最得意的學生是顏淵，顏子一心求道，居陋巷，物質條件很不理想，人不堪其憂，顏回卻不改其樂。世俗的名聞利養易求，即使求得亦不易持久，但是一個人有了智慧，不但他要求什麼有什麼，而且能善用世俗的各種資源，造福人群。他也不會爲得名利權勢，卻失去了快樂與內心的平靜。在各項教育的目的當中，獲得智慧可以說是最重要的一項目標。知識和技能的學習及獲取固然也很重要，但是有了知識和技能而不懂得善用，或者使用不得法，甚至用來造作各種的惡業，則知識不但不能帶給我們幸福，反而替自己以及社會上所有的人帶來災禍。故教育是要學習知識與技能，但教育如果僅止於此，那是絕對不夠的，還必須進一步去學習如何善用我們的知識與技能，而要學會這個，還必須先懂得分辨人生價值所在，也即是能分辨善惡對錯，能夠眞切了解怎麼做才眞正的於己於人都有好處。這種學問，便是智慧之學。

在人世間所有的學問當中，大部分的科學都是教導我們知識和技能的。知識和技能也很重要，上已說過。但是在眾多的學門當中，以教導我們智慧爲主要目的者，一個是哲學，一個是宗教，而在世界重要的宗教中，也都含有很好的哲學。哲學與宗教藉著聖者的偉大心靈，在他們深切對宇宙和人生的完滿了解、體會和證悟中，產生了流傳後世而實又超越時空的思想結晶及生活

智慧，足以做為我們的榜樣，值得我們去學習他們對宇宙及人生的思考、體驗方式，學習他們生活的及對人事物的態度，值得去細細咀嚼揣摩他們的思想、理論和言行內涵，值得去效法他們悲天憫人、修己而又能善群的偉大襟懷。我們學習哲學，或學習宗教，是很幸運地能夠與古來聖賢的心靈直接相通，能夠藉著心靈交往而向他們學習，成為他們的弟子門人。我們學習哲學和宗教，不是要學習教條，而是要學習智慧，獲得成長，在生活中利己利人，得到真正的幸福。

四、哲學與教育的關係

由上所述，大抵可以見出哲學的性質。哲學是什麼？哲學是探討事物乃至於人性、人生、世界、宇宙的本質的，換言之，是要探討這些事情的真實情況，了解他們的真正的性質。用哲學的這種性質來探研教育的問題，當然也是要了解教育的真實情形，了解教育的基本性質，而要透徹了知教育的真實的本質－－即是教育的「真如」—— 光是依靠科學，仍然力所不逮，故須藉助哲學對人生、人性、宇宙、世界已有的了解，並且益以哲學的方法進行之。

哲學又是什麼？哲學是外觀內省之學，故是敏於內外觀察者，對外的觀察是觀察萬事萬物，觀察社會，觀察人文，觀察各種各樣可見可聞可觸可感受者。哲學家對於外在的世界，有著一顆敏銳的心，而更重要的，有著一顆關懷的心，他之所以去了解，因為他關心，因為關心，所以要去了解。他不但朝外去了解，還要向內去省察，他省察自己是要了解自己，但也是藉此了解一般的人性，共通的人性，他在看自己的時候，不僅看到自己，也心同理同地看到所有的人，看到所有以人為本之各種人文

的環境。教育是要教導人類的，而且教育者也是人。教育是要在人群社會中來進行，而且要回歸到個人之健全的成長與社會整體之健康的進步。所以教育的工作，以及教育工作者，要觀察了知人之所以成長的環境，要省察了知人的各種性情能力和需求，故教育又因此而需藉助哲學的力量。

哲學是發現價值或賦予意義之學，它不僅發現事實及描述事實，而且對人生各種現象做出價值的判斷，分別給予不同的意義。這樣做是對的，那樣做卻是不對的，這是行為對錯的分辨，有著道德的價值判斷在裏面。我們又常說，校園這樣布置是美的，那樣布置是不美的，這又有著美感的、美學的判斷之意義在裏面。對知識的正確與否，對人生觀合適與否，對生活的態度良好與否，在哲學裏都會做出判斷，而這些判斷也正是教育的內涵所最需要的，試想，一種真正的、好的教育，怎麼可能不去教導學生什麼樣的行為是善是惡，是道德不道德？好的教育還要教導學生，分別美與醜的不同，分辨知識的真偽，教導他們什麼樣的人生才是真正的幸福，正確的生活態度應該如何，以及在生活、工作、交友、愛情、婚姻、乃至於人生最後的歸趨等各方面，應有的判斷能力。這樣的能力之獲得，需依靠哲學。

哲學是語文與概念、思想之澄清之學，透過思維的理則，思辯的規準，哲學者要還給人們的思想語言一個真實的面目，要在人與人的溝通及交互影響的需求中，理出一條康莊的大道，俾能促進人際的和諧與思想觀念之融通，無有阻絕，沒有困擾，不會產生誤解與紛爭。進一步要藉著最理想的語文表達方式，達到傳布真理、促發幸福的目標。而此非教育之目標乎？教育不正是要教導人會思想、會說、會寫、會溝通、能理解、能融合嗎？同時教者若要教得清楚正確，不是也需要懂得思考與表達之術嗎？教

者的所做所為，不是也要在教者與教者之間、教者與學者之間、乃至教者與非教者非學者之間，經常地溝通嗎？這不是也需要語言及思想之澄清嗎？故許多教育的問題之所以產生，教育的績效之所以不彰，教育上的良法美意之所以常常難以令人信服或推展，原因固然是不止一端，但是其中原因之一不也可能是出在語言文字的雜駁混淆、思想觀念的糾結絞繞嗎？如果是這樣的話，正本清源之道，還是在於好好地釐清教育的重要語言及概念。此亦正英美教育分析哲學家之主張。

最後，哲學是追求真理的愛智之學。教育的目的之一也是在追求真理，要人人終其一生，學而不倦，活到老學到老。今之教育學者不是常常說終身的教育終身的學習嗎，而且許多的教育先進國家，包含我國在內，都已完成或正在規畫終身學習的教育體系。最可貴的教育不是只停留在學校體系的教育，而是在離開學校以後，仍然不斷學習，其追求新知的熱忱能維持始終不減，斯為教育真正的成功。教育的內容甚多，新知的範圍亦包羅萬象，但是最重要的學習項目之一，是求人生的真理，求生活的智慧。此種追求亦值得我們終身努力以赴。真理者，人生實相，了解實相，則不會愚癡而做出錯誤的判斷和規畫，也才不會行不應當行之事。智慧是應用知識，解決自己和別人的困難，並且引領人生的方向，不致迷失自己。知道實相，才能生智慧，故真理與智慧是二而一的，前者是依恃，後者是應用。哲學求此，而教育亦求此，兩者目標相同，不同者，教育是我知真理我有智慧之後，還要教導別人也懂真理也有智慧。在這一點上，教育與宗教是更接近的。

五、哲學的方法

　　古來東西方哲學家之從事哲學思維，都有其獨到的有效方法。如古希臘之蘇格拉底，甚喜與他人論道，據**柏拉圖對話錄**之所描述，蘇格拉底常時體力甚健，談鋒看似委婉而實甚雄利，其長時間與當時之青年或辯士論辯，雖對方辭嚴色厲，從不含怒，且談興不減，亦從不草率以應對，其心思之細密，思考之周詳，非一切人所能及。蘇氏可謂循循善誘、誨人不倦之典型，與東方之孔子互為輝映。但其辯辭委婉，綿綿不絕，則孟子似較近似之。蘇格拉底之辯論法，則反詰法也，即是不斷因對方的說話，而反問之，使對方在此一問一答之中，逐漸自己發現論理之闕失，而亦逐漸修正之。此反詰之法，首需有冷靜的頭腦和平靜的心情，不可動氣。其次，需有深厚的邏輯思考的修養。第三，要仔細聽對方的說話，了解對方真正的意思，並能看出對方論點的缺失。最後，可能最重要的，必須在平時即對人生大小事情敏於觀察，並且深思熟慮，已有正解了然於心。

　　反詰法基本上是一種哲學的教育法，其使用於教導上的功能似乎更大。故此方法在教學上被稱為「產婆法」，即是助學生產生出真理的一種方法。但由此法，我們可以看出一個哲學家所必須具備的基本條件：(1)有很大的熱忱，能關心人、關心社會、關心世界，因此才會去關心人的問題、社會的問題和世界的問題，才會進一步去發現問題、思考問題，而思有以解決之。所以，哲學家首先不可以冷漠，而是要有慈悲關懷之心。(2)也就是因為有慈悲喜捨心，所以能耐煩劇，能包容不同的甚至不成熟的意見，然後因勢利導之，不瞋不慍不怒，故能保持心情的平靜和客觀，能維持頭腦的清醒理智，使自己的智慧能夠釋放出來，靈活地運

作，不會閉塞。(3)要懂得思維的方法。思維的方法不止一種。西方哲學家善用邏輯的方法，故自古即有演繹法，後又發展成功歸納法，此外分析法、綜合法亦都常用。到了近代，西方哲學家亦提倡直觀 *(intuition)* 之法，如法國柏格森 *(Henri Bergson, 1859-1941)* 及德國的胡塞爾 *(Edmund Husserl, 1859-1938)*，不過兩人之方法亦顯有不同，後者之現象學 *(Phenomenology)* 法後又為存在哲學家所應用，而亦成為存在哲學之方法。直觀法直接訴之於人的直觀認識能力，而不依賴邏輯，如以邏輯為理性之方法，則稱直觀為非理性之法，非理性不是失去理性，而只是說其不以邏輯方法如演繹、歸納為思考法也。

東方之哲學方法，在古印度已有邏輯之法，但其邏輯理則與西方異。印度之邏輯學稱為「因明」，「因」是推理的依據，「明」則是依推理而論證事理使之顯明。此基本上亦是一種演繹之法，但運用規則與西方的演繹不同。佛教的論師如龍樹菩薩、彌勒菩薩及較後的無著、世親等都用因明以論證佛理。自陳那以後的因明稱為新因明。陳那以前之因明稱為古因明。陳那著有**因明正理門論**一書，其弟子商羯羅則著有**因明入正理論**一卷以詮釋其師的著作，而成為後世因明學的主要根據。中國高僧玄奘留印度時曾習因明學，其弟子窺基受玄奘之影響，注釋商羯羅之書，成**因明入正理論疏**一書，即**因明大疏**。古因明的論證包含五支，即宗、因、喻、合、結等五個論證的階段。「宗」是命題，「因」是理由，「喻」是譬喻，「合」是應用，「結」是結論。此五支論證法，比較繁複，經陳那改革以後，成為三支論證，把「結」刪除，因為「結」只不過是重複「宗」的命題而已；又將「合」併入「喻」中。故新因明包含三支：宗，因，喻。「宗」是所欲證明的命題，「因」是說明「宗」所以成立的理由，而

「喻」則是舉例說明此「宗」。正確的新因明，其「宗」須有主詞與賓詞二者，主詞又稱前陳、前說、所依等，賓詞又稱後陳、後說、能依等。「宗」之命題是由立論者所提出，自然是立論者所承認，但敵方（即反方或辯方）所不承認者，但是命題的主詞與賓詞二者的含義須先經兩方同意，否則此辯論即無法進行。古印度的學術，注重的是辯難，故寫作哲學者即使沒有敵方，在行文中亦都假設有問難者，然後一一提出辯護，此乃佛教論書之一大特色，而其理論體系亦藉此一方式以建立。「因」的成立須有三個條件。第一，它必須涵攝「宗」的主詞在內；第二，它必須能被涵攝於「宗」的賓詞裏面；第三，它必須不被與賓詞相矛盾的異品類所涵攝。「喻」又分為「同喻」和「異喻」。「同喻」是由正面來說明「宗」之命題的例證，而「異喻」則是由反面來說明「宗」之命題的例證。（註5）

　　哲學的方法固不止一樣也。修行的法門有八萬四千，其實這八萬四千還只是個代表性的、象徵性的數目字而已。修行的法門，豈止八萬四千？哲學的方法到底有多少？如果說哲學也等同於修行，那麼研究哲學的法門，豈不也是多不勝舉？

　　哲學是不是修行？要回答這個問題，先得澄清修行是什麼。

　　我們不妨將「修行」定義為「努力朝向智慧之路邁進的實踐、練習」。由此定義，則修行是一種實踐，是在生活當中的身、語、意三者的注意、修正、調整、再修正、再調整的過程，以便能趨向於完美的人生，而這修正、調整的依據是智慧。智慧是在一切時、一切地，心念、語言、行為都呈現出最適當的狀態。

　　如果將哲學定義為追求智慧之學，則哲學與「修行」的關係便似乎變得，一為原理，一為實踐。但如此界說，即明顯將哲學

看成爲論說，只停留在理論或思想、原理的討論層次，而與實踐分離了。換句話說，若是如此界定哲學，那麼便也把「智慧」二字只界定在理論、思想等的論說層次，此與智慧之本義，有無矛盾？欲說明這個問題，便會涉入西方哲學史的一則公案：知與德是否合一？蘇格拉底說，知即德，所謂智慧，不是只「懂」眞理，而是能「行」眞理。若不能「行」，便根本沒有眞「懂」眞理，亦即無智慧可言。是故，在蘇格拉底的心目中，愛智（追求眞理、熱愛智慧）不但涵蓋了理論與實踐二者，而且此二者根本不是二，而是一。也可以說，此二因緣俱足，才有智慧可言，缺其一，便無智慧。依此說法，哲學與修行又有何差別呢？但是反對此說者，亦不是沒有，而正是蘇格拉底的學生的學生，亞里斯多德。亞里斯多德秉其師承，亦兼重知德二面，但是他把知與德二分了，即有「智」者不一定有「德」，所以知是一回事，行又是一回事。此二事當然都重要，都要兼學，不可偏廢，但此二事到底是二事，不是一事。

這使我們聯想到，王陽明之知行合一論與朱晦菴之知行並重說。二哲也同樣都認爲知與行都重要，不可偏失其一，但陽明先生基本上把平常所謂的知與行或智與德，都涵攝在一個「良知」裏面。在人的良知啓動之時，認知與行動幾乎是同時發生的，沒有先後之別，而且也不應、不可能有先後之別。晦菴先生則不然，他曾說知與行二者，若論發生先後，知比行先；若論重要性，行比知重要（雖然二者都重要，但若是要分出個輕重），故顯然是二元論的。

即使把知、行二元化了，哲學也不見得就不包含行在裏面。

知德是否二而一，其實都印證了一件事：古來賢聖，身爲哲學家，都不以爲只需知而不需德，即可形成圓滿的智慧、圓滿的

人生。有知無德，則知既不完全，人生也不完美。哲學而如此，則既非完美，也就難以究竟。哲學如此，宗教更是如此。宗教講究的是信解行證，這四個步驟完成，宗教信仰才有結果。哲學講求的是博學、審問、慎思、明辨、篤行，也是應該學思行證，步步踏實，才有收穫。

　　所以自來哲學的方法，並不以邏輯思辨及內心省思為已足。抽離了現實人生的純粹思維，儘管能建構堂皇的理論體系，而此體系，能否真正指導人生、指引迷津？能否助人自煩惱困頓、挫折絕望的束縛中，解脫出來，重獲信心及希望？

　　故從認知的形式來說，哲學要藉助邏輯的方法、直觀的方法。邏輯的方法在西方有演繹和歸納等，而在東方則有因明等。直觀的方法，在西方有現象學等，在東方則有修習止觀、禪定、參話頭等超越邏輯之法。但是若從認知的內涵來說，則生活的實踐及生命的體驗，才是重要的方法。

　　如何實踐？如何體驗？古來東西方聖哲的身教，是我們很好的去揣摩、去模仿的對象。他們的思想智慧流傳下來，成為經典，值得我們仔細去研閱。經典裏有很多睿見，歷千古而彌新，至今仍閃爍燦亮的光芒，照亮許多幽暗的心靈。他們的建議，值得我們在生活中去嘗試。

　　當然，在這樣做的時候，我們也需要有良師益友的指引、鼓舞。親近「善知識」是重要的。

　　最後，我們要相信，自己有一個智慧的、純淨的心靈。這個心靈瞬息萬變，它能沾滿塵垢，也能閃閃發光，使我們的判斷正確，而且心情平靜怡然。我們可以練習使自己的各種激情、邪念，如貪婪、妄取、怨恨、嫉妒、自大、急切、自私、破壞等等，都平息下來，看看那個清明、開朗、放鬆、純潔的我，是個

什麼樣子的我。以這樣的我，來觀察、了解周圍的人、事、物，試試看會有什麼樣的感覺？在這紛然雜陳的人生百相之中，你體會到了什麼？

人有各種情緒和感情，每日每時，當有那明顯的感受時，你細細看自己，又看到了什麼？

生命之流，流變不止，在一切的不確定和未知裏面，我們自己也是在如是不確定地流變著。哲學是要去了解自己，了解世界。但自己和世界都不停地變化。世界或在進化，或在退化。人亦如此。哲學要試著找出進化的道理，以便不停超越現在的世界、現在的我。

第二節　教育的基本原理與實際問題

一、教育的一些基本原理

教育哲學的研究者，往往會先去探討、了解「什麼是教育」，或「什麼是眞正的教育」。這可以說是教育諸原理中的第一原理。了解什麼是教育，才能分辨出眞的教育和假的教育，以及比較好的教育和比較不好的教育。對於從事教育工作的人來說，因為眞正了解教育是什麼，才能經常檢視自己的做法，是否合適，有沒有偏離了教育的正道。

研究「什麼是眞正的教育」這個原理，實即等於探討「必須具備了哪些性質或條件，才能算是眞正的教育？才能算是好的教育？」這就是所謂「教育本質論」的研究。

教育是以「長善而救其失」來改善人類的心性言行，佛教說

「諸惡莫作，衆善奉行」，宋朝理學家張載說「改變氣質」，當代心理學家則說「行爲改變」。另外教育也要協助人類創造文明，促進社會發展，增益全民福祉。基於這兩項教育最主要的功用，教育哲學也要探索以下這幾個相關的教育之基礎問題：

㈠人性是什麼？能改變嗎？如何改變？朝向什麼方向去改變？教育對此能有什麼樣的作爲和貢獻？

㈡人生是什麼？什麼樣的人生才是理想人生？如何才能達到理想？教育對此能有什麼作爲和貢獻？

㈢社會是什麼？什麼才是理想的社會？如何才能達到理想？教育對此能有什麼作爲和貢獻？

第一個問題的研究，可以說是「人性論」，更廣義地說，即是「人論」。這比科學的「人類學」，所涵蓋的範圍廣得多，也比二十世紀初德國哲學界之「精神科學」的研究，更能觸及人類本質之實質問題的探究。教育的對象是人，而實施教育的也是人，可以說不了解人，即無法實施教育，或無法做好教育。各學科之研究人，往往只顧及某一方面，他們雖能夠提供若干了解人的資訊，但是無法呈現人之整體和人之全面，也無法透視人之本質至於最深層最深刻之處。哲學的人論，乃至於宗教的人論，嘗試著去統整各學門的人的研究，並且更超越於此，以其獨特的認知方法，冀能理解人之全貌，掌握人的眞正性質，以爲教育之「人文化」、「全人化」的基礎。

第二個問題的研究，即是「人生論」或「人生哲學」。人生是每個人類要經歷的生命歷程，但是人人的經歷不同，感受也不一。這個短則數十年、長不過百多年的生命歷程，到底爲什麼而存在？它有什麼意義？爲什麼有苦與樂、幸與不幸等等的個別差異？它是磨難、享受、洗禮或是祝福？它是取或與，或二者兼

有？它是個學習的過程，服務奉獻的過程，或是二者都有？幸福是什麼？是可努力而獲致的嗎？或者一切都已命定？針對這些問題去思索、觀察、體會和解答，便能夠形成比較合理的人生觀，由人生觀再來設定一些合宜的人生目標，把這些目標融入教育的規畫及實施中，使教育活動能幫助人類實現他們人生的理想。若是對人生的性質不了解，或了解得不透徹，對人生的價值及方向沒有合適而清楚的理念，那麼教育也會失去明確合宜的目標，整個教育活動逐減損其意義。

　　第三個問題的探討，乃是「社會論」或「社會哲學」。有關社會的科學研究，統稱為「社會科學」，這裏面包含有社會學、政治學、經濟學、法律學……乃至於教育學等等。但是社會論不等於社會學，也不等於社會科學。它可以涵蓋這一些學科的研究結果，但是在社會科學的研究告一段落，已經得到結論以後，它還要更進一步去思索社會的本質，以及社會發展的性質及理想。社會論固然是要統整社會之科學研究的結論，但這些只是參考的材料而已。社會論者真正關心的是，人類需要的是什麼樣的社會，什麼樣的社會對於人類的今天和明天是最為理想的？他們還要檢討今天人類的社會，是不是夠健全？社會的發展方向，以及人類在社會中的做法，都要被仔細診察，以便決定是否要修正和調整，以及如何修正和調整。在各種有效的、能改進社會的做法當中，教育所扮演的角色，應該是極為重要的。教育哲學家須在此做深入的探索，以提供教育工作者以及其他相關者有價值的建議。

　　以上三項問題，包含人論、人生論和社會論，乃是教育之基礎原理的研究，也是教育哲學的主要研究課題。

　　教育哲學家也常常從哲學現有的研究領域之架構出發，探討

教育的相關問題。例如西方哲學界往往把哲學的研究，區分為知識論、形而上學、倫理學、美學、宗教哲學等領域。從知識論，他們探討了知識的性質，真理的規準，認識的主體和被認識的客體之間的互動關係，然後把研究所得延伸到教育的範圍，繼續探討不同的知識理論，對教育的理念和實際作為所產生的影響，包含義涵、啓示和應用等等。許多教育的信念，是這樣建立的。例如知識論若主張真理的標準是隨著其效用性的變化而有不同，那麼教育就應該教導孩子，如何思維，如何經常證驗知識的效用，如何反省、檢討舊有的解決問題的辦法，以便隨時做適當的修正、調整。反之知識論若強調真理的互古不變性，那麼教育的重點便沒有比教導學生研習經典，或去冥思宇宙萬有的根本原理來得重要。

知識論如此，形而上學及價值論（如倫理學、美學等）亦皆如此。哲學家在形而上學的領域裏，研究宇宙的本質，一切存在的東西的本質，生命的究竟，並且試圖建構世界觀。如果他們發現宇宙的本質是精神、是觀念，那麼教育者會把兒童的理性能力的訓練，視為最重要的課程；而形上學家若認為物質才是萬有的根本性質，那麼接受這種理論的教育者，便會著重於兒童感官的訓練，引導他們去觀察外在的生活的世界，並努力歸納觀察所得的資訊。形上學家若認為這個世界是個邏輯的結構，那麼教育者似乎理應多教導兒童像數學一類的學科；形上學家若以為世界是個互動、互融、互攝的錯綜複雜的建構，其中沒有偶然，而只有因果的關聯，那麼教育內容理當教導兒童合群、互助、關懷，並學習對自己行為的結果負責。

價值論與教育的關係，也是十分密切的。像倫理學（道德哲學）乃是研究道德的本質，例如善惡的標準，良心的作用，以及

人生的意義與道德的關係等。由倫理學的探索所得到的「什麼是善行」或「什麼是道德的行為」等方面的結論,當然很容易地就順理成章轉移到道德教育,加以應用,成為道德教育努力的目標。由倫理學研究而了解良心或道德理性的性質及其作用,也可以應用在培養兒童道德觀念的方法。如果認為良心是天生的,那麼教育應以啟發、引出或恢復本性為主;如以為良心是後天造就的,或只是習慣的累積,那麼教育的工作重點,就應放在良師益友等環境的薰陶,或行為習慣及模式的塑成 (shaping)、修改 (modification)。又如美學是要探索什麼是美,如何認知美、欣賞美、創造美,乃至於美與人生的關係等。美是人生追求的境界,也是教育主要目標之一。美化人生包含生活環境的美、文明器物的美、藝術創作的美、心靈淨化的美,以及和諧、平靜、繁榮、秩序之社會及世界的美。美學的研究成果,轉移到教育領域,可有助於培養美感能力(含創造、鑑賞及對美之感受的敏銳度),由自然、物質、生活、工藝、文明之美,進一步提昇人類至生命之美、社會之美及世界大同之美的境域。

　　以上舉例說明,哲學家的研究領域,如何可以擴充、延伸、應用於教育的領域,而這樣的跨領域的研究,也是現今教育哲學家所感興趣的範圍之一,成為教育之哲學研究的一些基本、重要的主題。

　　回到教育的歷程本身來看,除了本節一開始提到的「教育本質論」以外,還有一些值得探討的教育的基本問題。其中之一是「教育目的論」。教育是人類進化的利器,如果能具體而切實地指出進化的方向,或構想出理想的境地,那麼教育工作者便有個依循。教育目的論要探討類似這樣的問題:「教育目的」的性質是什麼?教育有沒有所謂「終極的理想」?如果有的話,應該是

什麼樣的理想？在達到終極理想以前，有沒有階段性的目標？是些什麼目標？「目標」的性質是什麼？等等。

教育有了方向，也有了目標以後，便要朝著這方向或目標去努力。這時所要探討的問題，便是「以什麼內容來教育最合適？」或「教些什麼？」，這即是所謂「教育內容論」的研究。但是這還不夠，還須進一步了解「以什麼方法來教育最合適、最有效？」這便是「如何教」的問題，亦即「教育方法論」的研究。最後，還要探討「教育的效果如何？」這個問題，便是「教育評量論」。到了這個地方，教育的歷程大抵完成。當然，教育的成效如果經過評量以後，並不理想，為了補救，教育的歷程便要再循環回去。如其效果令人滿意，教育便進行到新的階段、新的單元。

這其實只是非常概略而簡約地說明了教育的歷程。實際的教育情形，比這要瑣細繁雜得多。教師要面對許許多多實務性的問題，而且必須一一予以克服，才能使工作進行順利。這些實務性的問題多得不勝枚舉，舉例而言，「如何教會兒童除法？」「如何輔導不喜歡做功課的孩子？」「如何經營好一個班級？」「如何訓練一支兒童棒球隊？」等等。解決這些問題，自有其相關師資培育課程的專業及專門領域的知能或有效的建議，而且現今也有許多教育學術研究者，分門別類從事相關的研究，有助於教育內容、方法及技術的改進。但是這些實務問題，與哲學或教育哲學也有密切關係，在本節第二小節中將做進一步的論述。簡言之，教育科學的研究者，會從科學、技術的觀點，使用科學的方法，探討這些實務性的問題，但教育哲學則從哲學的觀點，採哲學的方法來研究之。何謂哲學的觀點及方法，在本章第一節已有詳論，茲不再重複。但是簡要地綜述，教育哲學之探索教育的實務，可以採取類似下述的程序：

㈠蒐集教育科技的研究成果及建議。

㈡釐清教育實務問題的癥結，分析問題結構及其包含的元素（如最小的問題，一些形成問題的基本概念、語言等）。這是問題的內在結構關聯之分析及呈現。

㈢尋找實務問題的外在關聯，及其在較大的情境結構中的相關位置，它與其他單位的關係等。這是問題之外在結構關聯的分析及呈現。

㈣在宇宙觀、價值觀、知識論、人生觀、社會觀及人性觀等哲學系統中，考量這個實務問題的重要性，並對教育科技所建議的解決方法或其所提出的結論，進行得失的評價及抉擇之建議。

㈤對其他教育哲學者在此實務問題上的意見進行評價。

由以上程序可見出教育哲學之處理實務問題的方法，有幾個特質。第一，它不排除科技研究之成果，而是要善用之。第二，它不一定能直接解決教育的實務問題，但是能夠釐清並呈現問題的真實，使複雜的問題或隱蔽的癥結，變得可察知、易理解，並易掌握問題核心。第三，對科技的解決方法，能夠超越局部問題的觀點來加以評價及抉擇，也即是說，它要充分了解，問題之如此解決是否有意義，他不僅關心問題能否解決，而且還要考慮，什麼樣的解決方法或方式，對於整體世界、社會、人生，是最好、最有價值，而且最合乎人性。第四，這種教育哲學的立場及方法，不僅是理性的邏輯之分析、釐清及綜合，而且是人文的情操的關注，這裏面有著人性之覺醒、人際的關懷、以及由小我進入大我的慈悲胸懷。第五，哲學的宇宙論、世界觀、知識論、倫理學、美學乃至於宗教學等領域的研究，都可應用於教育實務問題的探討。

二、哲學在教育實務上的應用

今天的教育，已經是個「綜合性」的「事業」了，教育學術也者，也不是單純的一個學科、學門，或者少數的幾個學科、學門所能夠完全涵蓋。從事教育工作，需要許多領域的人才，而從事教育的學術研究，也需要藉重許多方面的專才。分工細密的教育工作，越發突顯了教育幾乎是與人類的生活、人類的社會，在涵蓋面和複雜性方面，要畫上了等號。教育是在人類每日的生活中來進行教育，也是在社會廣大的活動當中來進行教育。教育與生活的日常需求相終始，也與社會的進步發展無已相終始。教育的目的在增進生活福祉，促進社會進展；教育的材料取之於生活及社會；教育的成果歸於個人一生及社會延續。凡是在人生中所遭遇到的一切問題，在社會發展中所面臨的挑戰及困境，在教育中都值得談論，值得研討。

如果我們暫時把人間的學問，區分為「科學的」及「人文的」兩類，那麼教育所涉及關連的學問，有科學也有人文，教育問題的探研及解決，需要科學家，也需要人文學者。如果我們把所有的學問，分類為「世間法」和「出世間法」，或者分類為「有為法」和「無為法」，（註6）那麼無疑的，教育雖以世間法為主，卻不能忽略出世間法；教育雖主要是有為法，卻必須以無為法為其精神的支柱。教育的問題，要靠科學家來研究、來解決；但是他們只能解決一部分的問題。又需賴人文學家來研究和解決。但是人文學家如果只通世間法和有為法，那麼還是會有一些最根本的問題無法解決，教育界仍然存在許多煩惱和困惑，無法消除，仍然有許多的瓶頸，無法突破。哲學也是人文學的一種。但是真正的哲學，必須從世間的有為變化虛幻的現象入手，

去關懷、了解，而後又超越這變幻無常的現象，進入恒常的不生不滅、不增不減的理法界，才能在根本上解決教育的難題，並以其大智慧一掃教育工作者的煩惱及困惑。

有些教育工作上的問題，只需技術即可解決。例如，如何操作投影機，如何畫出台灣的地形圖。但是像這麼單純的技術層面的問題，若是進一步的探討，仍然是有一些非屬技術的或超越技術層面的東西存在。比方說，一個人操作投影機的技術很熟練，但是他不太愛惜公物，使用的東西很容易被破壞，或使用之後沒有好好維護、保存，沒經過多久就損壞、故障。這時他的問題不在於技術的好壞，而在於他這個人的工作習慣，乃至於他的生活態度或心態。又比方說繪製一張複雜的地形圖，除了有沒有畫圖的天份和素養以外，還得看畫圖的這個人耐性夠不夠，如耐性不足，或心定不下來，那麼有再好的天份和素養，也很難完成一張精確完整又美觀的地圖。

事實上，大部分的教育工作上的問題，都比操作投影機或繪製一張地圖要複雜而困難得多。以教導兒童作文為例，從認字、綴詞、造句，到把字、詞、句適當地構成一篇文章，其中不但要避免錯別字，也要注意用辭是否恰當，文章是否切題，結構是否完好，還要看是不是言之有物。老師在教導兒童的時候，既不宜完全放任不管，讓兒童「自生自滅」，也不應管太多、講太多，以免妨礙了兒童的文思和創造力。老師的教學態度若是太急切，會使兒童感受到壓力，若是太放鬆，兒童則又難免偷懶。此外，教師本身又要有足夠的鑑賞力，在評閱學生的作文時，能夠真正分辨文章的好壞，以免把不該改的給改了，而應該改的卻又沒改。另外，教師還是得了解每個學生的潛力，對於潛力好的，應該多加鼓勵，對於潛力不足的，則不宜期待過高、要求太多。除

此以外，教師還要了解市面上有哪些好的讀物，好介紹學生閱讀。而教師本身的閱讀習慣及寫作態度，也會成為「身教」而影響學生。從以上的敘述，我們可以分析，在教導兒童作文這個教學過程中，包含了對語文應用的認知、理解，邏輯的思考，文字運用的技巧，對文章主題的知識，還包括了教師對兒童心理的了解，對兒童發展的關心，美學的認識及判斷，以及教師對學生的「人格感化」或「潛移默化」等等。這裏面有心理學，教學法，語文的專門知能，對人生世事的了解，還有哲學。所謂哲學的層次，不僅是美學的素養和判斷而已，還有對人性、人生、世事、乃至於語文性質的深刻了解及體會。泛泛地了解人性及人生，無法寫出真正動人的文章，也無法教導學生在寫作上真正有創造。泛泛地了解語文，也無法掌握語文的特性，在運用時神乎其妙，得其真實而極致的作用。以教學作文為例，哲學的功用之重要性，是顯然可見的。

再以品德教育為例。教師之所以有資格教導兒童品德，首先得對品德的性質有真正的了解，這包含道德的原理，各項美德的定義及功用，美德與人生的關係，以及「好人」及「美好人生」的定義等等。欲真正了解這些問題，須經過哲學的研究、思索及反省。教師若是對品德沒有真正的認識，如何去教導他的學生呢？其次，教師須了解人性，因為品德教育主要是針對人性，存善去惡，故教師需仔細觀察人類的行為，從個別的現象中找出共通之處，復由共通的人性中，見出個別的差異。這種敏銳的觀察、分析和歸納能力，需在定境中才能獲得，而所謂「定、靜、安、慮、得」的工夫，是要在自己的觀念思想中去磨練，在日常生活的觸事中去修正，這主要是要依賴哲學乃至於宗教的修養。再次，品德教育，首重身教，次須說理。身教是教師要有足夠的

人格感染力和精神教化力，所謂不言之教，是勉強不來的，這種無形而卻最有力量的教化力，產生自教師本身的正知、正見、正念及清淨行，換句話說，教師的思想觀念不對不好，心念行爲不純淨不光明，即使對學生產生了影響，也是壞的、邪惡的影響。教師心念清淨，言行光明，見解正確，思想卓越，自然對學生產生了吸引力，使學生內心歡喜，樂於親近，樂於學習，眞正得到成長和進步的喜悅。教師的這種良好人格，乃是得之於正知正見的哲學及宗教的素養，得之於生活中不斷地自我期許及提昇，而對學生產生了最佳的示範作用。而其次的說理，則著重於以邏輯思辯，協助學生了解人生的道理，由眞理而生出信心，生出生活的動力，使他們趨善避惡，精進不已。說理是哲學的主要方法之一。以上的例子，說明了品德教育雖須藉重心理學和輔導學，但其成敗的主要關鍵，仍要藉助於哲學乃至於宗教，以爲基石。

　　復以教育行政爲例，說明哲學在教育工作上的重要性。幾乎所有教育行政的重要決策，最後都要以哲學信念爲考量的標準。例如某類特殊教育的成本高，但收效不大，從財經的觀點來看，是不經濟的，但是許多國家的政府仍認爲此類特殊教育應該做，應該投資。爲什麼？那是基於教育機會均等的信念，是對人類同胞應有的尊重，也是對天賦人權觀念的支持。爲什麼不能體罰學生？體罰的「教育」效果不是更快嗎？事實上，撇開「體罰不能產生眞正的教育效果」這個道理不談，只是基於「任何人都無權去傷害別人的身體和心靈」這個根本信念，便足夠使教育行政部門堅持「不體罰學生」的政策。我們看到，同類性質的學校，因爲不同的校長和教師，便各自發展出不同的特色及風格。爲什麼？除了一些外在因素的影響之外，最大的關鍵還是在於校長與校長之間，或一校的教師與另一校的教師之間，有著不同的「教

育信念」，不同的「教育價值觀」。教育信念或價值觀，往往決定了一個學校辦學的走向，或一個國家教育發展的大方向。

　　試再從另一個方向來說明。教師在教學或輔導學生的時候，或者學校行政人員及教育行政人員在做決定的時候，往往需要把由不同方面或管道所得到的各種資訊，加以整理、消化，得到一個結論。這時，他必須把資料做適當的區分，然後歸類，再找出類與類之間的關聯，若是有矛盾或重複的地方，還得做取捨，相互比較。這個過程包含了分析、歸納、分類、形成結構關聯、選擇、綜合及判斷等心理的作用。例如教師在教學某一個單元時，他要採取什麼教材，使用什麼方法，對一個有經驗的教師而言，並不是一件困難的事，因為他已經有過類似的教學很多次，早已非常熟練，可以依循舊章，習焉而不察。但是對一個缺乏經驗的教師來說，他卻必須盡量從多種管道蒐集教學材料，從許多方面去了解學生，然後把這些資訊在心裏面做一個整理，最後依據整理所得的結論，來決定教材和教學法。一個有經驗的教師，若想脫離那種因循舊法的教學模式，使自己的教學有創新、有改進，他最好還是要常常做這種教學前的內心「整理」的工作。這種內心的歷程，對於輔導者及行政人員等做決定之時，也同樣是重要的。這實際上乃是把「內省」、「思考」等哲學的方法，應用於教育實務工作的例子。哲學家常強調思考或反省，一般人誤以為哲學家的這種主張是躲在象牙塔裏不問世事的冥思幻想，其實不然，哲學的方法要能應用於生活及工作中，始有意義，才能真正改進工作的品質，提高生活的水準。

附 註

註1：**周易**，「繫辭傳」上，第 *12* 章。

註2：*Aristotle, "Physics", trans. by R. P. Hardie and R. K. Gaye,* **The Basic Works of Aristotle**, *edited by R. Mckeon, (New York: Random House, 1941)Book II, Ch. 3-7, pp. 240-248; Aristotle, "Metaphysics", trans. by W. D. Ross,* **The Basic Works of Aristotle, op. cit.,** *Book I, Ch. 2, 3 and Book V, Ch. I.*

註3：*Bertrand Russell, "Mathematical Logic as Based on the Theory of Types," in* **Logic and Knowledge: Essays 1901-1950**, *edited by C. Marsh (London: Allen & Unwin, 1956), pp. 59-63, 101. Also B. Russell, "On Denoting," in* **Logic and Knowledge, op. cit.,** *pp. 45, 51.*

註4：**周易**，「繫辭傳」下，第 *2* 章。

註5：詳可參閱星雲法師監修，慈怡主編，**佛光大辭典**，（高雄：佛光出版社，*1988* ），冊三，頁 *2276-2289* 。

註6：參閱**大般若波羅蜜多經**，卷第 *46* 。世間法是世間五蘊（色、受、想、行、識），十二處（眼耳鼻舌身意六根，即六種感官，加上六塵，或曰六境，即色、聲、香、味、觸、法），十八界（十二處再加上眼耳鼻舌身意六識作用），十善業道（十種良善行為，即不殺生、不偷盜、不邪淫、不妄語、不兩舌、不惡口、不綺語、不貪、不瞋、不癡之十善），等等以世界「有情眾生」及「器世間」（即有生命之存有及無生命之存有）為對象的善法，此世

間法仍在遷流輪迴之中，仍有煩惱（即有漏），不是究竟
之法。世間法亦可解爲世間的學問。出世間法則已轉迷入
悟，超越生滅煩惱，是無漏解脱法。

「有爲法」是因緣和合，有生滅、有造作、無常變化的
「存有」及其現象；像色、受、想、行、識之五蘊，包含
物質、感覺、認知、行爲、思維、意識作用等，都是有爲
法。離生滅變化，絕對常住的是無爲法，像眞如、涅槃是
無爲法。另參閱**華嚴經**卷21，十無盡藏品第22，世間
法是色受想行識，出世間法是戒、定、慧、解脱、解脱知
見。有爲法是欲界、色界、無色界、眾生界；無爲法是虛
空涅槃，緣起法性住。

第 二 章
人論與教育

第 二 章

人論與教育

第一節　人是什麼

人論，即是人是什麼的論說、理論或討論。

身為人類，卻長於知悉他事他物，不悉自己。這是常見之事。何以如此？可能的原因有二：一是不易知，因為人類比起他類事物多變而複雜，故亦較他類事物為難知。另一原因是不欲知，不敢面對自己，或不願客觀面對自已，如實省察自己，故所知不確或不全。

既然不易知，不欲知，為何又要去知呢？原因也可能有二：

其一是雖不肯面對自己，內心卻又有股想了解自己的衝動，人的求知欲及好奇心，在此鼓動運作，不易完全壓抑。

第二原因是，由於不知己，或知己不周不確，在實際生活及工作中，便常因此而吃虧受苦。試想，若對自己不了解，或了解不正確，便可能高估自已或低估自己。臨事之時，目標不是懸得太高，便是懸得太低。懸得太高，不是自己力所能逮，雖然戮力以赴，終於失敗，內心挫折失望之苦，何能言宣？若是目標懸之過低，則又可惜了自身之才華，而且也減失了成就感，內心仍不

是滿意。這只是因不了解自己而衍生的後果之一例而已。不能如實了解自己，確實是於己之生活行事不利，而自然也會有害於人，並影響人我的關係乃至於群己的關係。人由實際利害的經驗中學習，覺得勉力去認識自己，還是必要的。

人是什麼？這個問題不是三言兩語所能盡其詳。

生物學家會說，人是一種生物，而且是一種動物，哺乳類的動物，是靈長類的動物。生物學將一切世界上有生命的存有（有生命的存在的東西），依其特質，區分相異之點，統合相似之點，而將人如此界定。

生理學家會說，人有腦部，內含大小腦及延腦等，有腦細胞……等；又有軀體四肢，皮膚毛髮，各種內臟，各種內分泌；有血管密布；有骨骼肌肉；全身都有細胞，其中含有神經細胞。人體的各個部分，肉眼可見乃至不可見者，都在變化或運動之中，還有神經衝動，傳送各種訊息，傳達或接受指令。人體，一個精密細緻而不可思議的結構、質料及運作，迄今非人工所能為，非任何最精良之機械所可替代，非任何最精細之設計所能超越。

經濟學家說，人是經濟的動物。人有營生本能，有流通物品、人棄我取、互通有無之習性；人喜積蓄財物，以之為籌碼，或以之為炫耀，乃至於以為地位之象徵；人又善於應用自然之物以厚生利民，並在素樸的物品上面增添意義，以增益經濟的價值。人以農、工、商及科技的知能，改變自然，也改造人文社會，提昇文明水準，而也因此造成污染、破壞生態。

政治學家又說人類是政治的動物。政治動物實即社會動物之一種，即經濟活動亦何嘗非社會性之活動。人喜群居，因群居而有爭鬥或有互助互利，因爭鬥而致相殘，社會失序，破壞橫生。

政治者，導群居生活入常軌，以求安定、秩序、互利，並謀進步之作為也。所以政治遂有組織、有制度，有權責之畫分，有事務運作之規則，有人事更迭之共識，以謀求群居人類之最大福祉為目標。然因人性之缺陷，貪、瞋、癡等人性中基本弱點的現行、囂張，爾虞我詐，互相傾軋，仇恨猜忌，奪取不饜，則民無寧日，悲乎人類政治智慧之失喪殆盡。

歷史學家說，人類是有歷史的。過去的生活經歷，藉口耳相傳，再藉著記述的工具，成為重要的記憶，往往歷久而彌新。個人的一世生命有限，但經由歷史，人類的整體生命可延長為無限。再者，歷史也是一面鏡子，過去的興衰得失，因鑑往而可以知來，人類在其中獲寶貴的教訓，可以在現時當下，興利而除弊，避免重蹈覆轍，減少嘗試錯誤。又可以展望將來，預知何者當為，何者不當為。人因為有歷史感，所以能夠飲水思源，慎終而追遠；他也因此而能累積經驗，不必每一事每一時重新創造，所以能形成文明。善知歷史，善用歷史，人類所以能成其大；不知歷史、忽視歷史、歪曲歷史，人類所以走向衰亡。

人類能創造工具，使用工具，此又其獨特性之一也。以論體能，人在所有動物中不是最為強健有力或敏捷勇猛，但能運用其智力，發明工具，並使用之以操作、運轉遠超過其體能極限之各項事物或活動，例如發明舉重機以抬移重物，發明舟車飛機等以跨越障礙、快速交通，發明電話、傳真、電視等以遠距傳送訊息……，可謂不勝枚舉。舉凡現今文明生活之所有，幾乎無一項而非人類發明、製造的工具。但是水能載舟，亦能覆舟。人類雖發明火藥以開鑿山洞、建築鐵公路，但也以之製造武器以殘害同類及其他生命；又如核能，固可使用於和平的用途，以造福人類，但也可用它製造核武，威脅生命財產，甚至使世界面臨全面

毀滅的危險。此是福是禍，端看人類在有了製造工具的聰明之餘，是否也有真正善用工具的智慧。

　　人又被視為語言之動物。語言亦是人類發明的工具之一，但並非完全由人造而成。人類固已潛在語言之能力，此或為一種基因遺傳，成為「集體潛意識」(collective unconscious) 之傳承。語言亦是社會之產物，在群集生活中，半人為半自然，逐漸發展而成。語言有何功用？第一，可以發表，滿足人類天生之發表欲，如說故事、演說、寫詩歌、寫小說，乃至寫歌曲等，都有賴語言。語言之形式，雖以說話為主，但亦包含文字，及其他形式之語言，如音符、數學符號、具有象徵意義之造型物，乃至於所謂的肢體語言。第二，可以傳達，此又包含單向傳達、雙向傳達及多向傳達。傳達目的，既在表述自己的觀念、情感與態度，也能雙向乃至多向溝通，以增進人我之間彼此的了解。第三，可以教化，如家庭、學校、社會教育，或宗教的教化，大眾傳媒的教化，除了身教、境教及其他潛在方式以外，語言是主要媒介。人類經驗及智慧的累積及傳承，語言是必要的工具，上已述及，無語言文字，則歷史的紀錄幾無可能。無語言文字，則文明之發展亦幾無可能。語言有上述這些重要功能，故成為學校教育課程中，最主要的學習項目之一。人類而能善用語言，真正可以造就和諧美滿、四海一家的世界；人類而不了解語言的功能及性質，致應用不當，甚至濫用語言以達到中傷、毀謗、曲解，作惡之目的，破壞人類的同胞愛，損傷社會的諒解、互助及和諧，則為至足惋惜的事。

　　人類除了具有動物共有的一些性質和本能需求，如飲食、性、安全、愛等等以外，他還具有許多超越一般動物的特性和能力，例如上述的製造及應用工具的能力，發展及運用語言的能

力，發展經濟及政治等社會體制、活動之能力，建立歷史的能力等等都是。人類之異於一般動物的特質，當然遠多於已經列述的這幾個項目，雖然這區區的幾項，都是很重要的項目。我們發現，人類的可貴之處，在於能夠建立文明，建立文化。文明與文化二語，本有重疊的義涵。居室、道路、生產、生活資需，固是文化，而音樂、美術、詩歌、宗教，亦都是文化。一切人類曾經走過的，留下來的「客觀化」的共同財產，無論是物質層面或精神層面者，都是文化。文化中之質優而精緻者，對人類別具價值或意義者，為文明。文化是中性的，包含進步的、後退的，理想的或欠佳者。但既名為文明，即代表一種光輝的歷史或榮耀的歲月。

　　人類之所以能建立文化，甚至產生輝煌的文明，主要不在於其體能之優越性，而在於其心理方面的一些優異特質。這些優異特質，有一部分在上面已經述及，此處擬再較全面地討論此事。不過，這裡所謂的「優異特質」，其意義是指人類所獨有或雖非獨有卻遠超勝於一般動物的能力，包含潛在的心智情意能力在內。除此之外，優異一辭並不一定意指好的、善的、有價值的，雖然其中有許多特質確實是好的、善的、有價值的。

　　我想從兩方面析論人之所以超勝於一般生物的「心理特質」或「心理能力」。其一是「心智的」活動，另一是「情意的」活動。如下表所示：

心　智　活　動	情　意　活　動
一、認知	一、情緒、情感及情操
二、思維	二、實踐意志
三、想像	三、模仿

四、語文	四、習慣
五、創造	五、覺醒
六、審美	
七、道德	
八、直觀	

　　茲從第二節開始，對上述這些能力及其學習、發展，加以析論。

第二節　心智的活動

一、認知

　　能夠認知、理解，是人形成各種知識的基本能力。人有各種感官，即是眼、耳、鼻、舌、身，分司視覺、聽覺、嗅覺、味覺、觸覺等作用，接受外在的各種資訊。在感官接受資訊的同時，甚至更早，意識已經在運作，而接受資訊之後，尚須經意識組織統整，成為知覺，俾作為形成概念、複合概念、知識等之基礎。哲學的知識論 (epistemology) 所探討的主題之一是人的認知。此在本書第五章「知識論與教育」中當再較詳細論述。

二、思維

　　思維主要為人之意識所進行的推論、分析、綜合、比較、重組、組織、融會貫通等之過程。思維是形成知識的必經程序，亦是哲學之知識論的探索主題。孔子說：「學而不思則罔。」意即只有認知和吸收外來的知識經驗，而沒有經過本身的思維歷程，

則所接收之資訊，終究是他人之物，與我何涉？又何有利益於我？人於學習中若是不能思維，則不足以稱為已學已得。美國哲學家杜威 *(John Dewey, 1859-1952)* 亦說，教育工作而無思維，一切將成例行公事，而缺乏意義。思維一事，實是人類一切文明進展的動力之一。能思維，是自稱為「萬物之靈」的人類常引以為自豪、自得之事。

三、想像

想像一事位居於理智思維的圍牆之外。想像看似常常偏離現實，而與白日夢接鄰。它好像不切實際，又常被譏為不合理或胡思亂想。但是，想像卻也是創造的序曲，是天才之成就的憑藉。人類文明發展的瓶頸，往往因為想像力的發揮，而獲得突破；科學與藝術的創新，也常賴想像而得以有成。在人類心靈深處的某一個角落，因為想像的存在，而充滿著美妙的、理想的、跳躍的生命活力。沒有想像的生命，是乾枯的。學校的教育，久已忽略想像，而現實的社會亦多嘲笑想像，卻不知想像力是人類一項寶貴的礦產，值得不斷地去開發。

四、語言

已如本章第一節所述，此處不贅。

五、創造

創造不是無中生有，卻是前所未有。人類創造了語言，然後又因不斷創造，而改進了語言。人類創造各種工具、家庭、社會制度，人類又創造了道德、藝術和科技。人類創造了一切的文明。此外，人類也創造了各樣的價值和意義。

　　因爲創造，所以能進化。柏格森曾倡「創造之進化」
(creative evolution)，以此爲文明躍進、突破現狀之激進改善之
所依。**大學**引湯之盤銘，曰：「苟日新，日日新，又日新。」朱
子注此句說，「湯以人之洗濯其心以去惡，如沐浴其身以去垢。」
又說，「誠能一日有以滌其舊染之污而自新，則當因其已新者，
而日日新之，又日新之，不可略有間斷也。」此注說除舊布新，
從心做起，不可一日間斷，正好說明人不應以目前成就爲已足，
從修己心做起，自能擴大到一切人事物。所謂創造，最廣義來
說，能夠使現狀更好，謀求改善之道，都是創造之舉。杜威之哲
學稱爲「進步主義」*(Progressivism)*，爲什麼？因爲他主張生
命是不斷生長、不斷創新，並無止境。大乘佛教說「六度」，其
中之一是「精進」，精進者，不停地努力，以追求更好、更圓滿
的境界。**易傳**曰：「天行健，君子以自彊（強）不息。」（註
１）教育應鼓勵學生創新，而不是抑制其創造動機、閉鎖創新之
潛能，否則，即是悖宇宙、人生之道而行。

六、審美

　　人類是美感的存在，具有審美的能力，不但能欣賞、感受
美，而且能創造美。

　　美從大自然中來，但美亦從生活中產生。美可以由具體的物
品形象中顯示，但也能由無形相、非實物的氣氛中呈現。身體是
美，心靈也可以是美。看得見的外表，以及不易觀察得到的內
裏，都有可能存在著美的質素。

　　人類之所以被稱爲具有美感的動物，是因爲他除了追求溫飽
以外，也講究飲食的品味和穿衣的藝術；以論居室，固然能遮蔽
風雨、防止野獸蟲鳥入侵爲主要目的，但是美的居室尚須進一步

講求美觀、舒適，而且最好具有某種風格，展現獨特的個性。其他人類所製造的各種工具，隨著科技的進步，愈形精巧方便以外，藝術的品味也不被忽略。為什麼商品的包裝、廣告的促銷訴求，常以精美為主題？因為能激起消費者的美感，令其喜愛之故。

人類因為愛美，所以不能忍受各種物質的污染及心靈的污染；也因為愛美，所以要建立人間的淨土。原來追根究底，美與善是同源而殊用，沒有一種真正的美不是善，也沒有一種真正的善不是美。教育工作者如果能了解人之愛美的天性，也能夠體會美善同一的道理，進一步教導學生，使他們的美感敏銳化，從內心淨化做起，做到環境的淨化，與人為善，與人同美，則未來的世界將更美好。

七、道德

希臘三哲蘇格拉底、柏拉圖與亞里斯多德，都肯定人具有理性，能分辨是非善惡。康德亦以道德之普遍律則，為人之理性所能認知並有意志予以實踐。此種普遍律則是命令式的 *(imperative)*，而不是條件式的 *(conditional)*。此在康德的二本道德學名作 **道德形上學探本** *(Metaphysical Foundations of Morals)* 及 **實踐理性批判** *(Critique of Pure Practical Reason)* 中均有詳細論及。對康德而言，在天空之日月星辰，與在地上人心中之道德理性，乃是互相輝映，二而一的；天理者，普遍律則，良心者，道德理性。人之崇高尊嚴，在於有道德。

孔子說，人者仁也。又說：「人而不仁，如禮何？人而不仁，如樂何？」（註 2 ）又說：「唯仁者，能好人，能惡人。」（註 3 ）又說：「苟志於仁矣，無惡矣。」（註 4 ）所以，君子

應該「無終食之間違仁，造次必於是，顛沛必於是。」（註5）仁是德之總稱，是人之所以爲人之本質。孔子復言：「志於道，據於德，依於仁，游於藝。」（註6）此四者是其教育思想之總綱，其前三者赫然爲道、德、仁。孟子以「仁義禮智」爲人之「四端」，即四種爲善之可能性，特別強調人性中潛在之道德理性。老子*道德經*一書五千言，以道與德二字爲其書名，道者宇宙人生萬象之本元，是生生之元，亦是變易運動轉化的法則，而德即是此道之實踐與體現。在此，人道是道，天道亦是道，物理亦未嘗非道；人而能實現此道，即是有道亦有德之人，即是有「道德」之人。道德自亦是人的本質的實現了。

人之異於禽獸、優於禽獸者以此。人若是不能珍惜這個優點，孟子說那便是自暴也、自棄也，而與一般動物無異，何等可惜？教育而若忽略人的此一本質，怎能說是成功的教育呢？*中庸*云：「唯天下至誠，爲能盡其性；能盡其性，則能盡人之性；能盡人之性，則能盡物之物；能盡物之性，則可以贊天地之化育；可以贊天地之化育，則可以與天地參矣。」朱子注此句說，天下至誠，是聖人之德之實，天下莫能加；盡其性，即是德無不實，亦即完全實現稟賦的善性。人人能發揮、實現自己至善本性，那麼無論做什麼事都能恰到好處，無不妥當，這就是德。能做到這樣，這世界還會不好嗎？這社會還會有惡嗎？能做到這樣，便是立在天地之間，亦無缺憾，頂天立地，做到「與天地相似，故不違。」（註7）

八、直觀

直觀能力，是人類一種特殊的認知能力，超乎邏輯的思維，超乎感官的經驗，而帶著神秘的色彩。直觀似爲一種具有穿透性

的洞見力，能直接掌握、把捉對象的本質，它不分析、比較，歸納或演繹，但能統整地覺知、領悟及體驗。直觀似乎也在認知的那一刻，排除了知識、先見、理論及成習，它往往在瞬間開展出一片心智的新天地。

哲學與宗教固然需要理智的思維，但是因爲有了直觀，哲學與宗教才能發展至最高的精神境界。因爲直觀而所開展的不可思議的心靈世界，引領人類亟欲去探索宇宙間異常廣闊的不可知的領域，他們把明日文明發展的希望寄託於此，期待藉此去解決人類迄今難解的問題，突破各個領域之發展的瓶頸。

過去無論東西方的哲學界及宗教界，都早已積極嘗試直觀能力之開發，而今日之科學界及技術界，也已有人注意到此一能力的價值，並預言它將是明日人類文明的新星。心理學家如榮格 (Carl Jung,1875-1961)、馬斯洛 (Abraham Maslow,1908-1970) 及羅傑斯 (Carl Rogers,1902-1987) 都曾在他們的著作中呼籲，心理學界亟應走出狹隘的實證科學而邁向更爲寬廣的新科學之定義，才能挽救心理學，而這新的、廣義的科學心理學，以今日保守的心理學之眼光來看，正是涵括了那個神秘色彩的、「不太科學」的直觀心理學，或如馬斯洛及羅傑斯所稱呼的「存有心理學」(Psychology of Being)。（註 8 ）

今日科技及實證導向的教育學，自有其值得讚賞的貢獻，但若是漠視人類及世界那個不可知的、神秘的一面，則將使得文學及藝術的內涵變得單調而貧血，使得人類的精神活動趨向機械化，使得現實的生活變得更尖銳而壓迫，沒有了幻想與希望的生活，是苦悶而貧血的。教育學者布魯納 (Jerome S. Bruner, 1915-) 亦有見於此，故提倡在學校教育中應注意人類精神活動的均衡性，不可理智太多，而情感太少，亦不可邏輯太多，而直

覺闕如。（註９）這實是明智之言。

第三節 情意的活動

上節談到的是人類一些重要的心智能力之稟賦。心智能力泛指認知、思考、創造、語文、想像、審美、道德及直觀的天賦或潛能，適當開發，才能充分發展。教育在此遂扮演了重要的角色，能發生重大的作用。

人的這些能力有些是理性的，有些是非理性的，前者例如認知、思考、創造、語文及道德，後者例如創造、想像、審美、道德及直觀。有些能力是兼有二者的：理性與非理性之交會。

心智能力重在心靈之「智」之潛能，而情意能力則重在心靈之「情」之特質。這是從分析的觀點而論的。若從整體之角度，智之與情，常時交互作用，彼此影響，並無一者能夠「獨善其身」，而不去管另一者。例如心情亂，便影響判斷的思考，使得心智無法正常運作；反過來說，心智運作得好，事情辦得好，問題解決得好，便信心大增，心情也變得很好。這時，好心情又使得心智的運作受到正面激勵，結果產生了良性的循環，一連串都是正面的連鎖反應。

一、情感與意志

人類確實是情感的動物。首先，身為人類，便有七情六欲。做為一個凡人，在一天二十四小時當中，心情的起起落落，情緒的波動轉折，幾乎多得數不清，而且是日日如此，月月如此，年

年如此，一生如此。情緒高昂之時，便有如走在雲端，人生充滿希望，而一旦跌落谷底，則又悲悲切切、沉寂落寞，如秋冬之肅殺，似地球的末日。

但是，人類又是有意志者。意志是一種定力，能貫徹實踐，也能改變心情。意志不是盲目的，而是要依照「智」去堅定地做某件值得做的事；智是抉擇、判斷，而意志是實行智的決定。行是必要的，但行的兩個基本條件，一是「智」，一是「意志」。一個人的意志，除非受到很大的逼迫和威脅，否則通常是自由的。在自由意志的情況之下，一個人能選擇他應做之行為，樂意去做，便是一種「自律的」 (autonomous) 善行，此為今日之民主社會所主張，而成為實踐道德之教育的目標。

人的情感變化，有善、惡、中性三種。人的情緒是可以疏導的，情感也是能夠昇華的。若從道德觀點來看，人的心念內容，包括思想的及情感的，也是可以淨化的。

二、模仿

人的情緒行為，自學前階段，便逐漸發展而有其雛形。首先，人會模仿與他最親近的人，例如父母、兄姐。入學以後，又喜模仿他所崇拜的師長或要好的同學，或其他的偶像人物。中國自古有身教言教二分之說法，實則無論身教或言教，都會引起模仿。近年美國學者班都拉 (Albert Bandura 1925-) 等倡「模仿」 (modeling) 之論，乃從幼兒實驗中指出他們自小便能仿效心目中的「榜樣人物」 (models)。最初始的學習方式，無論是知識、技能或行為的學習，都自「模仿」起。在行為的模仿中，情緒的形成是其中重要的一項。例如幼兒本不知「鬼」有何可怕，也根本沒有與之接觸的經驗。但是他多次從成人談鬼色變之

反應，逐漸學會聞鬼而「懼怕」，「怕鬼」這種情緒便是如此而
形成。又如父親甚愛花卉樹木，不但辛勤栽植澆灌，而且一談起
園藝則眉飛色舞，喜不自禁，久而久之，其子女自亦深受影響，
而形成見到樹木花卉便歡喜的情緒，乃至於形成一種愛花愛樹的
情感。由此看來，人類似為一種模仿的動物。從大眾流行文化來
觀察，所謂「流行」，不正是一種你模仿我、我模仿你的現象？
人類之模仿的心理，在此係以「從眾」來代替「學習榜樣」。
「從眾」又似為一種怕被「孤立」的反射。這種怕「孤立」，又
為害怕失去「依賴」的反射。怕失去「依賴」則是怕「自己負
責」的心理反映。人在大眾的潮流當中，隨波而行，彼此推擠，
互相依賴，不必思考，不必自立，也無須負責，這是另一種的
「模仿」。

　　以上說到兩種模仿，一種是學習前人或他人的成功經驗，內
心因為希望能夠見賢思齊而模仿，一種則是因為有人如此或很多
人如此而便也如此的盲目從眾行為。

三、習慣

　　人的習慣自出生即逐漸形成，久而久之習以為常，變成自然
而然之事。習慣性的行為因為已然經過了學習階段，而且也已經
度過了動作的不熟練階段，所以做起來覺得容易，甚至沒有什麼
感覺。

　　好的行為當然值得變成習慣，例如有禮貌、謙和、面帶微
笑、用餐優雅、走路姿勢輕捷穩重兼而有之、工作專注而有效
率、經常自省、注意傾聽他人說話、說話聲調平和誠懇而且疾徐
有致、適度運動、喜布施、能忍耐等等，人人可以寫成一長串的
好習慣。不好的行為當然不值得變成習慣，甚至連只做一次或心

裡頭有那樣念頭閃過，都應該去避免，例如怨天尤人、批評別人、不負責任、偷竊、貪小便宜、容易生氣、貪心、違規駕駛、鑽法律漏洞、受賄、欺負弱小、說話刻薄、慳吝、無法與人合作、抽煙、酗酒、賭博、鬥毆等等，我們同樣也可以列出長長的清單。人的問題在於想養成的好習慣，總是不易養成，有時連只做一次都會猶豫，而那些不太好的以及很不好的習慣，卻總是不知不覺中，就習染成功，揮之不去，戒又戒不掉。

當然，人的情況不盡然如此。人可分成三種，一種是無論在什麼環境底下，總是傾向於去做出好的行為、養成好的習慣。第二種人正好相反，他們無論在什麼環境底下，總是傾向於去做出不好的行為、養成不好的習慣。第三種人則傾向於受到環境的人事物的完全影響；環境影響好的，容易做出好的行為、養成好的習慣，環境影響差的，便有相反作為。

第一種人可能接受到比較好的「遺傳」，而且從出生起，甚至尚未出生以前，便已經有了正面的「環境」因素的影響，例如家庭的氣氛，教養的方式等等。等到他長大至可以接受學校教育的時候，已經有了相當穩定的良好的行為模式，此時新的環境變化對他衝擊有限，顯示他較不受環境的左右。第二種人的「條件」可能正與第一種人相反。而第三種人呢？可能在「遺傳」及嬰幼期的教養都尚未留下什麼具有決定性的強大因素，所以只得在以後的「環境」中隨波逐流。

但是這樣的分析，沒有什麼實證研究的支持。心理學及生物學界常認為人之行為受到「遺傳」與「環境」二因子的交互作用之影響，至於如何交互作用，則尚無法具體說出。可以肯定的是，遺傳或環境任何單一因素，都不能完全決定一個人的行為。佛法說萬事萬物的產生都有賴於「因緣」，只有「因」固不足生

起，只有「緣」亦是不夠。從人之行為習慣的養成來觀察，人所得之於「遺傳」的各種「先天的」素質，等於是「因」，此在佛教的唯識學稱之為「習氣」或「種子」，貯存於第八識「阿賴耶識」（註10）中，是一切行為的潛在可能性，無此可能性，則行為不可能生起。人所受到的「後天環境」之影響，則是「緣」。以遺傳的「因」作為基本，受到了環境的影響，使人做出某種行為，這種行為又回過頭來影響基本的「因」，使「因」也產生變化，此在唯識學中名之為「熏習」。「因」變化之後，又與新環境（即新的「緣」）結合，使人再作出某種行為。如此反覆熏習，因緣交互作用，而逐漸塑成人的行為模式或言行的習慣。由佛教的因緣和合的基本理論，再加上佛教唯識哲學的此種詮釋，我們可以理解，想要使一個人培養出好的行為，形成良好的習慣，需要有⑴善「因」，⑵善「緣」。不好的種子，即使種在好的土地上，也很難生出豐實的農作物；而好的種子，若是落在貧瘠的土壤，長出來的農作物也是營養不良、發育不全的樣子。而所謂的善因，是一個人過去一切作為所累積成的結果，潛藏於人的心識田中，不是不可改變，也更不是「宿命的」。透過教育的力量，我們可以淨化心田的種子，這也等於是改造農作物的品種一般。所以教育所應該努力的，一方面固然要提供良好的學習環境，提供良好的成長土壤，而另一方面，還必須從根本上去改造一個人的心識意念，使之淨化，讓那本具的善性發生作用，把累積的污垢清除乾淨，則原本晶瑩明潔的珍珠，便能散發出光輝來。

四、覺醒

　　人因為受到七情六欲的影響而隨著忽左忽右；另一方面，又

因為積習的制約，而常行不由己，或行而不自知，也不審不悉為何而行，有什麼意義。情緒的變化，若是成為我們人類行為的主導，那麼便會有許多不恰當、甚至不應為的舉動出現，不但造成人際間關係的不和諧，而且也增添生活及行事的障礙，為自身帶來無窮的煩惱，這些阻礙及煩惱又反過頭來影響人的情緒，形成一種惡性循環，這種惡性循環實際上即是一種「輪迴」，一種「流轉」，是煩惱的輪迴，也是失敗的輪迴，而人陷在這種流轉的漩渦之中，不得自在，不能解脫。

習慣的制約力量，則使人陷落在機械式的行為模式中，不自覺地重覆同樣的行為。有些習慣對人的生活是有好處的，例如正確的、良好的駕駛習慣，能使駕駛者在類似反射作用的情況下，迅速做出應有的反應。其他如游泳、打字等技能，也是如此。技能的學習，如果經過正確的指導和練習，便能養成好的習慣，有助於生活及工作的方便。但是不正確的或不好的技能習慣，修改起來，卻倍感困難，故在學習之初，不可不慎重，選擇好的模仿對象及良師，是最重要的。至於思想的方式及路徑，一旦定型化，成為固著的習慣，固然也有其方便之處，例如對類似的問題或困難情境，只要依照原先的思考路線去尋求解決的方法，通常問題便能迎刃而解，不必太「傷腦筋」。但是一旦問題跟先前有些不同，或時移勢異，情境有了變化，則舊的辦法便不一定有效，或者不一定是最有效、最好的解決方法，這時我們的腦筋若是仍然執著於舊的思維模式，便沒有改進，沒有進步，這是腦筋的僵化，缺少變通，沒有創新，產生不出「智慧」來。若是我們被某種不良的習慣所約制，例如吸毒、酗酒、賭博等，或被某種不正確的觀念、邪惡的念頭所約制，那麼清明的靈性便蒙上厚厚的塵垢，生活及行為都會不由自主地墮入痛苦的深淵，有時會有

短暫的清醒，但旋即抵擋不住積習的流轉，而使你不再是你自己。

人有自大的習慣，也有貪婪、怨恨、生氣、固執己見等等的習慣，這些習慣從表面上看起來，好像沒有吸毒、酗酒、賭博等習慣那麼有害，但仔細推究起來，其所產生的對人之深遠的不良影響，似乎也好不了多少。人有了這些習性，便會對真理關上心扉，對真實的情形不肯去面對，對周遭的人事物不真心關懷，對自己逐漸失去信心，而且他會發現，生活的不如意增加，事情不容易辦成，人我的關係也會變得尖銳而有衝突。

從習慣的桎梏中覺醒過來，是非常重要的，是做為一個人要想不斷超越自己，必須做的一件事；是做為一個人想獲得完全的自由，能創新、能突破，必須去嘗試的一件事。在人類的心靈深處，在那些層層包裹的欲念、自私、貪婪、自大、傲慢、逃避、自欺……的雜染的垃圾堆中，如果你願意，便能找到那最清淨、最靈明、最有覺知判斷智慧的本具的靈性，這是人之所以為人的最可珍貴的本質。只要你願意去做，經常朝向內心最深處去省察，去清楚地看那每一個起起伏伏的念頭，每一趟起起落落的情緒，你便能逐漸走向自我的覺醒。對於良好的習慣，你若加以省察，便可以更肯定你原先的做法，甚至去加以擴大、推廣。對於好習慣的省察，能賦予或增添它的意義。而對於那些不好的思想習慣，不正確的觀念，不純淨的心念，乃至於生活上之惡習，也只有藉由內心的覺醒，才有加以改變、修正的可能。覺醒是一個起點，是一個重要的開始，是邁向自由自在的契機。當然要達到真正解脫的目標，還需要懂得一些有效的方法以及持續不斷的努力，但是要打破邁向自由自在之解脫的障礙，第一步是要從自己內心的覺醒做起。注重覺醒的必要性，以及學習覺醒的方法，是

人人應該去學會的，而這也正是教育的一個重要部分。

第四節　人性的實現與教育

　　教育不論採取什麼模式或方式，也不論包含什麼內容，最後的目的，是要改變人，更準確地說，是要「改善」人。今日國內的教育，提倡的德智體群美五育，即是以這五個領域來總括教育的目標及內容；而在過去，我們則說德智體群四育。古代希臘的雅典，講究的是身心均衡發展、德智並重的人文教育；到了中古世紀及其前後，則有相當長的一段時間講求的是「七藝」，而這七藝的教育內容在不同的時代，並不完全一致，但似較偏重於智育。不過到了文藝復興以後，又在精神上及實質上，努力想去恢復一種全人的人文教育。現代世界各國的教育潮流，主要是走的同樣的方向，仍然是以人文主義為主導，這從古代或現代，東方或西方的觀點及事實來觀察，八九不離十，當然有些時代、有些地區，是偏離了這個「主流」，但是過了那個時代，超越了那少數的幾個地區，大家還是認為應該回到「人文」這個道路。這樣的覺醒是正確的。

　　一切人類所設計、辦理的教育，是針對「人」自己來進行改善的工程，我們要問的是，人有那麼多的「部分」，應該如何進行改善，最為有效，最為根本？

一、心靈的作用

　　基本上，人是一個整體，而且健康的人應該是一個相當「和

諧」的整體。肉體有肉體的功能，也有其需求，但其功能的運作，需求的滿足，基本上應該涵攝、統整在一個「默契」底下，而這個「默契」的形成，主要是由人的「心靈」在經營。但是「心靈」不是獨斷獨行者，他會蒐集、彙整身體內部各種情況的資料以及身體外部相關的、有意義的、重要的環境資訊，加以綜合的研判，然後才做出決定，發布指令。一個好的「心靈」，要能保證他所蒐集到的資料是正確、完全而有用的，同時，他還要進一步做出最恰當的研判及決定，這整個過程，往往是在電光石火的瞬間完成，沒有太多猶豫的餘裕。當然，有些重要的決定，或雖不重大卻很「艱難」的決定，也可能在比較長、甚至相當長的時間才完成，或者迄未能完成的。

　　人的生理構造及作用，已是個非常精密而複雜的「整體」，而人的心靈，更是玄妙、無盡豐富、無限可能之不可思議的根源。教育要改善一個人，當然可以從改變他的形貌、體能、言行及知能等著手，但是這些改變，無不與這個人的心靈有關，而且，如果，不從心靈方面也同時著手來改變一個人，那麼，那些外在的改變，都將只是短暫的。簡要地說，教育以改善人類為目標，而要改善人類，必須從他的心改善起，才是根本之道。

　　但是人的心靈含藏無限的可能和無限的變化，可以說是微妙難測，因此了解起來，不是很容易的，也因為如此，要從事教育的工作，做一個人類心靈的「工程師」，確實也不是一件容易的事。但也正是因為這樣，教師的工作更富於挑戰性，如果能夠把一個人教育成功，內心的喜悅和成就感也是無可比擬的。

　　本章的第一節從人類心智的分析，來了解他的心智潛能；第二節則是從情感及意志的分析，來探知人類的情意狀況。我們必須假設人類有一些卓越的心智能力潛存著，也必須假設他有純淨

善良之心念意志的可能因子存在，否則就不可能把一個人教育成
有認知判別的智慧，有慈悲博愛的胸懷，以及有意志、有能力去
實踐的人。人類如果沒有某種因存在，便不可能藉著教育或什麼
其他的辦法，產生出某種的果出來。教育者之所以相信人有這些
善的、好的潛在性，是因為他確實看到透過適當的教育方式，就
能培養出一些善的德性和良好的行為出來，而這樣的結果並不是
無中生有。教育者還應該相信，這種善良而有價值的潛在可能
性，不是只存在於少數人或某些人，而是存在於所有的人，因
為，我們幾乎可以在每一個人身上，多多少少看到某一些人性的
光輝，即使在某些人身上只是那麼短暫而微弱地顯現而已。身為
教育工作者，必須要藉著最適當、最有效的方法，去激發學生，
喚起他們那封閉在塵埃底下的心靈，要他們從沉睡中覺醒過來，
要恢復他們的自信心，要激起他們的好奇心，重新去探索他們生
存的世界及他們自己的內心。

二、柏拉圖

當柏拉圖說人的心靈包括三種作用，即理性、意志和情欲
時，他的意思是說，如果理性與情欲有了衝突矛盾，最後的仲裁
者是理性，而不是情欲。意志則是要實現理性的決定。在此，理
性是一種智慧，也是一種良心。它不但能了知人的內外情境以及
相關資訊，作出清楚的分析，並預知行為的後果，而且，它也代
表一種道德之善的判斷，決定要做出某種行為。故，理性既是智
性的，也是情感的。然後要真正付之行動，則責付意志去執行。
所以，柏拉圖的心靈學說，包括了智、情、意三者，而人的情
欲，由於理性的啟發及指導，能夠昇華而超越動物性的層次。理
性代表的是一種趨向於完美的神性，此種神性在後來新柏拉圖主

義哲學家柏羅丁邪 *(Plotinus, 204-269)* 之神秘思想中，成爲神的無所不知、超越時空之屬性。他是將柏拉圖的理性擴大到無限時，成爲完美的神。

三、弗洛伊德

　　現代奧地利精神分析學家弗洛伊德 *(Sigmund Freud, 1856-1939)* 以爲人的精神作用，包括了超我、自我及本我三種。本我是食、色等之動物本能，尤其是性之本能在弗氏學說中占著最重要的地位。超我是道德的良知。弗氏從精神病患的診斷經驗中，了解到一味地壓抑本我之情欲作用以屈從於超我的理性，雖然可造就出「有道德」的人，但也很可能同時造就了「不快樂」的人，而這種「不快樂」的人，事實上即是「不健康」的人。教育與其培養人的理性，使其一枝獨秀，不如培養一個理性與情感調和之人，使之既不壓抑，又不違背道德的良心及社會規範，能夠做一個既不背負著罪惡感、不與社會善良習俗及法律規範違悖的人，又能發展出健康而統整和諧的人格。雖然弗洛伊德的學說泛性欲的色彩甚濃，而且也被當代的人文心理學家如馬斯洛 *(Abraham Maslow, 1908-1970)* 等批評爲只見到了人之病態的那一半，未見到健康的另一半，但是弗氏的學說卻也提醒我們注意，如何發展一個人的「自我」，使在生活中做到既道德又健康，是教育最主要的課題。弗洛伊德的「自我」的作用，事實上是一種生活智慧的流出，類似於亞里斯多德的「實踐的智慧」*(practical wisdom)*

四、中庸

　　這種理性的智慧，在儒家係以「誠」概而言之。**中庸**說：

「自誠明，謂之性；自明誠，謂之教。」（註11）意思是說，人的本性之中，自有誠在焉，因爲有了「誠」，所以能夠有「明」。教育之道則是要由「明」著手，返乎「誠」。什麼是「明」呢？「至誠之道，可以前知。……禍福將至，善必先知之；不善，必先知之，故至誠如神。」（註12）至誠所產生的「明」，是一種能預知行爲後果之爲善爲不善的「智慧」。**中庸**又說：「唯天下至聖，能聰明睿智，足以有臨也；寬裕溫柔，足以有容也；發強剛毅，足以有執也；齊莊中正，足以有敬也；文理密察，足以有別也。……」（註13）天下至聖者，係有至誠者，其特質爲聰明睿智、寬容溫柔、發強剛毅、齊莊中正、文理密察等數項，這些項目涵蓋理智的明辨判斷、慈悲寬厚的胸懷，以及中正剛毅的意志力。**中庸**首章開宗明義曰：「……喜怒哀樂之未發謂之中，發而皆中節謂之和，中也者，天下之大本也，和也者，天下之達道也。……」可見儒家是不排斥情感而獨尊理性的，儒家人心論講求的是，如何將人之七情六欲，導入正軌，不使氾濫。各種情緒、情感平靜無波，固是一種「中」的狀態，一旦情緒情感有了波動，也不是什麼了不起的事情，重要的是這些情感乃至欲念之發動，是否「中節」？如果「中節」，即是「和」。「中」與「和」一樣，都是好的，前者是天下之大本，後者是天下之達道。「中節」是何義呢？即是所有情緒情感的發動，都不是任性盲動，而是受到一種規範的引導、節制，這種規範在**中庸**稱之爲「道」，道是什麼？道是順著天命的性去行，亦即是肯定人在心靈最深處，有著一種本然的、合乎宇宙自然理則的靈明智慧。經常依循這個智慧的引領，那麼所有的言行舉動、七情六欲，都不會越軌脫線，所以**中庸**首章即言：「道也者，不可須臾離也，可離非道也。」

五、孔子

　　但儒家思想若上溯孔子，則並不明確談論人性，亦不多談人性。孔子常說的，是人的發展之理想境界：聖與仁。這個理想境界，既不是遙不可及，卻也不是一蹴可幾；一方面，孔子說：「仁遠乎哉？我欲仁，斯仁至矣！」（註14）這是鼓勵學子，不要怕理想太遙遠，而失去了精進心，所以他又說：「君子無終食之間違仁，造次必於是，顛沛必於是。」（註15）而另一方面，孔子又怕學子好高騖遠，眼高手低，所以說：「聖人，吾不得而見之矣，得見君子者斯可矣。」（註16）又曰：「善人，吾不得而見之矣，得見有恆者斯可矣。」（註17）聖與仁，是孔子心目中完人的境界，而君子則是發揮了向善的心，有恆地朝理想去追求的人。孔子云：「若聖與仁，則吾豈敢，抑為之不厭，誨人不倦，則可謂云爾已矣。……」（註18）這雖是孔子自謙的話，卻也說明向善精進的重要及可貴。基本上，孔子肯定人有這種向善的心理傾向，但是否人人如此，則並未明謂，然則，孔子亦說：「有教無類。」（註19）這即肯定說出，教育工作者應該把每個人都看成是可以教育的教象，受教的權利可以說是人人平等，教師在這個基礎上，應該確實做到無有分別心，也即是應有平等心。當然這並不是說，在教材及教法上面也要人人一致，此可從其與弟子應答之當機因材施教的作法看出。（註20）而孔子亦明白指出：「中人以上，可以語上也；中人以下，不可以語上也。」（註21）孔子嘗言：「性相近也，習相遠也。」（註22）又曰：「唯上智與下愚不移。」（註23）前句隱示人的本性都差別不大，真正產生賢愚善惡差別的在於後天環境熏染及教育之功，似乎隱指向善之心，人人同具，唯一的差別在於後天的力量，而此

向善之心，觀乎孔子之言論來推想，應是向「仁」之心，「唯仁者能好人，能惡人。」（註24）「苟志於仁矣，無惡也。」（註25）故仁心是能明辨善惡並避惡趨善之心，這其間有實踐之智慧，亦有實踐之意志存焉。但後句「唯上智與下愚不移」，看似與上句有矛盾之處。朱子引程子之語，曰：「人性本善，有不可移者何也？語其性則皆善也，語其才則有下愚之不移。」朱子針對此語說：「所謂下愚有二焉，自暴自棄也。人苟以善自治，則無不可移，雖昏愚之至，皆可漸磨而進也。惟自暴者拒之以不信，自棄者絕之以不爲，雖聖人與居，不能化而入也。仲尼之所謂下愚也。然其質非必昏且愚也，往往強戾而才力有過人者，商辛是也，聖人以其自絕於善，謂之下愚，然考其歸則誠愚也。」（註26）依朱子的詮釋，上智與下愚指的應不全然是智力之高低，而是有無向善的心，肯不肯受教。向善之心固人人都有，但聰明的人難免貢高我慢，不聰明的人則又學習遲緩，兩者教師教導起來都會倍感吃力，故也須加倍費心。程朱之注，主要承自孟子性善說之點觀，孔子之說，只能說隱涵此義。

六、孟子

孔子說仁，而孟子則說仁義禮智四端。但仁義禮智還是以仁心爲基礎。仁心是什麼？孟子說是不忍人之心，而且是人人皆有。（註27）這種仁心不僅存於人際，而且擴及萬物，宋明理學家則針對此點而頗有發揮。故「君子之於禽獸也，見其生不忍見其死，聞其聲不忍食其肉，是以君子遠庖廚也。」（註28）這可以爲素食者之理論依據之一。當然，當政者恩足以及禽獸，而功不至於百姓者，亦是屢見不鮮，孟子此一指陳亦足以爲當今世人之警惕，所謂「明足以察秋毫之末，而不見輿薪」。（註29）依

孟子之說，仁義禮智四個善端，乃人人生而有之，但所謂「端」
者，即是端倪、根苗之意，也就是說有那個可能性而已。這個可
能性能不能變成現實，善端能否成為善行，甚至能否成為美善的
習慣，發展為美善之人格，並且澤惠他人及萬物，則尚有賴於教
育。四端之中，仁之端是惻隱之心，義之端是羞惡之心，禮之端
是辭讓之心，智之端是是非之心。有此四端，具足人性，無此四
端，便不具有人的資格，便只能說是徒有人的形體，卻喪失了人
的本質。故孟子說，「無惻隱之心，非人也；無羞惡之心，非人
也；無辭讓之心，非人也；無是非之心，非人也。」（註30）人
人都有此四端，但若自謂不能者，即是「自賊」：自己傷害自
己、貶抑自己、看不起自己、也對不起自己。人有四端，都應該
想法子去把他們「擴而充之」，如果能夠擴而充之，足以保四
海，便能老吾老以及人之老，幼吾幼以及人之幼；如果不能夠擴
而充之，則不足以事父母，無以保妻子。（註31）可見一個人要
完成人性，實現自我，一方面固然需要有外在的因緣，如學校教
育及社會教育（例如今日之空中大學、成人教育等）之設施，但
是在另一方面，更重要而且也是更基本的是，我自己是否肯去學
習，是否肯去擴充我本已具足之四端，是否肯精進地去實現自己
潛在的可能性，所以，自己的覺醒便非常重要，它是個關鍵性的
「因」。因為，到底，孟子所說的「性善」（註32），所謂的
「不忍人之心」，（註33）乃至於說「人之所以異於禽獸者幾
希」，（註34）都只是標指出人人都有向善、成善的潛在可能
性，「堯舜與人同耳」（註35），聖賢與凡人在這個基礎上應該
是平等的，唯一的差別在於「存心」。孟子說：「君子所以異於
人者，以其存心也；君子以仁存心，以禮存心。……」（註36）

七、荀子

荀子以為人的本性並沒有什麼值得稱道的，從而肯定了後天環境的絕大功用。他認為人若順著本性去做，便只有罪惡，沒有善良。荀子說：

> 人之性惡，其善者偽也。今人之性，生而有好利焉，順是，故爭奪生而辭讓亡焉；生而有疾惡焉，順是，故殘賊生而忠信亡焉；生而有耳目之欲，有好聲色焉，順是，故淫亂生而禮義文理亡焉。然則，從人之性，順人之情，必出於爭奪，合於犯分亂理而歸於暴。故必將有師法之化，禮樂之道〔導〕，然後出於辭讓，合於文理而歸於治。用此觀之，然則人之性惡明矣，其善者偽也。（註37）

以上所以引述荀子的這一大段話，是因為它很清楚而完備地敘述了荀子的教育哲學。在人論方面，荀子直截了當地說人之性惡，人之會行善，是因為「偽」，「偽」是人為的意思，不是自然而然，不是本性如此，而是由於後天的造作努力。荀子說人之性惡，有什麼證據呢？他舉出了一些重要的例子。第一，人性好利，如順著天性去做，一定是你爭我奪，那有什麼辭讓可言？第二，人性充滿猜嫉怨恨，如順著天性去行，便是爾虞我詐，人人相殘，那有什麼忠信可言？第三，人性好聲色，追求感官欲樂，如果順著本性，便淫佚滋生，社會紛亂，那有什麼禮義倫理之可言呢？人天生有這麼多的毛病，所以千萬不可以順著人的本性放任去行，這時就必須要有「師法之化，禮樂之道」，意思即是以教育及法律、制度來教化、約束人，以禮和樂來引導人。荀子指出，環境對人的影響是很大的，生長在什麼樣的環境當中，往往就會變成什麼樣的人，所謂「蓬生麻中，不扶而直；白沙在涅

〔水中黑土叫涅〕，與之俱黑。……其質非不美也，所漸〔漬染〕者然也。」（註38）所以，荀子說：「君子居必擇鄉，遊必就士，所以防邪僻而近中正也。」（註39）親近良師益友是很重要的。

荀子對於孟子的性善之說，予以反駁。他說凡是稱之為性的，是天生的，既不由學，也無法因人為而造就，但是觀之禮義，卻是可學而至的，既然可學而至，便只能說是「偽」，而不是「性」。人性既惡，那麼禮義又是如何產生的呢？荀子說：「聖人化性而起偽，偽起而生禮義，禮義生而制法度；然則禮義法度者，是聖人之所生也。」（註40）換言之，禮義法度是聖人所制定的，是「偽」不是「性」。

聖人又是如何造就、如何產生的呢？聖人與凡人，就本性而論，本無二致，所謂「堯舜之與桀跖，其性一也；君子之與小人，其性一也。」（註41）但是聖人肯立志，效法在他之前的聖人，親近賢師而事之，選擇良友而友之，積累善行而不止，身日進於仁義而不自知。聖人不是一天造成的，荀子在此所強調的是日積月累的「積學」的工夫，故曰：「積土成山，風雨興焉；積水成淵，蛟龍生焉；積善成德，而神明自得，聖心備焉。故不積蹞步，無以至千里；不積小流，無以成江海。騏驥一躍，不能十步；駑馬十駕，功在不舍。鍥而舍之，朽木不折；鍥而不舍，金石可鏤。」（註42）荀子甚鼓勵一般人，應該學為聖人，像禹一樣，所以他說：「塗之人可以為禹。」（註43）

荀子之論，亦頗有難以自圓其說之處。他說：「凡人之欲為善者，為性惡也。夫薄願厚，惡願美，狹願廣，貧願富，賤願貴，苟無之中者，必求於外。……」（註44）人性既惡，又何以有向善的意念與動機呢？在此，荀子還是肯定了人有向善的潛在

可能性，若本無善根善性以爲因，又何能造就出聖人呢？又何能導人至禮義之途呢？由是推論之，性惡或只是第二本性，第一本性還是善性；而旣名爲第二本性，即非本性。或者，我們可推想，荀子似乎預設人性中有著一種補償缺陷的自我實現的動機，而所謂「性惡」，似可解釋爲人類天生在人格上的缺陷，而不必狹義解爲道德學上善惡之「惡」。旣生而爲人，便有缺陷，而所幸人本性中本有自動補償缺陷、追求完美之心理傾向，此心理傾向不正是「向善」之心嗎？若是此一推論合理，那麼「師法之化、禮樂之道」似只扮演了催化的作用，加速化性起僞的進程。若人性中本無此一傾向，那麼單靠師法禮樂恐怕也發生不了什麼作用。

八、佛法

佛教的眞義，肯定人有實現圓滿至善的可能性，就是「佛性」，或稱「如來性」。此性人人本有，圓滿明覺，智慧清淨，不待外求。很可惜的是，一般人自從無始以來，便因爲一念無明，滋生妄念，輾轉相因，雜染塵垢，把人的本來眞性給封閉、遮蓋了，像厚重的浮雲掩住明月的亮光，內心黯淡，思想遲滯。因爲無明，所以對世界、對人事物、乃至對自己，都不能夠「如實知」，有了許多偏見、邪見和愚昧之見，所認知者不是表象浮面、偏頗不全，便是有了誤解、錯覺和幻覺。因爲妄念蓬起，所以浮光掠影，空華雲翳，如夢如幻，都看成是眞、是實、是恆、是常。這其間尙有許多起心動念，充滿貪、瞋、我慢，對眞理懷疑，對空洞虛幻的事象卻執以爲眞。這許多的顛倒夢想，干擾人的認知作用，因爲認知的不正確，影響了判斷的正確性，使人的行爲不適當、不合理。因爲心地不純淨，言行經常傷害別人，造

成人際關係的不良適應。因爲心念不純淨，不該求而求，不該得而得，不該有的反應也不能自制，或不願自制，所以在生活及行事上，遭遇了挫折、失敗及不如意。這正是煩惱之所以產生的根源。因爲有了煩惱，原本就不平靜的心情，這時更不平靜，起心動念，行事反應，便更無法心平氣和，做出的決定往往是錯上加錯，而錯誤的行爲則又轉生出更多的煩惱。此人這時便陷入了一種生活中的「輪迴」，無法解脫。

若是想從這種輪迴中解脫出來，首先，他得學會審視自己，從內在去觀察自己的每個心念、每個情緒起伏。不管自己的過去或現在的心念、情緒及言行，是對是錯，是好是壞，他都要「如實地」去了解它、面對它，而不要去逃避它，掩飾它。要學習赤裸裸而誠實地面對自己。

其次，他要學習如何讓自己的心安靜下來，冷靜下來。儒家說「定、靜、安、慮、得」，心要定得下來，才能靜，有靜才能心安，心安則智慮生，然後所思所行才有好的結果。佛家說「戒、定、慧」，在戒中得定、在戒中得慧，亦在定中行戒、定中生慧。佛家的定靜法，自佛陀以下，歷代祖師聖賢，多有傳承、多有闡述，學習者不難研閱，了解其意義及方法。如能親近良師，多加請益而後練習，收穫更多。

宇宙及人生的眞理，深奧玄妙，有許多非我們一隅之得的常識之見所能想像，若是事事都要求個證驗，或等有了所謂「科學的」、狹隘的證據，才肯去相信，則終吾一生，恐怕都無法踏進眞理大門，更遑論一窺眞理的堂奧。夙昔聖哲的經典及其行傳，歷經長久時間的考驗，跨越地理的限界，迄今仍然閃爍著智慧光輝，可以作爲我們進德修業的依據，可先信、先學而後疑，不宜先疑而終於無信，終於不學。

　　凡百學習，都無速成。自覺的一念，是入道的先機，非常重要。有了這種自我的覺醒以後，不休息，不間斷，精進內省，常去雜染妄念，點點滴滴，不貪多，不求快，但能持久不息，則眞性本如得以顯現，無明妄念日以減少，各種煩惱負擔也會相對減少，內心世界逐漸清明，智慧油然而生。在生活、工作及人際關係等實際人生過程當中，「眞正的我」成爲主人，乃能言無不善，行無不善，念無不善，生活、工作及其他行事，那裡會滯礙難通、困難挫折呢？

　　其實，人性的光輝還不僅僅表現在自我的實現和自我的解脫上面，而且還表現在助人實現自我、助人解脫上面，這在儒家而言是「己立立人，己達達人」，或「窮則獨善其身，達則兼善天下」；在佛家則說是「自度度人」、「自覺覺他」。佛家稱有這種胸襟和氣度，而且肯身體力者爲「菩薩」。「菩薩」是「菩提薩埵」的略稱。「菩提薩埵」是梵語的音譯，其意義「菩提」是「覺」，「薩埵」是「有情」。「覺」又有二義，一是自覺，一是覺他。「有情」有二義，一是我自己這個「有情」（有意識、有生命的存有），另一義是一切的有情眾生。合起來說，菩薩是發大心願，要學習如來，在尚未達到如來的境地以前，不息地學習、修行，希望自己有朝一日也能像如來一般覺行圓滿、自利利他。所以菩薩的特質是，效法如來，努力精進，希望在智慧、能力、心意、實踐等各方面，都能像如來一般地完美無缺。而且，也能像如來一樣，關心眾生，幫助眾生，教育眾生，化導眾生，永不厭倦，永不歇息。這種菩薩的精神，是人性中最爲光明、清淨的眞如本性的發揮。教育的目的，乃是在啓發、激勵、發展，並完成這樣的精神。

附　註

註 1：**周易**，乾卦，象傳。

註 2：**論語**，「八佾」，*3:3*。

註 3：同上，「里仁」，*4:3*。

註 4：同上，「里仁」，*4:4*。

註 5：同上，「里仁」，*4:5*。

註 6：同上，「述而」，*7:6*。

註 7：**周易**，「繫辭傳」上。

註 8：參閱 *Abraham H. Maslow* 所著 **Toward A Psychology of Being** *(New York: D. Van Nostrand Company, 1968);* 及 *Carl R. Rogers* 所著 **A Way of Being** *(Boston: Houghton Mifflin Company, 1980)*。

註 9：參閱 *Jerome S. Bruner* 所 **The Process of Education** *(Cambridge, Mass.: Harvard University Press, 1962 [1960]), pp.55-56*。

註10：人的八識，包含眼、耳、鼻、舌、身五識，第六識爲意識，第七爲末那識，第八識爲阿賴耶識。阿賴耶識又名藏識，或種子識，含藏了一切過去行爲的影響力，成爲現在及未來行爲產生的潛在「種子」，遇有適當的「外緣」，這些種子便可能「現行」。參閱玄奘法師譯 **成唯識論**，印順法師著，**唯識學探源**（台北：正聞，民 *59*）

註11：**中庸**，第 *21* 章　。

註12：同上，第 *23* 章。

註13：同上，第 *30* 章。

註14：**論語**，「述而」，*7:28*。

註15：同上，「里仁」，*4:7*。

註16：同上，「述而」，*7:24*。

註17：同上。

註18：同上，「述而」，*7:32*。

註19：同上，「衛靈公」，*15:38*。

註20：如**論語**，「先進」，*11:21* 中所示。

註21：同上，「雍也」，*6:18*。

註22：同上，「陽貨」，*17:2*。

註23：同上，「陽貨」，*17:3*。

註24：同上，「里仁」，*4:3*。

註25：同上，「里仁」，*4:4*。

註26：楊家駱主編，**四書集注**，（台北：世界書局，民 *67* ），「論語集注」卷九，頁 *73*。

註27：**孟子**，「公孫丑」上。

註28：同上，「梁惠王」上。

註29：同上，「梁惠王」上。

註30：同上，「公孫丑」上。

註31：同上，「梁惠王」上，及「公孫丑」上。

註32：同上，「滕文公」上。

註33：同上，「公孫丑」上。

註34：同上，「離婁」下。

註35：同上。

註36：同上。

註37：**荀子**，「性惡篇」。

註38：同上，「勸學篇」。

註39：同上。

註40：同上，「性惡篇」。

註41：同上，「性惡篇」。

註42：同上，「勸學篇」。

註43：同上，「性惡篇」。

註44：同上。

第 三 章
人生論與教育

第 三 章
人生論與教育

第一節　為什麼要研究人生

　　人生論，是研究、探索人生的性質及現象，以便了解人生本質的學問。

　　研究人生，其目的一方面是在於滿足人的好奇心。人類對一切事物都有想獲得知識的需求，尤其是和自己有關的環境，以及「自身」，興趣更為濃烈。人生是人之生命的歷程，也是人之生活的諸現象之總稱，所以基本上為人所特別關注。研究人生之另一目的，是藉由了解人生以獲知趨吉避凶、趨樂避苦之道。

　　由於人生論的目的，在於研究人生、了解人生，獲知生存之道，以得到人生的幸福，所以自古以來，無論西東，哲學及宗教的聖哲，均以研究人生、了解人生為主要任務，並以他們的證悟所得，教化後知後覺的眾生。了解人生，才能體悟出生命意義之所在，才能確立個人的生活目標及努力的方向。而這個過程，與教育有著密切的關係。

　　對後知後覺、甚至不知不覺的人來說，他們都需要接受適當的教育，獲得良師益友的啟迪，才能了解人生的意義，確立人生

的目標。一般人都不是生而知之者，而是困而學之者，甚至還有困而不學者。許多人渾渾噩噩地過日子，很少，甚至從來不去想，爲什麼而活著；還有許多人雖然常常想著要如何如何地過日子，但是他們的所想所爲，卻不一定能帶來幸福和快樂。教育，一種眞正不與人生脫節的教育，在這種情形下，是非常迫切、十分重要的。有些人雖然已經找到了人生的方向，並從實踐中體會到有意義的、幸福人生的況味，但是他們爲了日新又新，爲了追求更美好、更完滿的人生，也還是需要不斷地接受教育。由此看來，每一個人，在達到完美人生的境界以前，無不需要教育；不斷地接受教育，正是每個人一生的權利，而也正是他的責任，只不過不同階段、不同個人，所接受的教育不一樣而已。

　　從教育實施的整個歷程來看，首先是要確立教育的目標；其次才是依據目標來選擇、組織課程及教材，也即是依據教育的目標來確立教育的內容。再次依據目標及內容二者，選擇、決定教育的方式及方法。而在實施教育有了初步結果的時候，或者仍在實施的過程當中，隨時針對教育成效作評量，檢討做得對不對，好不好，以便決定下一個階段所要採取的步驟。在這樣一個實際辦理教育的歷程當中，教育者所時時要注意、關心的是，這個正在實施中的教育，其目標是否與人生的目標一致？換句話說，教育是要幫助人實現他的人生目標和理想的，在這個前提下，我們要思考，這樣的教育，能夠眞正幫助人達到他的人生理想和目標嗎？我是否眞正了解，好的、可欲的人生理想和目標是什麼？我已經把這樣的人生理想及目標，適當融入教育目標當中了嗎？其次，我們也要思考，如此這般的課程教材，以及如此這般的方式、方法，能夠有效達成教育目標，並且間接有助於人生理想及目標之實現、完成嗎？當我們有這樣的體認之時，便會了解到，

與人生脫節的教育，是沒有意義的；而違背人生理想及目標的教育，則是不好的教育，乃至於是一種反教育。而在這樣思考的時候，一個教育者也猛然驚覺到，我們所認知的或所設定的人生理想及目標，果真是正確的、有意義的，而且是可欲的，值得去追求的嗎？欲解答這個問題，便還是得回到人生論的研究。

第二節　人生的關係網絡

一、人生的各種關聯

對許多人來說，生是一種喜悅，例如渴望有個小孩的父母，小孩的出生對他們而言，是喜悅。不過，喜悅似乎很快被現實的雜務（主要是有關養育方面的），或因貧窮的憂愁所淹沒。雖然如此，許多父母在繁瑣辛苦的養育工作中，仍然難掩其內心的欣喜，而沒有埋怨。但孩子在成長過程，以及長大以後，與父母之間，持續有各種各樣的互動。這些互動不見得總是愉悅的。這要看父母及子女，是抱著什麼樣的心態，以什麼樣的態度來面對這些日以繼夜、一而再、再而三、幾乎是無日無之無時無之的互動。這種幾乎是延互一生的親子關係，或輕鬆或凝滯，或愉快或痛苦，或讚賞或責難，或疼惜或失望，起起落落，不一而足。

這只是人生中的一端而已，是屬於最親密的人與人之關係的一環，而人還有許許多多的關係：或者親密如夫妻的關係，或雖非親密但卻仍有相當程度的密切關係如同事、朋友、同學、同道、同好、鄰居等等。還有比較疏遠，或彼此並不相知，卻直接間接有著相互影響的關係，如團體中的成員，社會中的一分子等

等，或如勞資之間的關係，政府官員與人民，生產者、販售者與消費者之間的關係等等。

人的生活關聯尚不止這些。人還與以下的事物有著關聯：

㈠大自然。日月星辰，風雷雨電，山河大地，各種自然界有規則的變化，如四時推移、晝夜輪轉，或不規則的、以及突然發生的激烈變化，如暴風雨、暴風雪、颶風，地震、火山爆發等等。㈡人類以外的眾生。包含植物界、動物界等。㈢文明及文化環境。如人類所製作的工具，由最簡單的器具到最尖端的科技；人類所累積以及建構起來的各種知識；人類所建構起來的各種價值系統；人類所建構的各種語言及概念系統。㈣社會的環境。例如各種制度、機構、政府、團體、規則、法律、軍事等等。㈤人與自身的關係。如人與自己的身體，人與自己的思想、觀念、情緒、情感、理想等的互動關聯。

上述的這些因素，與人產生的相互作用，能幫助人，予人方便利益，但也可能限制人、約束人，成為某種形式的負擔。人生的幸福與否，是苦是樂，至少受到上述的㈠人與人之關係，㈡人與大自然的關係，㈢人與非人類之眾生的關係，㈣人與文明、文化的關係，㈤人與社會環境的關係，㈥人與自己的關係等六大因素的作用，以及六種因素之交錯作用的影響。這些影響，有些是立即的，而有些則不是立即的。我受到這些因素及其交錯作用之影響，而我也在影響他們。人是生活在這樣的關係之網當中。

二、緣起法

人生的關係雖可以如同上述加以分析，但是實際的情形，卻是錯綜複雜遠超過我們的想像。一般人通常無法理清生活中各個事件、各個遭遇的前因後果，以及橫的豎的各種影響力量的來龍

去脈，往往就隨意地歸之於偶然或者命運，或者只有茫茫然而不多予理會。有大智慧者在複雜似迷霧般的人生現象中，領悟出其中的理路，掌握到生命變化的原理，終於看清楚了生命的眞相，以及各個人事物交涉變化的因果關係。

例如古印度聖者，也是偉大的教育家釋迦牟尼如來，便是位徹底了悟生命本質、人生眞實的大智慧者。生命現象儘管五彩繽紛，世界及人生的各種關係儘管糾纏多變，但是佛陀卻看出這一切變化的根本原理，乃是「緣起」。

什麼叫「緣起」呢？意思是說，這世界上一切的事件，人生中的各種現象，都是因爲「緣」而生起的，沒有「緣」便不能生起。

什麼是「緣」呢？便是結合人與人、人與事物、事物與事物的一種「條件」。「緣」是促發生滅的一種條件或力量。舉例來說，種子埋在土裏，有了雨水的滋潤，種子就發芽，雨水便是一個緣。類似的情形，只有種子和雨水，卻沒有土壤或陽光，種子還是無法發芽生長，爲什麼？因爲它缺少土壤或陽光這個「緣」，所以土壤和陽光也是使得種子能夠發芽的緣。看起來是很簡單的一件事，但是缺乏了土壤、水分及陽光，種子便不能長芽茁壯，所以土壤、水分及陽都是促使種子發生變化——發芽生長——的「緣」。如果有了土壤和水分，卻沒有種子，當然也不可能發芽生長，所以種子也是發芽生長的「緣」——條件——而像種子這樣一個似乎更爲基本的條件，稱之爲「因」，「因」也是一種「緣」，也是一種「條件」。像種子這樣的「因」，遇到了土壤、陽光和水等等這樣的「緣」，而終於有了足以發芽生長的條件，這整個關係的發生、結合，在佛法稱之爲「因緣和合」。佛陀說，世界及人生的一切事件及現象，都是「因緣和合」而有，

　　都是至少需要有兩個或兩個以上的條件，才有可能發生，沒有一種事物或現象的發生，是單一條件的、是孤起的，無論人、事、物的現象，都是如此的，無一例外。有了兩個或以上的具足的條件時，事情才會發生；反過來說，事情已經發生了，如果其中任一條件發生了變化或消失了，那麼原來促使此事生起的「因緣和合」也會發生變化甚至瓦解，這時事情便會發生變化甚至消失。生起，是因為「因緣和合」，消滅，是因為因緣不再和合。這是世間一切現象的生滅法則。

　　大智慧的聖者佛陀也觀察到，這世間的一切現象，都是不停地在變化當中，倏生倏滅，沒有瞬間停留。他以「成、住、壞、空」來描述世界一切事物遷流不息的真相，又以不同的辭語而其實是相同涵義的「生、住、異、滅」來切實描繪人生的一切現象。既然每一人、事、物，都是瞬息變化，那麼由人、事、物等作為因緣，和合而成之一切現象、一切存在、一切作為，當然也都是瞬息生滅，無有停留。

　　試舉人體為例來說明。從表面上看起來，昨日之張三與今日之張三，並無不同，我們都能輕易指認那是「同一個人」。但是仔細考察，昨日之張三與今日之張三，果然是「同」一個人嗎？他的心思意念由昨至今有多少轉折變化？他的情緒由昨至今有多少起伏波動？他的身體內外，可見及不可見的部分，又有多少的變化、多少的起落和生滅？幾乎就在你我可以感知的那麼短暫的一瞬，張三全身上下，由細胞、內臟、血液循環、神經衝動乃至於他的思想情感等等，無一不產生變化。所謂變化，即原來的消失了，新的生起，而幾乎就在同時，新生起的又消失，旋又有更新者生起。由於自昨日到今天，張三的各個「因緣和合」的條件，雖然不斷變化，但其變化還沒有大到足以使他這個人產生很

大「改變」的程度，也還不足以使他「消失」，所以我們還認得出這是「張三」，不至於認為他是別人。這種情況之下，我們誤以為張三沒有變，誤以為他是在「住」的狀態。其實「生、住、異、滅」的「生」是變，由原先未有此人「生」出此人；「住」也是變，是小變、漸變，而被我們誤以為是「停住不變」；「異」當然就是指的變化，變得跟原來不一樣；而「滅」則是所以構成此人在此世界的條件消失了，所以此人在此現象世界也就不存在，這當然也是變。「生、住、異、滅」是人生、生命之變的自然軌則。

這個世界及人生的一切人、事、物，都是緣生而起，而也都是緣變而變、緣散而滅。每個緣，都是在不停變化的狀態，每個因緣生滅而有或無的人、事與物、也都是在不停的變化當中。古希臘哲學家赫拉克里特斯曾說，「你無法在相同的流水中濯足兩次。」（註1）第二次濯足的水，已不復前此之水。孔子曾感歎地說：「逝者如斯夫，不舍晝夜。」（註2）釋迦如來說：「世皆無常，會必有離，勿懷憂惱，世相如是。」（註3）又說：「天地人物無生不終，欲使有為不變易者，無有是處。」（註4）都指出這世界上的一切，包括我們最珍愛的寶物，我們自己的身體，我們的親人，我們的財產等等，都是不停地在變化，都是「無常」的。一切人、事、物，都是因緣和合而生起；因緣有了變化，人、事、物也跟著變；因緣散了，人、事、物也就滅了、不存在了。而因緣是剎那剎那（即是極短暫極短暫的無法測量的瞬間）地在變化的，所以人、事、物也是剎那、剎那地在變化。這就是世間一切人、事、物的無常性，這即是人生的無常性。因為一切人事物都是因緣和合而起，而且是不斷變化的「無常性」，所以一切人生的、世界的現象都沒有恆常不變的實體

性，所以稱之為「空」。因此，所謂「空」並不是沒有，或空無一物，而只是說無有常住不變的實體性，此即所謂的「空性」。所以，「空」不否認世間一切現象的存在，但是「空」也指出這一切存在都是在刹那生滅的變化當中。這種無常的變易性，不但指的一切世間的現象，即使「我」本身也是如此。「我」有兩個意思，一個指「我自己」的那個「自我」，一個指一切存在之東西的根本性質，即所謂的「本質」（其實「自我」也是「本質」之一種）。無論是「自我」，或者是「本質」，也都是生滅無常、變化不已，因此，你想尋找一個恒常不變的「自我」或「本質」，也是了不可得；換句話說，在這宇宙之間，並沒有任何一個什麼恒住不易的「本質」的，你根本找不到那樣的一個東西。這就是釋迦如來所說的「諸法無我」；「法」指的是一切存在的精神的、物質的、乃至於概念語言的東西，「我」指的是恒常不易的「本質」；在宇宙間一切存在者（即「存有」），都無有恒常實住不變的本質，這即是「諸法無我」。由是可知，人生一切存有，包括「人生」在內，也都沒有恒住不變的東西。

這樣的「無常性」，自然也包括人生的關係之網在內。平常人一聽到「無常性」，往往難免心頭一驚，對一切的事情失去了信心；有的人聯想到我已經擁有的、而且正在繼續擁有的，包括自己的青春、財富、愛情、甚至生命，終將褪色甚至消失，心裏難以承受。常人之有這樣的感受，是很可以理解的。但是我們也要了解，這種無常性乃是自然之理，不論我們願不願接受、認同，肯不肯去面對，它都是照常在那樣子運轉的。了解這一點，進一步去注意各個人、事、物的因緣關係，然後努力去維繫某些因緣，有時候卻也是我們人力所能及的。換言之，隨著因緣自然的變化、運轉，我們變成被動，我們是在各種環境、各種關聯當

中隨著「流轉」，這時，人好似被命運擺布，沒有自主權，當然也做不了自己的命運的主人。反過來說，如果對於人事物的錯綜複雜的因緣關係，我們能夠細心注意其生滅的因果，對於善的因緣我們予以維護、增強，對於不好的因緣我們不但不予維護而且使之緣滅，那麼，我們不是可以改善人生路途中的因緣關聯嗎？這樣一來，我們不是可以扭轉或改善人生的「運勢」嗎？

　　所有良好的因緣、良好的關係，都是值得、而且也可能依此方式去維持並增強的，例如親子、夫妻、同事、朋友，乃至於同胞的關係。親子關係或夫妻關係不佳，一定是在聯繫親子或夫妻的某個（或某些）因緣條件有欠缺之處，如了解缺失之處予以增強，則可以使這親子或夫妻的關係改善。原來若是身體健康不佳，那麼必然是某一個（或某些）促成身體健康良好的因緣條件有缺失，若找出缺失之處，予以改善，不是可以改善健康了嗎？從宗教的理論上來說，沒有一種因緣條件是不可以改善的，即使連長生不老這樣的事，也是可以做到的，只要你能找到可以使人長生不老的因緣條件是什麼，並且你有法子使那些因緣條件圓滿具足。但是以人世間為例來說，你我都只是凡夫俗子，有許多事情的因緣條件是不易理解的，而即使理解了，也不一定能使之圓滿具足。在這種情形之下，我們不得不接受人生確實有許多缺陷、許多不圓滿、許多無奈這樣的一個事實。

第三節　人生的命定與自由

一、存在先於本質

　　現代西方存在哲學，甚為關心人類的生存境遇，對於人生之

是否自由，討論頗多。依法國存在哲學家沙特 *(Jean-Paul Sartre, 1905-1980)* 之見，存在主義 *(Existentialism)* 可分成二類：一是基督教的存在主義，如德國雅斯培 *(Karl Jaspers, 1883-1969)* 及法國馬色爾 *(Gabriel Marcel, 1889-1973)* 等之哲學；一爲無神論的存在主義，包括德國海德格 *(Martin Heidegger, 1889-1976)* 及沙特本人之哲學。但這些哲學家有個共同之處，就是他們都認爲「存在先於本質」 *(existence precedes essence)*。（註5）

　　所謂「存在先於本質」是什麼意思呢？沙特曾舉裁紙刀的製造爲例加以說明。一個匠人要製造裁紙刀，先得有裁紙刀的概念，而且要懂得製造的方法。這製造的方法也是概念的一部分。裁紙刀可以說是依照某種特定方式所製造出來的東西，有著特定的用途。因此，我們可以這樣說，這裁紙刀的「本質」，也就是使這裁紙刀能被製造和定義的特定性質和功用，是先於它的「存在」而有的。（註6）換句話說，匠人先構想裁紙刀的用途、形狀及其製造過程，然後才把它製造出來，這是「本質先於存在」的一個例子。而這正是與存在哲學之主張「存在先於本質」相反的。

　　基督教認爲上帝創造了人類，也創造了萬物。依基督教的這種說法，上帝可以說是位超級的工匠，祂在製造人及其他萬物的時候，必然是先想好了祂所要創造的是什麼樣的人、什麼樣的萬物，當然也先想好了創造的過程，然後把人及萬物像工匠製造裁紙刀一般地造出來。若是從基督教的這個觀點來看，上帝造人也是「本質先於存在」之一重要的例子。（註7）

　　沙特說，如果上帝不存在的話，人還是存在的。在一切之初，人就存在了，就出現了，然後他才來界定自己。人本來什麼

都沒有，只有在他決定要把自己變成什麼以後，他才會變成那個樣子。所以，存在哲學的第一個原則是，人不是別的什麼，而是他自己想要變成的那個樣子。如果存在確實先於本質，那麼他就要對自己所變成的那個樣子負責。因此存在主義強調，每個人都應該要清楚現在的自己是什麼，將來要變成什麼，並且爲自己之存在的本質負起責任來。（註8）

其次，當一個人說他要選擇自己的本質──把自己變成某一個樣子──的時候，他不但選擇了自己的命運，也同時選擇了別人的命運。在宇宙之間，沒有一個人是孤立的，任何一種選擇和決定，都是或多或少、或直接或間接地影響了別的人，甚至別的一切東西。我們在創造我們所要的那種人的時候，同時也是在創造我們所認定的那種人的形象。我們選擇成爲這種人或成爲那種人，當然也是在肯定這種人或那種人的價值及意義。通常，我們不會故意去選擇不好的本質。當我們選擇某一種人並且採取行動去變成那種人的時候，我們其實是有意或無意地在宣示並推廣那種人的價值及意義。我們自己就是在做一個示範。這樣做本身，其實已經在產生一種擴散效果的作用。

如果存在確確實實先於本質，那麼就沒有了命定，那麼人就是自由的。如果上帝不存在，那麼我們便無法再去依據上帝的指令來行動，也沒有藉口替自己的作爲辯護。人類是孤獨的。沙特說，人是被命定爲自由的 (condemned to be free)，因爲他是被投擲到這個世界的；而另一方面，他卻也是自由的，因爲他一旦被投擲到這個世界，就要爲所做的每一件事負責。（註9）

二、自由、焦慮與可能性

我們的選擇，不但造就了自己，也影響別人，影響整個時

代，所以一個人所要負擔的責任，實在比他所能想像的要大得多。我選擇要變成那樣子的人，採取了行動，這時等於暗示人類應該都是那個樣子，我的行動一下子似乎把全體人類都涵蓋進去了。至少至少，我的選擇對我親近的人，如家人或好友，其產生的衝激或影響，以及因而衍生的連鎖的反應，應該是超乎我們想像的大。所以，每一個人，似乎都不能小看或低估自己的力量。一個小小的個人，存在於世界上，其重要性是不可否定的。每一個選擇，每一個行動，使自己變成某一種本質的人，而同時也在向其他的人宣傳這個本質的價值。所以沙特說：「我要為自己，也為所有的人負責；我是依自己的選擇創造了人的某種形象。在選擇我自己的時候，我也選擇了人類。」（註10）

由是，沙特像許多存在哲學家一樣說，人生是苦。為什麼是苦呢？因為一個人在選擇自己的時候，也要選擇所有的人，他無法逃避那種整體而深沉的責任感。一個連長或排長在前線作戰，他必須立刻派遣弟兄去出一項極端危險的任務。上級雖有原則性的指示，但是具體的命令卻須由他自己做抉擇、做決定。他雖然明知自己的選擇和決定一定會造成傷亡，但卻非去做不可，這時他不可能沒有痛苦，然而他卻不可以因為痛苦而放棄行動。這種痛苦便是存在主義所說的，把別人也牽連進去的直接責任的痛苦。這種痛苦的來源，是因為人類害怕去承擔自己之選擇的行動後果的責任。而人類之所以怕承擔責任，乃是因為他是「孤獨」的，上帝已不存在，他必須單獨去面對一切行為的後果，沒有藉口，無法推託，沒有依賴，人類變得非常「不習慣」。

人類獲得自由了，可以自己決定做任何事，但是他卻害怕了。所謂自由，就是他可以做任何想做的事，而一切的事，一下子變得都有可能發生。人類原來是有許多束縛、牽制、禁忌和顧

慮，他也習慣於聽從這個或那個的指令。現在，從這一切解脫出來，他反而變得恐懼、膽怯而躊躕不前。但是，要做一個眞實的人，過眞實的人生，他卻必須學習去面對和克服這一點。人的本質是空無的，人生的本質因而也是空無，而所謂「空無」 *(noth-ingness)* ，它的積極意義是，你有任何的可能去創造你自己，去創造你的人生。因爲「空無」，所以你有完全的自由；因爲「空無」，所以才有「可能性」。

海德格 *(Martin Heidegger, 1889-1976)* 這位曾在德國弗來堡大學 *(the University of Freiburg)* 教過沙特的存在哲學家，曾經指出，所謂人，就是他生存在一個世界之中，他有一個「生活世界」。人生於世，與世上各個事物息息相關，因此而有了「關心」，有了「關心」，便也有了各種各樣的「操心」。這世界許許多多東西，對我們而言，都是有意義的，因爲與我們有關。人與物有「交往」 *(dealing)* ，人對人，人對物，都有「關心」 *(concern)* 。走進房間，我們所「遇到」 *(encounter)* 的，不僅僅是個四面牆壁所圍成的空間，而且還有可利用它來居住、蔽風雨、保持隱密等等意義。像一切工具、事物乃至於大自然的「設備性」 *(equipmentality)* 、「服務性」 *(serviceability)* 、「操作性」 *(manipulability)* 、「使用性」 *(usability)* 等等，都是由於人類主動發出的關心，而賦予的意義。（註11）恰當的人與他人、他事物的關係，應該是一種「同理心之理解」的「關心」；人之於世界，不是「占領」或「擁有」者，也不是個旁觀者。人不外在於世界，世界也不外在於人；但是，人之與世界，也不是一體。人與世界應該是一種「對話」的關係，二者存在著豐富的「交往」之潛在可能性。

依海德格的看法，人的生活的本質，不是固定的，更不是命

定的。人之生存於世界中，總是在朝前看，總是在「朝前生活著」(living ahead)。人的存在本身，總是要去超越它自己，總是朝向一個可能的、潛在的自己去前進，一刻也不停留。人這個「存有」不停地在變，當你以為自己有什麼「本質」的時候，這「本質」已成明日黃花，新的「本質」正在形成，所以人之「存有」，總比它自己早跨出一步，因此人無固定的本質。這是人類的非命定性、非決定性。生命因此成為許多可能和選擇。這種「關心」從另一個角度來看，實即操心，是人生一種負擔、累贅或艱難的特性。這種人的非本質性，實即「無我性」；這種人生的變易性，亦實即「無常性」。

人類的存在，無法以邏輯、理性、科學或目的論等來加以解說和了解。人的存在於世，依存在主義的說法，是「感覺」到被「丟擲」到這個世界，不知從何而來，也不悉往何處去。當我們知覺到自己的存在之時，我們已經就在那兒了，這是人類的「現實性」(facticity)。

人在現實性的生活世界中，從一開始，就感受到被丟擲的無奈，而又由於不確定的、不停息變易的無我性和無常性，人類便經驗到「焦慮」(anxiety)。焦慮是不明確的，人類的境遇也不明確。焦慮是不知在何處的，人類的境遇也是沒有個確定的來處和去處。焦慮，正是揭露了這個世界之所以為世界的性質。人一面對世界，焦慮便升起。焦慮和恐懼是不一樣的。恐懼有著特定的對象，而焦慮則沒有。焦慮是「莫名」的，似起自人之生存的感受的深處。

其實，這種焦慮，還是起自人的自由。人與人的關係，是同理心的關係，不是競爭的關係。他人與我們既非同一，也非分離。人與人之間，有「對話」，但也有「浮泛的言談」(idle talk）。當我與他人，有溝通、參與和關心的時候，便有了「對話」，否則只是浮泛的無益對談而已。這種無益的談話，雖然彼此也知道對方在說些什麼，但都只是浮面的，並不去體會他眞正的意思是什麼。彼此好像只是把話說出來、傳開來，讓話隨著聲波散出去。這種浮面的談話，並不妨礙其成爲大衆化，反而能促成大衆化。無益的言談，解除了我們「眞正去了解」的任務，使我們一下子輕鬆起來，但是這種順從大衆期望或大衆意見的生活，卻使我們的生活越來越貧乏，越來越黯淡。人在了解世界的基本性狀「焦慮」以後，爲了逃避焦慮，便不再充分參與生活，結果便也同時逃離了生活的多樣性、神祕性和美感，這種退化，使人類失去了「自由」。他把深刻的「應是什麼」的問題拋開一邊，而卻代之以一長串的、有關於「去做什麼」的瑣碎問題。人變得只需要依照社會階層、族群、經濟地位或職業的規範去做就行了，完全失去了創意，也沒有了創造的動機。因爲逃避生命之不確定性的緣故，人變得畏縮和退步，海德格說這是生命的「沉淪」（Fallenness）。這使得人的存在不再「眞實」（authentic）。這種不眞實，使人安逸的「鎭靜」（tranquillizing）下來，使人以爲「了解」一切，而其實不然。它使人「疏離」（alienating）了。

那麼，什麼才是「眞實」的呢？眞實便是生活在未決定中，生活在不確定的「自由」中，生活在「焦慮」中。我們要接受而不是逃離這樣的存有模式。是什麼使得人不至於沈淪？是什麼喚醒人的眞實？那是對死亡到臨的不確定性，以及了解死亡代表存有的消失，這種威脅，使人承受了最大的焦慮。爲了活得眞實，人要保持這種不確定的心情，正如死亡將隨時降臨的焦慮。（註12）

　　人這個存有，海德格創造了 Dasein 這個字以代表之。海德格所以要探討死亡現象的另一個原因是，死亡代表了人之存有 Dasein 的本質的完成，也代表了每個 Dasein 的獨特性。死亡使人與所有其他的人、事、物分離。個體的存在，只有到死亡之時，才能達到「完全」(wholeness)，這時 Dasein 已到達終點，在他的未來，再沒有任何的可能性。存在哲學只談今生，忽略三世過去、現在、未來的連續性，故有此論。屆臨死亡的時候，Dasein 再也不是個「在世界中之存有」(Being-in-the-world)，無法再行投射未來或有作為於未來的可能性。在 Dasein 停止的那一刻，他的「本質」完成了。換句話說，在死亡到臨以前，Dasein 的「本質」一直都還在發展、變化中，都還是未完成式；而它一旦停止，不再存在之時，它終於不必再做選擇。在這之前，我都身處於一個，必須為自己可能之未來作選擇的世界當中。我必須先存在，以便創造我的「本質」，而那「本質」，只有在我停止存在之時，才成為「完全」。

　　海德格也認為，死亡使每一個人與別人不同。一個人之所以成為一個人，是依於他之所作所為、所憶所念，基本上你能做的，別人也能做，因為同屬「人類」，所以每個人都可以無條件地為別的人所取代，但是只有一樣例外，那便是「死亡」。海德格如是說：

> 這種可替代的可能性，就會完全崩潰，如果其所欲替代的是那種使 Dasein 抵達終點，獲得「完全」的存有可能性。沒有一個人能夠取走別人的死亡……。死亡是每一個 Dasein 屆時必須親自去承擔的。就其本質而言，死亡在每一種情況之下，都是「我的」，除非它不是「死亡」。（註13）

　　因此，死亡有其意義。第一，因著死亡，Dasein 便是獨一

無二，無可取代；第二，死亡造就了 *Dasein* 之「完全性」。由於死亡的現象，是獨一無二的，因此便能激發我們去了解眞實的與非眞實的個人存在 *(Dasein)* 的差別在哪裏，而促發我們對生存的自覺。死亡也是一種可能性，但它與其他眾多的可能性完全不同；死亡是一種使任何其他的可能性不再存在的可能性。*Dasein* 是被投擲到其相關的世界當中，而且朝著終點邁進，他被投入一個充滿各種可能性的世界裏，而死亡是最後的、無可避免的、必然的可能。人在面對死亡時，典型的反應便是逃逸。我們不把自己看成獨特的個人，而卻看成「人類中的一分子」，這種一般性的、「邁向死亡之存有」 *(Being-towards-death)* 的模式，是不眞實的。一般人對死亡的態度，是把它當成每個人最終都會發生的一件事，但是，在此時此刻，它與我並沒有什麼相關。有人死了，別人死了，或「一個人死了」，而自己的死也和許多別人的死一般，沒有兩樣；死是生物學的事實，一切有情眾生都會遭遇到，我實在沒有必要特別關照自己的死。以這種態度來看待死亡，遂把它看成是在這世界上所發生的某一客觀的事體，如此就不必去面對個人的獨特性以及他之死亡的獨特性，而這也等於逃避了這個承認：死亡是個人存有之終止，而在此刻來臨之前，他必須不斷地創造自己，在「不再有任何可能性的可能性」實現以前，都不停止。（註14）

第四節　人生的苦樂與解脫

一、存在哲學

　　海德格認為有意義的人生就是持續地生活在「焦慮」當中，直到死亡來臨。沙特卻認為，有意義的人生，便是持續地「行動」。沙特認為，人的本質不斷在改變中，也不斷在重新塑造，造了又改、改了又造，使我們不受限於現成的「自我」，可以依照自己的選擇，自由造就自我。儘管沒有文字能夠完全準確地描述這個世界，不過最合適的字眼乃是「荒謬的」(absurd)。在這種處境底下，人有什麼可能成為真實的我呢？沙特說，一個人根本不可能成為真實的我。真實性不是屬於存在體的範疇，而是屬於行動、變易的範疇。人沒有實質的我，充其量只是重組的社會我。一個人若能依照自主的意願去做選擇，不依循別人的標準或他人的意見，那麼在這抉擇中，他就是一個真正的我。所以，我們並無所謂的本質或本性，若是我們能從社會我的緊身衣中解脫，就能獲得自由，變成任何我們選擇的那個樣子。這是因為「空無」，使我們有自由、有可能成為任何樣子的人。但是這完全的自由，在一個如此荒謬的世界中，卻也是個沉重的負擔。我們因為行動，而成為現在的我。行動包含想像、知覺、撒謊和角色扮演，當然也包含虛無和無為。當我們行動的時候，我們正在創造一個待完成的世界，而此時此刻所採取的行動，正是實現那個未來世界的第一步。這個構成中的世界，可能很小，也可能很大，而我們所採取的行動，可能微不足道，也可能事關重大。結果如何，並不重要，重要的是，我們行動了，只有在行動中，我們才成為真正的人。所以，是我們所選擇的計畫，決定了我們生

活的實際世界，而不是世界決定了我們。一個人選擇做酒鬼，所以他便生活在酒鬼的世界中。他當然也可以選擇生活在一個完全不同的世界裏。他隨時可以放棄既定的計畫，選擇一個新的方案，任何過去的東西，都不能阻止他這樣做。

　　自存在哲學這種著重個人獨特性處境的現實來說，幾乎每個人都是，而且也應該是特殊的。是每一個人他自己，選擇他所要形成的那個自己，並且要為這個選擇負責。依存在哲學的看法，每個人的本質，是在他存在以後，按照自己的選擇才逐漸完成的，所以每個人的人生境遇，無論是所謂的「好」或所謂的「壞」，基本上反映了個體的主觀性。人的這種處境，基本上是痛苦而焦慮的，但是做為一個人，他卻必須去面對。存在主義所強調的負責，不但是對自己之個體性 (individuality) 的負責，而且也是為全世界、為所有的人負責。人的痛苦是他無法逃避這種整體而深沉的責任感。

　　存在哲學的另一個痛苦論，則更根本而深層地觸及了存有。這是一種存有的痛苦。一個人如果想到這個世界上沒有任何人或任何東西存在，或者想到每一樣東西、每一個人，可能在一瞬之間消逝無蹤，便能感受到這種痛苦。這種痛苦不等於死亡，但是人類在面對死亡之時，應可強烈地感受到這種存有危機所帶來的恐慌和哀傷。基本上，存有的痛苦所關涉到的乃是「空無」。人類已經習慣於感官知覺所能觸及的人、事、物的存在，並且把這些存有視為永久，或至少是能夠長時間駐留保存者。他們無法接受存有消失或虛空不存在的事實，尤其是對於那些自己所擁有或珍愛的人、事、物。

　　存在哲學對人生境遇的觀察和體驗，展現了若干的真理。人因孤獨及面對虛無所感受的痛苦，可以成為人生的轉機。這種境

遇的考驗給予人類的啓示是，想要依照自己意願去造就自己，造就充實而意義豐富的人生內涵，就得靠自己站起來。他有自由，他能選擇，這種種或大或小的選擇，也同時意味著，他要爲選擇的後果負起責任。他更要了解，人雖有其獨特性，但卻不是孤立的，他的任何選擇、任何行動，都會直接、間接影響人類及其生活的世界。在此，人與人要維持一種關心的、對話的關係，造就一個同理心的互相理解的和諧社會，但是人卻不宜沉淪爲俗衆中、隨波逐流的一分子。同時，我們也要明白，因爲「空無」，所以存在了「可能」，因爲有此空無所提供的可能，所以我們才能創新、才能造就。這種因爲自由所帶來的痛苦及焦慮，我們要勇於面對；在另一方面，人也要有充分的心理準備，因爲一切存有的可能性，一切現象世界的繁華，可能在一夕之間化爲空夢泡影，他要能承受失去生存本質及意義的沉重打擊。

二、佛法

　　這兩位存在哲學家，和許多別的非宗教的哲學家一樣，在其理論的建構上，有著基本的限制和困難，無法突破。生命的現象，若只是局限在一世的生與死之間來理解，便無法圓滿解說許多疑惑。即使勉力自圓其說，也很難使人信服。我們很難相信，人的生命只在這短暫的一世當中，偶然生，又偶然滅。存在哲學家所謂對存有的焦慮和痛苦，其主要產生的原因，恐怕還是由於人對生命原理的錯誤見解或不了解。這在佛法，稱爲「無明」。化解人類此一存有痛苦以及其所衍生的其他痛苦的良方，應是對生命之所以生、以及生命之所以滅的道理，做一番準確而周全的了解。在這方面，存在哲學可說是無能爲力。

　　佛教同樣地說人生是苦。但佛法由「緣起」理論的建立，以

及苦、集、滅、道這「四聖諦」的提出，圓滿說明了宇宙間一切存有的生滅的道理，也告訴人們離苦得樂的門徑和方法。

依照佛教的說法，衆生的苦厄，不外起自身心的，如生、老、病、死，以及屬於外起的，如愛別離（喜愛的人不得在一起）、怨憎會（討厭的人卻常常碰面，甚至天天生活在一起）、求不得（想要的卻得不到）等。這一切苦難的根源，乃是由於人的愚癡無明：不了解宇宙諸存有的本質，不了解現象世界的性質，也不明白所謂「自我」的性質，以致執虛幻爲實有，視無常爲永恆。人的感官之所接觸，心識之所攀緣，產生了貪愛執取，遂陷於因果業感、生死煩惱的流轉之中。

四聖諦中的「苦聖諦」，是指明人生之苦的眞實現象；但是苦是結果、是現象，必有形成苦的原因，說明苦的原因之眞實情形的，便是「集聖諦」。人生之苦不是恆常不變的，而是可以改變、扭轉的，滅去苦的原因，就能使苦的結果、苦的現象不再生起，說明這個道理的，即是「滅聖諦」。如何想、如何做才能使人滅苦生樂呢？講這滅苦生樂的原理、途徑及有效方法的，便是「道聖諦」。釋迦如來悟道後說法四十餘年，所說的內容，不外是這四方面的寶貴的眞理，如果照著去做，便能改變人生命運，減少痛苦煩惱，增加幸福安樂，最後甚至解脫業力的繫縛，不再於六道（天、人、阿修羅、畜生、餓鬼、地獄）中生死流轉、輪迴不已，復能推己及人，利生度衆，於己終於能得到大智慧和大自在，於人則普濟衆生、建立清淨莊嚴安詳和諧的國土。所以說是「四聖諦」。

佛教宇宙論中一個基本的論題是「無常」，此在佛經中頗多闡述。經說世界及生命現象，都在不斷遷流變化，沒有止息，即所謂「諸行無常」。人若是能夠了解這一點，就初步對人生有了

正確的認識和觀念，所以是一種「正觀」。有此正觀，則較容易去貪愛執著，不受欲念的繫縛，獲得解脫，超越生老病死恐怖等等痛苦。（註15）

與此無常說有密切相關的，則是「諸法無我」的諸法性空論。這是佛法基本的存有理論，非常重要。佛陀發現到，宇宙間一切存有，其生滅變化的原理是「緣起」，此在本章第二節已有說明。緣起的意思是「此有故彼有，此生故彼生」，這是指一切事物生成的道理而言。同樣的，也可以說是「此無故彼無，此滅故彼滅」，這是指一切事物從存在至還滅的原理而說的。現象界一切的存在，至少是由兩個或兩個以上的因素，在某種時空情境中，正好配合在一起，才生起、造成的。其中如有一個或多個因素產生變化，那麼原先的存在也會起變化，甚至消失。這便是所謂「因緣和合」或緣生、緣滅的道理。緣起法不是佛陀所發明，而是本來如此之理，佛陀只是發現而證悟者。因爲是緣起，所以一切存在的東西，都無自性，都不是實有。也因爲是緣起，所以一切存在，都是無常，都不是恆久。「諸行無常」的「諸行」，指的是一切行爲、活動、關係、存在、作爲、事功等等，當然也包含名譽、地位、財富、成就、愛情、語言、思想、觀念等在內，這許許多多的「行」，這一切復一切的「行」，都在變易當中，未有須臾片刻的駐留，人類以爲諸行有所駐留，那只是假相、錯覺，或自以爲如此罷了。「諸法無我」的法，指的是一切存在的東西，物質的、非物質的，可見的、不可見的，乃至於想像而「有」的存在，都不是實有之物，都沒有不變的「自性」。不變的自性，就是「我」，無此自性，便是無我。

然而，從我們人的感受、知覺和其他的意識作用來看，又不能不承認這沒有自性的、變易無常的一切存有，到底還是存在

的。從第一義諦的、存有論的觀點來說，這經驗界的一切現象，確實是如夢幻泡影一般的空幻。但是，白雲蒼狗，風起水無痕，那些曾經發生過的，到底還是發生過，這是無可否認的事實。一切世間的存有都無自性，都在變易當中，都非恆常，終究會歸於寂滅，所以我們說是「非有」，是「空」；但是，從另一方面來說，它也不是一無所有，不是完全的空、完全的無，至少它是暫時存在過，所以說是「假有」。一切存有，因為緣起而暫有，所以不能說是「空」；但既為暫有，便無自性，所以又是「空」。這是諸法空性的真義。故**中論**引佛之說而云：「眾因緣生法，我說即是空，亦為是假名，亦是中道義。」（註16）一切眾多因緣所生的法，我佛說就是空的；雖說是空，但並不否認一切法，這個空無自性的空法，也是假名；不可以認為空是什麼都沒有，這才是空的中道義。（註17）**中論**引佛說頌，又云：「未曾有一法，不從因緣生，是故一切法，無不是空者。」（註18）可以印證上面的說法。

空的作用是很大的，可以說是無窮無盡。空可以生起一切法；因為空，因為緣起，所以有無窮的可能性；有不盡的創新和發展，都是潛藏在無自性、無實體的緣起空性當中。這可以與存在主義的沙特之空無說，互相發明。這空性非有非無，所以才有一切生起的可能，**中論**亦云：「定有則著常，定無則著斷，是故有智者，不應著有無。」（註19）這意思是說，如執著於諸法一定有實在的自性，那麼就會以為諸法是始終如此，常住不變，這便執著於常；若是執著於諸法一定是空無所有，那就否定因果緣起以及世間一切現象的相似相續，便是執著於斷見，也是不對，因為如此一來，把一切可能性都封殺掉了。所以有智慧的人，不應執著於有或無。（註20）不執著於有無兩邊，便是中道。**中論**

云：「雖空亦不斷，雖有而不常，業果報不失，是名佛所說。」
（註21）即是此義。又云：「以有空義故，一切法得成，若無空
義者，一切則不成。」（註22）有了空，一切法才有可能生起、
形成。

佛法的人生論，在此可以從兩方面來討論。

一方面，人生不是只從一世、由出生到死亡這樣短短的幾十
年或一百多年，來觀察及理解的。非宗教的存在哲學家，只把人
生限制在一世的生與死之間，生非自願，死亦無奈，儘管人生變
成什麼樣的人生，自己要負責，但是對於生與死這兩件大事，自
己都好像不必負責，也無法負責。從現實人生來看，每個人的生
都不一樣，一生下來的境遇也不同，應該是在立足點上很「不平
等」的。如果像存在主義所說，生是被拋擲到這世界的，是無奈
的，那麼幸與不幸的出生境遇，是誰決定的呢？另外，人生的終
止，依存在哲學所說，亦非人所能預知或加以計畫，那麼，又是
誰決定人的死亡時間及死亡方式呢？生既不平等，死亦不平等，
生死兩不自由，那麼人生的自由便只在生死兩頭之間的歲月。而
這歲月到底是長達一百年，或只短促到十年不到，依存在主義之
說，亦非我人所能掌握。而且死亡以後，則一切都歸於無有，一
切的可能性都完全消失。一個人如果出生的境遇很差，他可能花
費大半生的時間，才能扭轉命運，才能稍為喘息一下，而此時，
死神又突然駕臨。如此匆忙庸碌一生，到底所為何來？有何意
義？有的人出生的境遇很好，一生為非作歹，或假冒為善，終其
一生名利雙收，也克享高齡。如此的境遇，也使人興起人生公道
正義何在之感，難免怨天尤人，甚至放棄原先恪遵法律道德的人
生觀，也效法起投機僥倖之徒，日為傷風敗俗及損人利己之行，
而自為得意。

　　佛法指明，人之此生，只是生命進程的一個階段。生命體在還沒有成功地脫離業力的影響以前，是隨著業力在輪迴、在流轉的。什麼是業力？是生命體一切先前作為，無論善惡或不善不惡，所產生的作用力及影響力。種瓜得瓜，種豆得豆，種什麼因，便會生什麼果。你如何作為，便影響了你的想法、做法，影響你與他人、他事、他物的關係，影響你的決定、抉擇、走向以及與環境的互動。一個生命體，從無窮久遠的過去，便已存在，在六種（六道）不同的生命形式間，游走著而生生死死。生非真生，只是改換了一個外殼、一個形貌；死亦非真死，只是暫時結束一個存在的形體，準備轉換到另一個新的生命形貌。對一個仍然沒有擺脫業力、無法自主的生命體而言，便只得隨著先前一切作為所種下的因，在適當的緣（條件）的和合下，逐業之波而流轉，其中有樂有苦，但樂如天道，亦有終結之時，天福享盡，仍在六道中輪迴。天道以下，人道及阿修羅，都是苦樂參半而實苦多樂少，至於畜生、餓鬼、地獄此三惡道，則明顯的是受盡痛苦及折磨，甚至沉淪苦海，遙無終期，雖無法忍受，卻難以自拔。

　　佛法中說，人身難得，意思是說，能生在人道、生為人身，是相當不容易的，即是先前修得許多福慧之因，始有生人之報。雖然許多人對於做一個人，有很多抱怨，有很多不滿意。但是，我們要了解，今天的如此的我，完全是先前之我所造成的。我本是空，我早已存在，而我變成今天之「本質」，非上帝所造，非上天之好惡，亦非父母或其他人之緣故，而實皆源自於我，源自於以前之我以及現今正在作為之我。我怎麼可以怨天又尤人？中國禪宗初祖菩提達摩曾講「四行」，其中「報怨行」云：

　　云何報怨行？修道行人，若受苦時，當自念言：我從往昔無數劫中，棄本逐末，流浪諸有，多起怨憎，違害無限。今雖

無犯，是我宿殃惡業果熟，非天非人所能見與。甘心忍受，都無怨訴。經云：逢苦不憂。何以故？識達本故。此心生時，與理相應。體怨盡道，是故說言報怨行。（註23）

這意思是說，我這輩子行為端正，也未做出什麼傷天害理或損人利己的事，為什麼還是貧窮困頓、受盡挫折苦難？這時我們必須要學習去做到逢苦不憂不怨，為什麼呢？今生我雖無犯，但先前的惡業機緣成熟，產生了果報，我只有坦然承受，而且要至心懺悔，如*華嚴經*所云：「我昔所造諸惡業，皆由無始貪瞋癡，從身語意之所生，一切我今皆懺悔。」（註24）

所謂人身難得，最重要的是，人世乃是最具有可能性的世界，人生是修行最好的環境，而出生為人，也是改造命運、自業力流轉解脫而出的最好的契機。天道的生活太舒適、太安逸，使生命體失去修行求進步的動機，畜生等三惡道不但生存太痛苦太艱難，而且缺乏良師益友，不易聽聞真理，不利於學習。只有人道，生活不太逸樂也不過於艱苦，有善知識可以啟發引導我們，容易聽聞到真理，而且，人類世界是善、惡、無記（不善不惡）雜處的世界，有好人好事，也有壞人壞事，有正面的榜樣，也有各種挑戰、誘惑和試煉。人生的本質是不定，人類世界的性質也是不定。不定的意思是潛藏各種可能性。當然，在不定的環境中，有許多人類受到誘引、誤導，而步入歧路，甚至不進反退，做了許多不該做的事，造了更多的惡業。但是也有更多的人類，藉著人類社會的許多方便和設施，接觸了真理，結交了好人，親近了良師，在追求智慧的路途上，有了很大的長進，而且也把過去生累積下來許多不好的習氣，在這一生逐漸做了很大的改善，慢慢的，他終於能夠從許多不正確的思想觀念、不好的行為習慣，有害的貪瞋癡慢疑等心念、以及許多其他的痛苦束縛解脫，

得到了身心很大的自由，能夠有自主性去掌握自己的命運，不必在業力的循環輪迴中繼續隨波漂泊，而可以清楚地看出生命的意義在哪裏，人生的幸福是什麼，能以自由意志，不受繫縛，朝著那個幸福人生的有意義的方向去邁進。人因為有變好的最大可能性，所以能開創未來的生命形式，甚至不必再在六道之中輪迴。在此，教育便扮演了一個至為重要的、關鍵性的角色。

第五節　人生的意義與教育

人是生活在各種關係的互動中，一切的事物，都由因緣和合而生，也由於因緣之滅而滅。幸福人生，有其因緣條件，而痛苦煩惱的消除，也有其因緣條件。了解其間的契機所在，是趨樂避苦的基本。

人的生活的主宰，應該是自己那清醒善意的精神。但是在業力流轉中，我們的精神無法作主。一個覺醒的人，開始體會到一般人追求的歡樂，其實是短暫而空幻。許多所謂的樂事，是轉生出更多煩惱的禍源。若沉溺貪圖片時歡樂，卻視沉淪流轉於不顧，則生命將無法超越解脫。人生主要的苦，來自「無明」，「無明」就是愚癡，對人生不了解，缺乏生命的智慧。能了解生滅無常，萬法空性，能掌握緣起契機，把握難得的人身，追求智慧，從輪迴流轉中解脫，才是破解「無明」之道。所謂輪迴，不是只在六道中才有，而是在日常生活中所在多有。人生有無解脫超越，你的精神是否已作了主，你的身心有無自由，不必去看六道生滅，只要仔細觀察自己的日常生活便可明白。例如，你是否

有著無法控制的無名之火，不定時爆發？爆發以後，雖然後悔自責，但過不了多久，又會爆發一次？又如，你是否常常有著無法約束的貪念、愛欲或其他的什麼欲念，在不是很恰當的時機，左右著你的行動？應該割捨的，你總是把持著而不願放棄？應該去做的，你卻缺乏道德的勇氣？你雖然因此而不能原諒自己，甚至鄙視自己，但是到了下一次，同樣的情形又再發生。你是否常常戒煙、戒酒？你是否有一些不自覺的不好的習慣，但是不易改善？你是否有一些觀念、想法、念頭，常常升起，主導你的生活、工作，造成你的煩惱、挫敗、不良適應和沮喪，而你卻仍不願或無法改變？你是否周而復始、日復一日地追求感官之樂，以爲人生如朝露，片時盡歡，不知有明日？

人的貪愛執著、瞋恚怨怒、傲慢自大、愚昧無知、懷疑眞理等等的習氣，在日常生活及工作上，如影隨形，跟隨著你，揮之不去。因爲這些習氣，使得我們生活及工作不順利，事情容易失敗，人際關係不和諧，而更重要的，使我們不知、不願、無意志去改善，使我們在好壞壞好、樂苦苦樂、善惡惡善之間，不由自主地輪迴，渾不自覺，而猶自以爲人生本來如此。從人生的這種輪迴中覺醒，是超越、解脫的第一步。

教育最基本的工作，是要教導人了解生命的全貌，了解生存的意義，從生活的輪迴中醒悟過來。教育要教導人，生命不是只在短短幾十年或一百多年間的一世生命，生命不是前無過去，後無未來。生命之流是從無始以來就已存在。但是生命的實質內涵及意義，需要我們自己去賦與、去造就。

其次，我們要藉著教育使人明白，做爲一個人，這短短的幾十年或百年左右的歲月是很寶貴的，應該特別珍惜，利用它好好地學習，把人生整個看成一所大的學校，把人生的境遇當成最好

的教科書。你這一生所有的遭遇，包括你遇到的人以及發生在你身上的任何事，無論你喜不喜歡，都能夠幫助你成長，只要你肯在任何生活經驗中虛心學習的話。人生的第一個任務，是從輪迴中覺醒，然後把握機會，盡量學習。要親近良師益友，要研讀古聖先賢的寶貴智慧及經驗話語，要研究宇宙及人生的眞相，要修正自己的心性人格，要改進自己的言語行爲，要調整人生觀和價值觀，要獲取豐富而正確的知識，培養有用的技能，要發展智慧，形成清淨完美的性格，造就健康均衡的身心狀態。這些是使我們在漫長的生命進化的過程中，不斷創造進化的正面的緣。做爲一個人，先求自己的進步，是基本的任務，也是人生的第一個意義之所在。

與此同時並進而必須去做的，便是幫助別人進步，也幫助整個人類社會的進步，以便終於能建立一個清淨的國土，亦即是人間的淨土。我們前面說過，人與人的關係繁複，互動密切，沒有一個人能夠獨善其身。人生固然在追求個人的完美及幸福，但此完美及幸福無法獨力完成，也不可能單獨發生。所謂人，即是彼此能關懷，有其仁心，有著不忍人之心。只有我一個人好，而別人都不好，事實上不可能，即使有此可能，我也無法無動於衷，只求做一個自了漢。其實，所謂的菩薩心腸，不是只在少數人心中存在，而是人人都有，此即善端，或即善根，或即良知，或即佛性。欲求個體幸福，必須同時使整個人類世界幸福，而欲使整體幸福，亦必求每個人健全。故助人也等於是助己。所以在一個人受教育的學習過程中，學會如何擴大內心善端，學會如何助人成長，學會如何建立一個清淨美好的人間淨土，實亦修己課程中重要的一部分。不能發展自己潛在的善性，並在日常生活中表現爲助人善群的實踐，則個人的成長亦不能算是成功，不能算是已

獲得真正的幸福，不能算是已完全實現自己，不能算是已從自我中心主義的束縛解脫，超越自我，獲得真正的自主和自由。可見修己和善群是二而一的。

附　註

註1：參閱 *Early Greek Philosophy, trans. J. Burnet (London: Black, 1920)* 一書中的 *Fragment 41,* 及 *Fragment 81*。

註2：*論語*，「子罕」，*9:16*。

註3：*佛遺教經*。

註4：*長阿含經*，「遊行經」，參閱*大正大藏經*，第一冊，*阿含部*上，頁 *16*。

註5：*Jean-Paul Sartre, Existentialism and Human Emotions (New York: Philosophical Library, 1957), pp.12-13*。

註6：*Ibid., pp.13-14*。

註7：*Ibid., p.14*。

註8：*Ibid., pp.15-16*。

註9：*Ibid., p.23*。

註10：*Ibid., pp.17-18*。

註11：參閱 *Martin Heidegger, Being and Time, trans. John Macquarrie and Edward Robinson (New York: Harper & Row, 1962), pp.95,97-100*。

註12：參閱 *Martin Heidegger, Being and Time, op. cit., pp.313-314, 318-319;* 以及 *W. T. Jones, A History of Western Philosophy: The Twentieth Century to Wittgenstein and Sartre,* V , *New York: Harcourt Brace Jovanovich, Inc., 1975 [1952], pp.300,314* 。

註13：*Martin Heidegger,* **Being and Time,** *op. cit., p.216* 。

註14：參閱 *Martin Heidegger,* **Being and Time, op. cit.,** *p.217-220* 。

註15：**雜阿含經**（一）起，**大正大藏經**第二冊，**阿含部**下。

註16：龍樹菩薩著**中論**之「觀四諦品」。佛在**勝義空經**及**華首經**中，都曾說過此頌，開示此義。詳見印順法師，**中觀論頌講記**（台北：正聞，民 *41* ），頁 *469* 起。

註17：印順法師，**中觀論頌講記**，同上，頁 *470* 。

註18：**中論**「觀四諦品」，引自印順法師上書，頁 *469* 。

註19：**中論**，「觀有無品」。

註20：參閱印順導師，**中觀論頌講記**，同上，頁 *261* 。

註21：**中論**，「觀業品」。

註22：**中論**，「觀四諦品」。

註23：菩提達摩講，曇林記，「略辨大乘入道四行」，載於**大正大藏經**，八十五「楞伽師資記」，頁 *1284-1285* 。

註24：**華嚴經**，「普賢行願品」。

第 四 章
知識論與教育

第 四 章
知識論與教育

第一節　爲什麼要研究知識論

　　知識論一辭借自西方哲學。其英文 *epistemology* 一字，乃源自於希臘文的「知識」*(episteme; knowledge)*。知識論的主要任務，是研究人類知識的根源、本質，人類的認知能力和認知的過程，眞理的規準，乃至於思維的理則，以及與知識相關的其他問題。

　　當然，知識問題之受到重視，應該是不分古今東西。人類的生活及文明進展，均始於知識。 所有形式的教育，自初民原始時代以迄二十一世紀的今日，無不將知識的學習，列爲首要的內涵之一。

　　但是，眞正的知識是什麼？知識有哪些種類？什麼樣的知識才是有價值的？人的認知過程爲何？要怎樣才能獲得知識？像這些重要而基本的知識方面的問題，卻不見得在人人心中有著正確、明白而周全的答案，包括從事教育工作的人在內。知識對於人類的生活、社會的進步和文明的發展都至爲重要，知識也是教

育的主要學習內容，如果我們對知識本身及其相關的問題，有正確而深廣的了解，方能有效規畫知識教育的內容及實施方法，使得受教育者獲得真知，進一步應用於生活內容的充實，人生福祉的增進，社會及文化整體發展的促進。如果對知識本質及相關問題不了解，或了解得不正確、不深廣，不但影響知識教育的實行效果，而且可能導致錯誤的人生及社會發展方向，產生不幸的結果。

知識教育不但是教育的一個重要內涵，而且是實施各種形式之教育的基礎，例如道德教育及技能教育。道德教育雖以身體力行為歸趨，但是應以正知正見為基礎，如無正知正見，實踐比不實踐還要糟糕。技能學習應以先了解動作的原理為前提，觀察、模仿及反覆練習雖是完成技能學習的主要歷程，但如不了解其原理，缺乏相關的知識，那麼也只能停留在模仿或機械學習的階段，無法靈活應用，更不能創新、變化和改進。如果原理了解錯誤，不但會妨礙學習，嚴重的話還可能引生意外。

不同的知識的定義，會影響知識教育的目標及內容。例如，有人以為知識就是資料的蒐集和記憶，除此以外，別無其他，結果在教育的實施上，就會以記誦辭章、記憶多聞為教學目標，而在教學的實施過程，也會只要求學生做到這個目標，即已滿足。如果我們認為知識除了廣學多聞和記憶以外，還需要有分析、比較、綜合、應用、批判等等含義，那麼在實施知識教育的時候，就會在教學目標增添這些項目，提供學生可以達成這些目標的教材，並要求學生作這些方面的練習。舉這個例子主要是用來說明，對知識的本質，理解不一樣，在教育實施上往往就會有不同的做法。同樣的道理，對知識本質如果理解錯誤，那麼教育實施便難保不產生錯誤。錯誤教育的效果是很嚴重的，此不言可喻。

有正確的科技的知識，我們才能利用科技產品來增進生活的方便、舒適及工作的效率。有正確的健康知識，我們才能利用它來預防身心疾病並有效促進個人及親友的健康。有正確的對人生及自身的了解，我們才能合理地建立人生觀，並規畫出合適的生涯發展。對民主的了解越正確、越深刻，我們才有可能做一個現代化的健全公民，並且共同建設一個理想的民主的社會。有價值的知識的累積，就成為社會或人類全體共同的文化財產，可以成為教育的主要材料，教導下一代乃至於世世代代，分享文化的菁華，不但傳承，而且孕育創造出新的而有價值的知識，增添人類的共同財產，使得人類的文明，更為發展。

當然，只有靠知識一項，並不能保證使教育成功，生活改善，社會進步，文化發展，但是如果缺乏了正確、深廣而有價值的知識，則絕對不可能有教育、生活、社會及文化的成效及進展。知識是個人及群體各方面生存及求進步的必要條件，雖然不是充足條件。缺乏知識，人類不但不能求進步，連生存都會發生困難。如果我們學得的是錯誤或有害的知識，包括錯誤的世界觀、人生觀、價值觀，或甚至是一個小小的錯誤的醫藥方面的知識，則會給個人乃至於群體，帶來災害。

欲獲得正確、深廣而有價值的知識，先要研究、了解知識的本質，各項知識的性質及功用，人類的認識能力，以及其他許許多多重要的基本知識問題。這一哲學問題的探討，能幫助我們減少因不正確認識或偏頗知識所帶來的危險，也有助於教育整體的實施。

我們還可以舉更多的例子，說明研究知識論的必要性。綜合上面的說法，正確而深廣的對知識的了解，可以使(1)知識教育的實施正確、周全而有效；(2)道德教育的實施，有著良好的認知的

基礎，確保其行為實踐的可欲性；⑶技能教育的學習，突破機械式模仿的限制，使創新和應用成為可能。除此之外，對知識有正確、深廣的了解，可以直接、間接使⑷生活、工作及社會的進步及發展，有良好的引導。

第二節　知識是如何產生的

本節將介紹西方數位重要哲學家，對知識之所以產生的看法。

首先介紹理性主義 *(Rationalism)* 哲學家柏拉圖和笛卡兒，其次介紹英國經驗主義（ *Empiricism*）之洛克、巴克萊和休謨三位哲學家，最後則是康德之批判哲學。

一、理性主義

柏拉圖 *(Plato, 427-347 B.C.)* 在西方哲學史上，以存有論而言，是第一位觀念論 *(Idealism)* 者，以知識論而言，則是第一位理性主義者。他首先區分了感官知覺與理性認知的差別。感官所能捕捉到的只是現象界的事物，而現象界的事物依柏拉圖的看法，不但瞬息多變，而且根本是虛幻的，是觀念界之理型的摹本，所以，感官的知覺是不可靠、不真實的，頂多只是我們對個別事物的一種「意見」或「信念」而已。真正的知識必須超越個別的現象，而提昇至普遍的「理型」 *(Ideas)* 或是「形式」 *(Forms)*。真理只存在於真實的世界，即本體的世界。感官知覺使我們經驗到的是個別的桌、椅、樹、人等等，而理性卻能讓我

們了知普遍的「桌」、「椅」、「樹」、「人」等理型。對個別的美的事物之經驗，是「意見」，而對於絕對、不變之美的理型的了解，才是「知識」。（註 1）

在柏拉圖的對話錄中，蘇格拉底以囚犯被關在洞穴裏，因身體不能移動，頭不能轉動，看不到陽光，看不到洞外的世界，只能看到陰影，來比喻一個人見不到眞實世界的理型，只見到模糊不定的現象。一旦這個人被釋放，獲得自由，走出洞穴，面對陽光，眼睛反而無法睜開，在短時間內無法適應這種改變和震撼。等他慢慢適應，也覺醒了，他將會了解，因爲知道事實眞相而痛苦是值得的。這個人原本有看見眞實世界的能力，只是因爲受到拘禁，無法看見罷了。人天生有見到眞理的能力，卻沒有把這種能力給釋放出來。所以蘇格拉底在對話錄裏如此說：「如果我前面所說的是對的，那麼某些教育學的教授應該是錯誤的，因爲他們說，他們能夠把知識注入學生的靈魂裏面，好像在靈魂裏面本來沒有這知識一樣，好像要把視力注入盲人的眼裏一般。」（註 2）蘇格拉底和柏拉圖都認爲，人的學習能力，早已經存在於人的靈魂當中，我們所要做的，只是把人的靈魂（精神）從虛幻變易的世界，轉移到眞實不易的本體世界，就已足夠，這便好像把一個監禁在洞穴中的囚犯予以釋放，引領到外界陽光普照、又美又善的世界一般，（註 3）當然這樣的引導，是需要一些方法和技巧的。

柏拉圖的對話錄「米諾」(Meno) 中，蘇格拉底與米諾對話。米諾的僕人是個沒受過教育的男孩，蘇格拉底在對話錄中以其一連串問問題的方法，引導男孩憶起其靈魂中本已擁有的幾何知識，以向米諾證明，人的靈魂在生命的生生世世的輪迴中，是不朽的。靈魂經歷了許多世，也見識了許多事，但是基本上，他

本具有先驗的知識，也本來知道一切觀念，所謂學習，不過是一種回憶的過程，而教育也者，乃是引導學生，使其憶起先天的觀念。除此以外，教師不能再增添學生什麼，所謂學習，絕不是在學生本有的東西之外，去追求一些別的什麼新的東西。所謂愛智，所謂追求眞理，是不假外求之事，是要朝向自身本具之理性或觀念或理型。

笛卡兒 *(Rene Descartes, 1594-1650)* 是法國人，曾接受天主教耶穌會之教育。他一直在尋找一個堅實的、自明 *(self-evident)* 而無可懷疑的人類知識的基石。他曾研究數學，卓有所成，並將代數和幾何結合，而成了「解析幾何」*(analytic geometry)*。他將這種類似演繹的方法，應用在哲學的思考，但是他發現，一切演繹之最大而最根本的前提，卻不可能由數學的方法尋得。他藉著直觀的思維，領悟到，他之所以能夠懷疑，乃是因爲自己的存在，所以，能夠思維、能夠懷疑，便是他本身存在的明證，這就是他那有名的「我思，故我在」*(cogito, ergo sum; I think, therefore I am.)* 之論證。他以此作爲一切演繹的出發點，藉著類似幾何學的步驟，由「自己」的存在，證明了「神」的存在。他的證明步驟是：(1)每一樣東西，包含我們的觀念，都有其因；(2)我們有「神」的觀念；(3)而我們有「神」這個觀念的適當的因，便是有神存在；(4)所以，神存在。（註 4 ）

關於笛卡兒的這個推論，是否有瑕疵，本文擬不加討論。（註 5 ）笛卡兒由此又進一步推論，由於神無疑地具有創造萬物的能力，而這些萬物我又是眞眞實實地、可以明確而個別知覺到，並加以區分，也即是說，我也都有他們的觀念，所以，笛卡兒推論說，物質的世界是存在的。

笛卡兒的「觀念係生而即有」的主張，備受英國哲學家洛克

(John Locke, 1632-1704) 的批評，但是笛卡兒這種心物二元的存有論的主張，卻也對後來的哲學家產生很大的影響，甚至包括洛克在內。在存有論方面，笛卡兒被歸類於「觀念論」*(Idealism)*，而在知識論方面，他則是屬於「理性主義」*(Rationalism)*。

笛卡兒認為人的認知，一靠直觀 *(intuition)*，一靠演繹 *(deduction)*。所謂直觀，不是搖擺不定的感官的見證，也不是臆想的誤引之判斷，而是專注的、未受蒙蔽的心靈，如此自然而明白地給予我們概念，使我們對此概念之了解，毫不懷疑。直觀只由理性 *(reason)* 而產生。（註6）而什麼是理性呢？笛卡兒說：

> 良知 *(good sense)* 或理性 *(reason)* 是世界上分配最平均的東西了。……形成良好判斷以及分別真假的能力，稱之為良知或理性，在本質上是人人平等具有的。因此，……人類意見的紛歧，並不是某些人比其他人更具有理性，而僅僅是他們的思想所通過的管道不同，並不是所有的人都會去考慮同樣的事物。只有好的精神力還不夠，還要懂得如何去善加運用。（註7）

笛卡兒的假設是所有的人，天生具有理性的能力，足以認知實體 *(reality)*。希臘人推崇理性的能力，但並不認為人人平等具備；基督教雖說在上帝面前人人都是平等的，但是很少慮及理性的作用。笛卡兒結合了古希臘及基督教的說法，認為人人生而具有理性，而且是平等具備。以此為基礎來推衍，那麼不會使用理性的人，不是天生資賦的欠缺，而是後天教育的不足。笛卡兒在此提供了社會、政治及教育之民主理念的基礎，也等於在提醒大家，一個開明而先進的政府，應該照顧全體人民，使他們都有接受良好教育的機會。

笛卡兒像霍布斯 *(Thomas Hobbes, 1588-1679)* 一樣，「與數學的確定性發生戀愛」。他之喜愛數學，是因為它的確定性以及推理的明證。他認為在所有真理的追求中，只有數學家本身能夠成功地產生明證而確定的理性。他嘗試著把數學方法推廣而應用到別的科學。笛卡兒相信這世界有個客觀而理性的秩序，人的心靈能夠以其清晰而特殊的直觀，無誤地辨識這種秩序。數學知識則是對客觀而理性之真實的洞識。

出生於荷蘭的猶太人斯賓諾沙 *(Benedictas de Spinoza, 1632-1677)*，和笛卡兒一樣，也追尋知識的確定性，而且發現數學是確定知識的最佳代表。斯賓諾沙也認為數學的知識是對客觀存在之實體的洞識。他特殊的貢獻是把幾何學的方法應用到形而上學，寫作哲學的方式也酷似幾何學的推理證明的過程，***倫理學 (Ethics)*** 一書便是個例子。

二、經驗主義

理性主義認為人的認識能力，來自於理性，而理性則是生下來就有的，並且人人都有這一天賦能力，沒有例外。知識是用命題 *(propositions)* 來表達的，但在我們了解命題以前，應該先有**概念** *(concepts)* 或觀念 *(ideas)*，理性主義者以為**概念**或觀念也是天生即有，不待後天經驗的學習。

但是並非所有的哲學家都同意這種看法。英國的洛克 *(John Locke, 1632-1704)*、愛爾蘭的巴克萊 *(George Berkeley, 1685-1753)* 和英國的休謨 *(David Hume, 1711-1776)* 等人，對理性主義的看法，提出批評，而另外提倡知識係由後天經驗產生，而非源自天賦理性的認知。這些人的主張，被稱為「經驗主義」*(Empiricism)* 的知識論。

　　這三位哲學家比較喜用「觀念」*(ideas)* 一辭。他們想要解答的問題是：「人類如何會有觀念產生？」他們的答案是，觀念非天生，而係來自感官的經驗。洛克的名言是，人生下來其心靈是像一塊白板 *(tabula rasa)*，一張白紙，沒有觀念。（註 8）感官的經驗又可以分成兩種，一種是透過「外在的」*(external)* 感官，如眼耳鼻舌身等所產生的視覺、聽覺、嗅覺、味覺、觸覺，我們對物質世界的觀念，都是由此產生的。另一種感官經驗則是來自「內在的」*(internal)* 感官，例如苦與樂的經驗，愛與恨的感受，思考、懷疑、相信、推理、認知、意志和動機等等，人類從這些經驗獲得有關內在生活的觀念。洛克稱第一種觀念爲「感覺的觀念」*(ideas of sensation)*，第二種爲「反省的觀念」*(ideas of reflection)*。除了這兩種來源以外，人類沒有其他的知識來源。（註 9）

　　愛爾蘭的巴克萊是位主教，篤信基督教。在認識論方面巴克萊和洛克、休謨一樣，都主張知識源自後天的經驗，故同屬經驗主義，但是在存有論方面，三人的主張卻有很大的不同。洛克認爲眞正實有的存在是物質，而非精神，故屬於實在論 *(Realism)*。而巴克萊卻以爲眞正存在的實體是觀念，是屬於精神之存有；他以爲，所謂存在，就是能夠被知覺，上帝能知覺一切，因此而使一切東西存在，一切物的存在實係源於上帝之心靈的觀念作用，有觀念才有物之存在，故巴克萊是個觀念論 *(Idealism)* 者。至於休謨，旣懷疑物質存在的實有性，復指出我們並無足夠的證據足以證明心靈是個實體，我們所能體會到的是，有各種各樣的心念、感受之經驗，此起彼落，有的看起來有其連續性，有的又好似有著因果性，但是否有其必然的實在性呢？實亦令人懷疑。就存有思想而言，休謨的主張在眾多西方哲學家當中，最接近佛法

所說的諸法空性之論。

　　但巴克萊確實同意洛克的看法：所有的觀念都源自於感覺的經驗，而我們所能經驗的，乃是觀念、感覺、和感官的知覺。唯一的實體是知覺者以及知覺作用。從我們的感覺過程中，我們所知覺到的只是那些可立即知覺者，例如光線、溫度、聲音、味道等等，而不是所謂的物質實體本身。而像感覺到水的溫熱、冰的冷、食物的酸或甜等，如果沒有心靈，這些被知覺到的都不存在，而也沒有觀念之存在。甚至所謂的物體，如果不是心靈的知覺作用，他們也都是不存在的。（註10）人類的知識的產生，因此便是先有上帝的存在，由於祂的心靈普遍知覺一切，而使一切存在。人類也有心靈，由於心靈的知覺作用，產生經驗，再由知覺的經驗，形成觀念。巴克萊如此結合了他神學的唯心論和認知的經驗主義。

　　休謨的主要論點是「沒有印象就沒有觀念」*(No ideas without impressions)*。什麼是「印象」？休謨舉例說：我看見了一棵綠樹，我便有了綠的印象（即感覺印象，*sense-impression*）；現在我閉上眼睛，想像某一樣綠色的東西，這時我腦子裏產生的是綠的觀念。所以印象是直接面對感覺對象時，所立即產生的鮮明的知覺，而觀念卻是在離開感覺對象以後所留存下來的較為模糊的翻版。（註11）這樣的含義，似乎和現今習慣的用法正好相反。如果你從來沒有見過任何綠色的東西，就沒有過綠色的感覺印象，那麼，你就不可能有任何綠色的觀念。以此推論，一個生來眼盲的人，不可能有任何有關顏色的觀念，因為他從來沒有經驗過任何顏色的感覺印象。天生失聰或沒有味覺的人，便不可能有任何聲音或味道的觀念。「內在的」感覺經驗，亦復如是。一個從未經歷過痛苦或害怕的人，便不可能有痛苦或害怕的觀念；

一個從未被愛過的人，也無法產生愛的觀念。

　　但是，人類未曾見過「金山」或「上帝」，卻為什麼會有這些觀念呢？洛克早在著**人類悟性論** *(An Essay Concerning Human Understanding)* 之時，即曾指出，觀念非生而有之，而係來自感官經驗。感官經驗雖可分外在和內在，而後者實亦出自前者。洛克將觀念分為「簡單觀念」 *(simple ideas)* 和「複合觀念」 *(complex ideas)* ，而休謨亦同作此分類。前者直接來自感官的經驗，而且必須對應於外在實在的事物所產生，例如看到「山」、「牛」，而有了「山」與「牛」的兩個簡單觀念，聞到香味或臭味，而便分別產生「香」與「臭」兩個簡單觀念。你看到金子，也摸到金子，知道這東西就是金子，有了「金」的觀念，再加上先前已有的「山」的觀念，複合而成「金山」這個複合觀念。故複合觀念雖非直接由感官經驗所生，卻是間接由感官經驗所成，溯其根源，仍生自感官與外在事物之一對一的符應作用所產生的簡單觀念。「上帝」亦是一個複合觀念。在這複合觀念中，包含有「大」、「能」、「智」、「完全」（或「完美」）、「無限」等簡單觀念，組合成「全能、全智、無限大」等之複合觀念，而此即「上帝」之涵義。所以「上帝」的觀念是人類許多經驗的組合。簡單觀念與複合觀念的關係，有點像原子與分子的關係。沒有原子就沒有分子，而原子又可以因不同的方式而組成不同的分子。人一旦有了一些簡單的觀念，便能運用想像，以不同的方式組成無數的複合觀念。人類進一步又使用語言及各種名稱，把相似及不同的觀念加以區別，結果就可以把個別的觀念集合在一般性的觀念裏面，這便是使觀念成為「抽象」 *(abstraction)* 的過程。抽象知識就是這樣形成的。（註12）

三、康德的批判論

康德 *(Immanuel Kant, 1724-1804)* 生於德國柯尼斯堡 *(Konigsberg)* ，是馬鞍匠之子。他在家鄉成長，在家鄉的柯尼斯堡大學受教育，後來也在這所大學任教 *(1755-1797)* ，直到退休爲止。他終生未娶，而除了一次短暫的旅行以外，也幾乎未曾離開故鄉。康德個性謙和，好學深思，生活儉樸而規律，一生從事教育工作，樂此不疲。

他早期的思想受到來布尼茲 *(Gottfried Wilhelm Leibnitz, 1646-1716)* 這位理性主義知識論哲學家的影響，後來又閱讀休謨這位經驗主義哲學家的作品，覺得兩派思想，各有所長，亦各有所偏，乃思予以調和。

康德認爲，理性主義者的思考是屬於先驗的 *(a priori)* 分析型，而經驗主義則是屬於後驗的 *(posteriori)* 綜合型。他所發展出來的系統，旣涵蓋了分析，也包含了綜合，但是除此以外，他又發現了第三型，即綜合的先驗 *(synthetic a priori)* ，爲理性主義及經驗主義所忽略。

理性主義者強調先天理性的作用，是正確的，但是他們忽視了來自經驗世界的資訊，則是缺失。經驗主義者則又把一切知識的來源完全歸因於後天的經驗；其實，雖有許多知識始於經驗，但並非所有的知識都如此，即使是來自感官經驗的資訊，仍需有內在心靈的理性作用，才能形成知識。

康德在一七八一年出版*純粹理性批判* **(Critique of Pure Reason)** 一書，就指出，人類能夠體驗到外在的資訊這種基本的能力，便不是來自經驗本身。比方說，人類的「時間」和「空間」的觀念，是先於經驗而存在的，這便是一種先驗的知識。如

以時間的順序來組織來自於感官經驗的材料，形成了某種知識，這其間便包含了時間的先驗觀念，以及感官經驗的後驗的材料。知識的產生，準確地說，是先驗的認知形式與後天經驗材料交互作用的結果。

康德在*純粹理性批判*一書，首先就問，為什麼形而上學不像數學和自然科學那樣進步，足以發現這世界的真實呢？他認為，形而上學如果變成了「科學」，那麼便有這種可能。如果有一類的真理，既不同於純由感官經驗所發現的綜合真理，復異於那種賓詞總是涵攝在主詞內的分析的真理，那麼形而上學便可成為科學。例如，「素食是不食肉的」，是一種分析的命題，賓詞「不食肉的」本已涵攝在主詞「素食」的含義中；「素食是有益健康的」，則是一種綜合的命題，賓詞「有益健康的」並未涵攝在主詞中，而是由經驗歸納而得的知識。休謨曾經以為綜合和分析這兩種命題，已經窮盡了一切命題或真理。但是康德不以為然，相信尚有一種既非經驗、復異分析的命題存在，稱之為「綜合先驗述句」 *(synthetic a priori statements)*。

綜合先驗的述句（命題）之所以為真，不是由於定義，也不是藉著感官經驗所發現的事實。這類命題，是獨立在感官經驗以外的，就此義而言，他們是先驗的，而且必然為真，因為沒有感官經驗能證明其為誤。康德相信所有數學的述句，都是屬於此類，例如「五加五等於十」。

康德認為，如果我們能夠指證，人類的知識，是依靠某些非以經驗為根源，而卻是以人類之理解 *(understanding)* 為根源的某種概念，那麼就可以證明這類綜合的先驗真理是存在的。康德指出，知識的根源有二，一是感覺性 *(sensibility)* ，一是理解 *(understanding)* 。二者的運作密不可分。人類的知識，不必全

起於經驗。

感覺性的先驗基礎是什麼呢？康德以爲是空間和時間。他推論，所有可被知覺的客體，必然是置於時間和空間之中。這些我們要認知的客體，隨著時間的流動推移，在顏色、大小、形狀等方面都有變化，但仍爲可被知覺的客體。但是如果去其空間與時間，則不復爲可知覺。當我們在知覺某物的時候，我們看見此物與我們保持若干的距離，而我們也察覺到我們的知覺作用本身，正由一時間，推移到另一時間。時間與空間是感官經驗的先決條件，康德視此時、空爲「直觀的形式」(forms of intuition)，而感官經驗則是「直觀的內容」(contents of intuition)。我們可以知覺到部分的空間，或時間的某一刻，但是要使知覺成爲可能，仍須以時空的連續爲背景，並視此知覺爲整體連續的一部分。

至於理解的作用，康德認爲，所有的知識都是把理解應用於感官經驗的結果。人的理解是否有一定的規則和秩序來組織感官經驗呢？康德認爲是有的。他將之稱爲「理解的範疇」(categories of understanding)。有十二個這種範疇，分屬於四個基模(schemata，或譯圖式)：(註13)

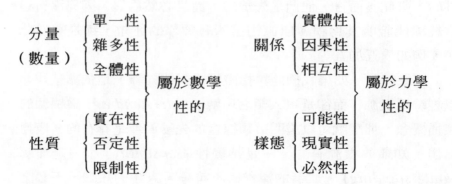

第一項與第二項對立，而第三項則是前二項的綜合。人的理解思維之所以能夠組織經驗材料，主要就是靠的這些範疇，範疇者，實即思維的基本模式，是形成知識的基本概念，這些概念是先驗的，亦即先於經驗而有，而且獨立存在於經驗之外。人之有各種理性能力，其基本架構及形式即是在此。

康德認為「實體」、「因果」和「時間」這三個因素造成了這個自然的世界。「時間」是中介，使理解與感覺經驗結合起來，使先驗原則能應用於經驗，因為時間是感官經驗的必需條件，是秩序化之形式。

知識的成立需藉感覺性（或譯感性直觀）與理解（或譯悟性）之通力合作；前者是接納，後者是自發。如只有感覺性，則我們獲得的知識材料（經驗內容）是雜亂無章的，無法構成有系統之知識。如只有悟性，則我們雖具備建構知識的形式，卻無材料（知識內容）。

人的悟性理解，靠的是範疇，而範疇又如何可能組織材料呢？那是因為人類有一種「先驗統覺」的能力。統覺原理是人類知識領域中最高的原理。由經驗材料組織成系統的知識，有其步驟：(1)在感性層次，能領受經驗表象而綜合之；(2)在想像力層次，因心靈的「再生」作用，使那已被領受的經驗，初具先驗性質；(3)在統覺層次，通過概念中的「再認知」 *(recognition)* 綜合作用，成為具有先驗形式的知識。

概念的「基模」（圖式），乃是想像力在時間的形式中所產生。時間形式一方面與感覺性發生關聯，另一方面又與範疇同具純粹性或先驗性，所以是基模的基礎。圖式論是藏在人類心靈深處的一種藝術。圖式是悟性的先驗性的圖型，康德配合四類範疇而提出的四種圖式（基模），「數量」圖式是在時間系列中所產

生，「性質」圖式是時間內容的產品，「關係」圖式是時間秩序的產品，「樣態」圖式則是時間之總括所生。

第三節　論知識與智慧

由上一節的敘述，可歸納出西方哲學家對知識的發生，有三種看法。一種是知識因理性、而且唯有因理性而產生，稱為理性主義；一種是知識因感官經驗，而且唯有因感官經驗而產生，稱為經驗主義；最後一種主張，知識是由理性加上感官經驗而產生，因為是康德之批判後的調和理論，所以稱為批判主義。在這三種主張中，第一、二種都各有所偏，都只道出了部分的真理，只有第三種的說法最為中肯。康德於一七八一年出版*純粹理性批判*，在當時的思想界造成很大的震撼，而被形容為知識論的哥白尼式的革命。哥白尼首度提出地球繞著太陽旋轉的理論，而與過去大家所相信的太陽圍繞地球旋轉的習見，正好相反；而康德的此部巨著，則一舉平息了理性與經驗孰是孰非的爭議。

一、感官之知

經驗主義所說的知識，可以概稱為感官的知識。感官的知識亦是一種知識。經驗主義哲學家對於感官之知如何發生，做了深入探索及分析，奠定後來行為心理學及認知心理學之發展的基礎，並為自然科學的方法，提供了理論依據。他們最大的缺失，在於認定一切知識都來自感官經驗，對於感官認知作用的評價，超過它所應得者。他們對於人類心意識的一些重要能力及作用，

都忽視了，或拘執於狹隘的科學證驗原則，對於不易或無法觀察到的心意識的活動，便摒之於探索的範圍之外。例如，休謨說，沒有印象就沒有觀念，但是感官知覺所形成的簡單觀念，是如何組成複合觀念的？而複合觀念又是如何與簡單觀念一起，形成各種命題？在這些轉化、形成的過程中，心意識扮演著什麼樣的角色？如何作用？這些問題，在後來康德的著作中，受到了注意，並給了應有的地位，但在經驗主義的作品裏，雖談論了許多觀念的問題，但沒有給予心意識應有的地位及重要性。

　　就人類的生活而言，感官之知並非不重要。我們走路、開車、吃飯、談話，都需感官經驗。我們欣賞繪畫、音樂或觀賞電視、電影，也都依賴感官知覺。打字、操作電腦需要感知，做觀察、實驗以至於科技發明、文藝創作、學術研究，或演說或協商，或耕作或醫療，無不依恃感知，始能進行，或至少是方便進行。人類生活的各種活動，人與各類環境的交往互動，無不需要感官知覺的作用。在佛教的認識論和心理學中，有所謂「五根」，即眼根、耳根、鼻根、舌根、身根，這是五種主要的感覺器官。由此五根所產生的認識作用，稱為「五識」，即眼識、耳識、鼻識、舌識、身識。這五根、五識之認知的對象，即認知的客體，稱為「五塵」，即色塵、聲塵、香塵、味塵、觸塵。這五根的作用，可以各根獨立，也可以合同運作，但是欲產生知覺、發揮認知的作用，必須有第六根的配合才行，這第六根即是「意根」，而意根的作用乃是「意識」。換句話說，人的眼睛想看東西，必須眼識與意識一同作用，才能「注意」、「接納」、「知覺」，否則只是視而不見，亦即等於不視不見。耳朵欲聽到聲音，也必須與人的心意識一起運作，才能注意到聲音，接受並感知、辨別聲音，否則也是聽而不聞，而聽而不聞實即等於不聽不聞。其他

鼻、舌、身根的作用，亦皆須與意根一起作用，始可感知。心意識的重要性，由此可見一斑。

然而人的感官知覺，卻不是無所不能、無所不知。感官經驗在人之生活中，確實不可缺少，但是它有很大的限制。首先，認知的對象，如果位在五根所能感知的距離或範圍以外，即無法認知。現代的心理學亦指出，感官的作用有其一定的範圍，這個範圍稱為「閾」(threshold)，如果越過此閾，則非感官所能覺知。例如有些光線，雖然存在，但肉眼看不見，有些聲波雖亦存在，但人耳無法聽聞。距離太遠，或有障礙、有阻隔，都會影響感覺作用的完整性及正確性。

其次，人的感官知覺是有選擇性的，如果環境中同時存在許多刺激物，感官通常只能就其方便、興趣或利益，選擇其中一樣或少數幾樣，加以注意，進一步接受訊息，產生知覺。在一個比較複雜的環境，人的五根往往必須同時並用，而如果過於複雜，則感官便無法照顧整體，而只作部分的認知。

再次，感官的認知，往往只能達到事物的表象，而無法探知表象背後的隱秘的真實。欲探知深層的實相，有賴於心意識進一步的運作，而這通常早已離開感知的層次。感官的層次，誠如休謨所言，只產生印象，而浮現於事物表象之可感知者，雖不能說與其背後實相無關，但欲由表象進一步探悉實相，則已超越感知的能力範圍。

復次，感官的認知往往多變而且不正確。例如將浸過冰水的手，置於熱水中，初不覺其熱，這和將常溫中的手，置於熱水中，感覺是很不一樣的。先吃甜食，再吃柑橘，便覺其酸，這和一開始就吃柑橘，味覺不同。順吃甘蔗，吃到最後，覺其索然，倒吃甘蔗卻有漸入佳境的快感。海市蜃樓，是視覺上的錯覺。置

筷於杯水之中，見其彎曲，取筷出水，卻見其直。心焦等待，感覺時間特別長；心浮氣躁，則優美的樂音也令人心煩。

經驗主義者以內心的感覺，爲感官知覺的一種，並且認爲內在感覺也源於外在知覺。此種說法是只見其一，不見其二。有些內在的感覺當然受外在感覺的影響，例如刀割或刺傷或被水所燙，則產生痛苦，吃了爽口的食物則精神爲之一振，這都是事實。但是有更多外在的感覺，反而是源於內心之感受。例如心情欠佳，則食而無味；精神恍惚，則可能產生幻覺；情人眼裏出西施；對於厭惡的人或不想聽的話，則可能視而不見或聽而不聞等等。不過，無論是內在感覺或外在感覺，都常常會產生錯誤，其爲事實則一。

二、理性之知

理性主義的理性之知，柏拉圖和笛卡兒之所意指，實有很大的不同。柏拉圖的理性之知，細究之，指的是超世間的智慧，是本體世界之知，這種知在現實世界是不存在的，故是屬於「出世間法」。現實世界的一切認知，頂多只是感官之知，而感官之知來自於現實界變易不居的虛幻現象，其所得到的知識，是依靠不太準確、不太可靠的感覺器官，面對那些理型之摹本甚至是摹本之摹本，所捕捉到的浮光掠影，此距離眞理，何止是十萬八千里。柏拉圖的所謂眞知，是一切現象事物背後的那個理型。理型是完美的，是萬法的本體，而現象界的事物卻總是有缺陷的，因爲它摹自理型。理型只能存在於觀念世界，觀念世界即是本體的世界，代表完美無缺的理想，成爲人生追求的目標，但卻總是咫尺千里，可望而不可即。如何跨越這現實與理想的鴻溝呢？那只有喚醒沉睡中的理性能力。如何喚醒？在柏拉圖的對話錄中，蘇

格拉底之循循善誘卻也咄咄逼人的「反詰法」，像產婆助人生產一般地，示範了引導學習者釋放出他本具的理性真知的過程。

而笛卡兒的理性之知，卻有兩層含義。其一是對於原理的領悟，笛卡兒稱此為「直觀」。由於「我思」，領悟到「我在」的自明之道理，是人之直觀能力的發揮。其二，理性之知乃是依演繹的邏輯規則，自原理（或前提）層層推論所得到之知。這種知識的方法及過程，非創自笛卡兒，而是早在柏拉圖及其弟子亞里斯多德時代即已被應用。柏拉圖所創辦的西方教育史上的第一所高等學府「學院」，即標榜著「不懂幾何學者不得入此門」。笛卡兒重視幾何學，乃至於亦重視代數學。他的哲學著作即仿幾何學之推論形式而行之。這種推論的思維之學，在西方學界後來成為獨立的一門學科，稱為邏輯，除了逐漸發展充實的演繹法 (deduction) 以外，也加入了由培根 (Francis Bacon, 1561-1626) 所提倡，而後來廣為科學界所發展、應用的歸納法。邏輯學到了二十世紀以後，復在傳統的邏輯系統之外，發展出新的數理邏輯（符號邏輯）的系統。古代印度亦早有邏輯之法，稱為「因明」。以因明推論求知的方法，後為佛教所採用並加以改進。佛教認為感官經驗的知識屬於「現量」，而因明推理的知識則屬於「比量」。

康德哲學中亦有理性之知，而又與前述柏拉圖及笛卡兒之意指不同。康德將認知之要素分為感性及悟性，感性是感官作用，悟性即理性之作用。此悟性的作用包括什麼呢？第一，它能了解先驗的、綜合的、以及綜合先驗三種命題，並能分辨、應用。第二，它本具有範疇，範疇以及範疇所屬的四個基模（圖式）是悟性作用的基本結構。第三，它能夠應用範疇，整理、揀別、組織感覺經驗的材料。第四，它具有先驗統覺的能力，形成先驗綜合

知識。康德的此種理性之知，比前人更細緻地分離出認知的過程及要素，應該是相當程度地啓發了後來皮亞傑 *(Jean Piaget, 1896-1980)* 的認知心理學（或如皮亞傑所喜自稱的知識發生學 *genetic epistemology*），並間接影響了當代認知心理學的發展。

三、佛教的認識論與智慧之學

在早期的佛教經典，說到人的認識活動，只提到六識，即上述的眼、耳、鼻、舌、身、意識，其中的第六識「意識」即涵蓋了人類一切的精神活動，一切的心識作用。佛法固然很注意人的五根的作用，因爲五根不但是感覺的器官，而且也是產生五欲的根源，如果不能善加節制，則受困於五欲的貪愛執著，不得解脫自在，對於身心將產生很大的傷害。但是主導五根的力量，卻是意識作用，即是心的作用，所以經上說：「此五根者，心爲其主，是故汝等當好制心，心之可畏，甚於毒蛇、惡獸、怨賊、大火越逸，未足喻也。」（註14）佛教對於心意識的作用最爲重視。從道德學來說，善業與惡業都表現在身、口、意三方面。身是身體方面的作爲，如殺生、偷盜、邪淫（不正常的性關係）等是身之惡業，不殺生、不偷盜、不邪淫則是身之善業。兩舌（挑撥是非）、惡口（口出惡言）、妄言（說不實的話）、綺語（說不正經的話）是口之惡業，不兩舌、不惡口、不妄言、不綺語則是口之善業。貪（貪念、愛欲、執取）、瞋（怨恨、嫉妒、發怒）、癡（愚癡、無明、不明眞理、缺乏智慧）是意之惡業，不貪、不瞋、不癡則是意之善業。雖有身、口、意之區分，但身、口二業的根源還在於意念。心是善根之所在，也是邪惡之所生。經上云：「有人患婬不止，欲自斷陰，佛謂之曰：若斷其陰，不如斷心，心如功曹，功曹若止，從者都息，邪心不止，斷陰何

益？」（註15）這是自道德論而言。若人從知識論而言，一切世俗的知識，以及超越世間的宇宙及生命的眞知之認識，也都源自於心意識的作用。

佛教經典從早期的只說六識，到後來的**解深密經**，以及瑜珈行派唯識哲學的一些主要論說，逐漸發展成比較細分的心意識作用，而在第六識「意識」以外，又增加了第七識「末那識」和第八識「阿賴耶識」。第六識是配合感官產生知覺的作用，另外它也能區別、分析、綜合、組織、統整、推理、思維，概念化，乃至於回憶、想像，產生意志及動機，以及生出感受和情緒、情感的反應等。第六識可以說是直接與外界接觸，發生互動的作用中心，能學習，能接收資訊，能產生經驗，能形成知識，而另一方面，它也能反省，把自己的意念、情緒、情感等作爲省察、研究、了解的對象。人的各種善惡、不善不惡的行爲，也由此直接發動，而造各種業。

在意識運作的時候，總會有個「我」的念頭，在那兒時隱時顯出沒，也如影隨形一般，揮之不去。這是第七識「末那識」的作用所致。第七識是個以自我爲中心的心識，潛伏在心意識的底層，永不停息地運作著。它將第八識「阿賴耶識」看成是恆常不變的實體「我」，在生命的相續流轉中，在尙未證得清淨圓覺的本有性體之前，以此「幻我」聯合前後因果，串聯成生命的時間之流。如能以幻修幻以證眞，亦不失爲一權宜方便的修行法門，但由於它不了解諸法無我的眞理，故產生「我癡」；因執著有「我」，以自我爲中心，故產生「我見」；因爲以自我爲中心，總以爲別人都不如我，產生了貢高我慢的心理，故有「我慢」；又因執著於我，生了貪愛自我的自私自利的心理，所以有「我愛」。末那識的特色是「我癡」、「我見」、「我慢」、「我

愛」的意識很重，（註16）結果也就成為顛倒妄想、煩惱執著的根源，影響了第六識，使第六識在知覺、判斷或起心動念的時候，易生偏頗、錯誤和污染，而造了惡業，也使得理解及知識的產生，有了許多障礙。

第八識「阿賴耶識」又稱藏識或種子識。這是個生命體的流轉的核心，也是個資訊的儲藏所，是可以無限擴充不虞滿載的最大型的超級記憶體，凡是曾經起心動念、一切經驗、一切行為，藉由第六識及第七識的「熏習」作用，都會在第八識留下記憶，留下業力的種子，遇有適當的「外緣」，這些業力的種子，便會「現行」，產生業果。第八識所含藏的種子，有善有惡，也有不善不惡的中性種子，可以說是染淨兼有。教育或修行的目的，是針對這些污染的、惡的種子，盡量不提供他們足以產生「現行」的外緣，以免生起果報，使他們能夠萎縮而退化，不起作用；而對於那些清淨的、善的種子，則盡量提供外緣，使他們能夠「現行」，發揮作用。不但如此，還要在第六識及第七識的作用上面下功夫，使第七識的貪執自我轉變成為平等心（平等性智），使第六識的錯誤、煩惱能夠轉變成為巧妙的知覺、智慧的判斷（妙觀察智），即使他們再回過頭來熏習第八識，也能使第八識無染無垢，恢復其清淨的本體，不再受業力的牽引，成為「大圓鏡智」。這時第八識與佛性無異，乃是如來藏識，智慧圓滿，所有思想、理解和判斷，不但觀察入微、考慮周到、正確無缺，而且能夠利己利人，以智慧的光芒，遍照一切人、一切事，產生深遠的教化作用。

早期佛典，已提倡「戒、定、慧」三無漏學。無漏是沒有煩惱的意思。修習戒定慧，可以從煩惱的輪迴繫縛中解脫，得到身心的自在。戒是遵守戒律，廣義地說是遵行道德的規範，而更廣

義地說，即是「諸惡莫作，衆善奉行」。在實踐戒行來說，最根本的境界當然是在心戒。戒與定是相輔相成的，能持戒的人，有助於其修行禪定，而努力修行禪定，亦可輔助戒行。所謂禪定，著重的還是在於心念的專一精純，而定境正是產生智慧的必需條件。心的散亂漂浮、雜多污染，是使得智慧無法釋出而發揮其作用的障礙。這裏所說的智慧，已經超越一般知識的層次，它涵有能照見宇宙、人生眞理，能夠善用知識以實現完美人生的能力，這其間包含了眞善美三方面的認知和判斷，能排除虛妄、偏頗及不正確的認識及理解，能在一切時一切處做出最適當的決定和抉擇，不但爲己，而且爲人。佛法在此指出的是，一般的知識，或來自經驗，或來自理性的推論、比較及綜合，都只能見到一部分的事實，解決一方面的問題。只有眞正的智慧，能夠整體、周全、深入地如實了解，做出利人利己、於一切時空最圓滿的決定。這樣的最高階層的「知識」，只有在禪定的境界中，始有可能。

佛教在後來（約從西元 50 年至 400 年之間）所出現的重要大乘經典，如*般若經*等，則把戒定慧三學的修習，擴充爲六度（六波羅蜜），即布施、持戒（淨戒）、忍辱（安忍）、精進、禪定（靜慮）、般若。*華嚴經*則更說十波羅蜜，以配合菩薩十地的修行。十波羅蜜即是在上述之六波羅蜜以外，又修習方便波羅蜜、願波羅蜜、力波羅蜜、智波羅蜜。什麼叫「波羅蜜」？依*大智度論*龍樹菩薩之解釋，「菩薩行智慧求度彼岸，故名波羅蜜；佛已度彼岸，故名一切種智。」（註17）意即菩薩依智慧而行，可以由痛苦煩惱之此岸，度到解脫自在之彼岸，故稱「波羅蜜」，意譯是「度」。已度彼岸，已得佛智，稱爲「一切種智」。此種佛智，即是對一切存有，都能夠如實明了，也就是已能得知「諸

法實相」。而欲得此諸法實相，則必須已先斷除一切煩惱，一切的習氣，使我們本具的「慧眼」獲致清淨，毫無障礙，得以充分而自在地發揮其作用。而欲斷除諸煩惱（漏）及習氣，則必須修習、實踐布施、持戒、忍辱、精進及禪定等。

布施之音譯爲「檀波羅蜜」或「檀那波羅蜜」（波羅蜜或譯波羅蜜多）。布施是修行大捨，凡是所有能施，施與眾生，而無吝惜。施有財施、法施、無畏施等。財施又分內、外。外財如財穀、倉庫、金銀摩尼、眞珠琉璃、珍寶瓔珞、象馬車乘、人民城邑、聚落園林等，內財如頭眼手腳、血肉骨髓、身體各種器官等。（註18）所謂法施，即是以眞理、知識、技能，教導眾生，開發他們的智慧，引導健康的生活觀念及方式，使眾生獲得利益幸福。教育工作主要是一種法施。無畏施是幫助眾生，使他們免於恐懼和焦慮，獲得信心，身心調適，重建生活的勇氣。布施是菩薩行的重要特質之一。菩薩行則是修己善群、自他兼利，而不爲自了漢。布施能破慳吝之心，減少煩惱，有益於持戒，更能增益精進及禪定。持戒原來音譯爲「尸羅波羅蜜」。持戒之人，無事不得，破戒之人，一切皆失。（註19）所謂五戒，不殺生、不盜、不邪婬、不妄語、不飲酒，實即五大布施，也是對他人生命、財物及人格的尊重。（註20）忍辱譯名是「羼提波羅蜜」。若遇有人對我惡口責罵，甚至以刀杖加害，不生瞋恨之心，也不起惡口；若遇有人對我恭敬供養，我也不生愛心。這兩種都名爲「生忍」。瞋恨或貪愛，都能生煩惱，不可不愼。能忍即是「善心」，是一種「粗善心」，而禪定則是一種「細善心」。對於「諸法實相」，一切宇宙及生命的眞實情形，都能了解、接受、心信而不移，則是另一種忍稱爲「法忍」。（註21）身心精進而不懈怠，即是「毗梨耶波羅蜜」，意譯「精進」或「精進波羅

蜜」。欲成佛道，需福德及智慧兼備。行施、戒、忍是求福德，而欲求智慧，得般若波羅蜜，知一切諸法實相，則需修禪定，而修禪定必須有大精進力，始能有成。（註22）為什麼呢？

> 欲界亂心，不能得見諸法實相，譬如風中然燈，不能照物；燈在密室，明必能照。是禪定智慧，不可以福願求，亦非麤觀能得。要須身心精勤，忍著不懈，爾乃成辦。如佛所說，血肉脂髓，皆使竭盡，但令皮骨筋在，不捨精進，如是乃能得禪定智慧。（註23）

佛陀曾經告訴阿難，人若能夠愛樂修行精進，則無事不得，包括能得至佛道。所謂精進，先要有強烈的動機，其次是身心不懈怠，不放逸，持續努力，這需要有意志力。當然也要有個正確的目標。

禪波羅蜜，或譯禪那波羅蜜。龍樹菩薩云：

> 菩薩因此發大慈悲心，欲以常樂涅槃利益眾生。此常樂涅槃從實智慧生，實智慧從一心禪定生。譬如然〔燃〕燈，燈雖能然〔燃〕，在大風中，不能為用，若置之密室，其用乃全。散〔亂〕心中〔之〕智慧亦如是：若無禪定靜室，雖有智慧，其用不全，得禪定則實智慧生。（註24）

禪定是攝散亂心，使能專一純淨。欲修禪定，須先「呵五欲，除五蓋」。五欲是色欲、聲欲、香欲、味欲、觸欲，此五欲應當適當調節，即是「呵」。五蓋是貪欲蓋、瞋恚蓋、惛眠蓋（睡眠蓋）、掉悔蓋、疑蓋。貪欲，憤怒，過度睡眠，心神掉散躁動（掉）或不應作而作，應作而不作以致心常憂惱畏怖（悔），對真理心常懷疑（疑），這五者常會覆蓋心性，使善法不生，影響定心。除此之外，修習禪定，也要調節飲食，在生活中要有適當的身體活動，使動靜均衡，此即調身。生活要單純而有規律，

避免涉入複雜的俗務雜事。要練習正確的呼吸方法,使能身心調適,此即所謂調息。最後要學習調心,使心念止息於一處,能生善法。例如可修習「數息觀」,把心念集中於呼或吸;修習「觀身不淨、觀受是苦、觀心無常、觀法無我」的「四念住」;或持誦佛名,一心不亂;或參話頭,以非經驗、非思維的直觀法,直探「如何是父母未生前本來面目?」「我是誰?」等等。

六度所說般若,應含十度中第六般若波羅蜜、第七方便波羅蜜、第八願波羅蜜、第九力波羅蜜、第十智波羅蜜。觀*華嚴經*中所說,入地菩薩修習此種種波羅蜜,得各種甚深智慧。六地菩薩觀緣起法,了悉有為法(現象界)有許多缺憾,但因大悲心不捨眾生,即得般若波羅蜜現前,名為無障礙智光明,雖觀有為法自性寂滅,但不住寂滅中。七地菩薩常於念念中具足十波羅蜜,不為世間煩惱過失所染;如來所呵,皆已捨離,一切善業,常善修行。此地菩薩以方便波羅蜜偏多。八地菩薩住不動地,一切心意識行皆不現前,但仍未得佛十力、十八不共諸佛之法,為悲憫、利益眾生,復精進勤修佛智,故以修習願波羅蜜為主。由八地進入九地,因修習佛智故,能知眾生心種種相、諸業種種相,善能演說,辯才無礙,樂說不倦,因材施教,是大法師,也是大教育家。能以一音演說法,令聽者隨類得解,各得歡喜。此地菩薩以力波羅蜜最勝。十地菩薩以一切智,知一切集(成因),知微細智,入如來秘密處,知入劫智(時間與存有之互相涵攝),知所入智(空間與存有之互相涵攝),得不思議解脫,能容受佛一切法明、法照、法雨,而安受攝持,已得神通自在。但是與如來境界相比,仍然遠不能及。(註25)故六度之般若波羅蜜涵蓋*華嚴經*中十度之六、七、八、九、十等五波羅蜜以外,尚包含佛智在內,而此佛智只有佛與佛始有,故稱「不共」其他菩薩,更非聲

聞、緣覺所能及。此在**大智度論**中亦有論及。如燈照暗室，菩薩智慧固已甚爲明亮，但與佛之智慧相比，菩薩智只爲小燈，佛智則爲大燈，倍復明亮。（註26）

第四節　知識教育的原理

求眞知是人生重要目標，須終身努力以赴。能活到老，學到老，是何等幸福之事，因爲如此則能與時俱進，不但吸收新知，增廣見聞，而且圓成智慧。能圓成智慧，則可圓成人格，亦可圓成人生。孔子說：「知者不惑，仁者不憂，勇者不懼。」（註27）此三者，知爲基本。知不但可以燭理，而且能勝私，（註28）是立身的根本。

知有感官之知，可認識環境，並與環境交通，是建立生活世界之基礎。但愼防浮泛表象之知，污染扭曲之識。知又有理性之知，探尋萬法理則，涵統抽象思維，建構邏輯世界，並以是爲人係萬物之靈的表徵。但是，經驗世界固然多變，理則結構不也如空花、如幻月？物的存在，是有，但是假有；語言文字的世界，也是一種假有。對於生活在經驗世界中的我們，這些假有是必要的，是重要的。我們要先學習他們，熟練他們，在多變無常，如空幻有的生活世界中，充實自己，發展生活的智慧，然後超越這經驗的、表象的、假有的生活世界，。禪宗六祖惠能大師云：「佛法在世間，不離世間覺，離世覓菩提，恰如求兔角。」（註29）超越世間，不是逃離世間，而是把世間事做好，才是超越。超越不是好壞的分別，而是在於心有無解脫。心之解脫，是要在

世間生活中去練習。不排斥感官知，但是要了解其優缺點，善加
應用，如此在生活中練習，水到渠成之時，就得到感官之知的智
慧。當然也不排斥理性之知，但人的邏輯思維有其限制，抽象分
合同異也有偏頗可能，不一定能見到事實眞相。而所謂良知或直
觀，我們也往往分不清這眞是我的良知，或只是妄想執見？人的
思維及直觀洞見能力的運作，有許多深淺，又有染淨交雜的問
題，如何能肯定這是我的眞正圓覺明性之圓滿智慧之運作？如其
不是，如何保證沒有缺漏、邪見？（註30）這也需要不斷地練
習、修正，練習再修正。

　　人有感官經驗、理性思維，但這應被運用爲認識眞知之工
具，而非誤導認識的負擔。知識教育的首要任務，在於訓練五根
（眼耳鼻舌身）的敏銳觀察，而配合於五根的，則是清淨的意
識。所謂清淨的意識，即是正念：如實知覺，不摻雜好惡、貪
瞋、成見、偏見。如何感覺，如何吸收資訊，則如何知覺。先還
給知覺一個本來的面目。此在唯識學稱爲「妙觀察智」。人的意
識的知覺作用，因此返還到它原本的狀態和作用：不受自我偏狹
貪愛慢疑性格的影響，也不受雜染業種子的影響。自我偏狹的貪
愛慢疑性格，來自於第七識的不清淨，而雜染的業種子則是存於
第八識中。意識作用原本能反省。反省也是對自己一切心意識活
動的觀察知覺。在此也要做如實觀察、知覺。沒有雜染業種子的
現起干擾，沒有自我之自大偏私多疑性格的干擾，意識便能如實
知覺外界事物，也能如實知覺自身內在一切精神活動。如實知
覺，即是身處在被知覺對象的感覺閾內，多麼親近、親切地感
知，而又能跳脫這整個知覺活動。任何的知覺，我總是更高一層
地、超越地清楚觀察、知覺那個知覺。我的苦樂，我的念頭，我
的感受、思想及意志，總是那麼清晰地若即若離、非即非離。我

像是當事人，又像是旁觀者；既非當事人，亦非旁觀者。

在這樣的禪定中，不妨仔細如實知覺宇宙的消息和生命的脈動。宇宙的理則，和生命的理則，不是我去想像或想成的那個樣子，而是他們那樣子呈現，我如是知覺。周邊的人事物亦皆如此。

這樣不去預設立場，無有成見、無己無私、不貪不恚、不援引抽象觀念、不有好惡的自然知覺，即是直觀。在純然的直觀當中，心靈之本覺妙明，即是那第八識的清淨本體，所謂如來藏識，即能發揮其妙用。完滿的洞見力，完滿的預見力，完滿的判斷力，以及完滿的實踐意志，就能產生。圓滿的生命，於焉可能實現。

故教育也者，在求此本具智慧能力之釋出。而其初步，尚在教導學生如何觀察、如何知覺、如何思維。教導之方，是引導其練習以清淨感官及意識，如實看、聽、嗅、嘗、觸，如實感覺，如實了解。外在的經驗材料，並不像康德所說的那樣完全雜亂無章。但其理則也不是那麼簡單而明顯。因為萬象繁雜，虛幻多變，很易攪擾本心，故要習定。習定才能在亂相中看見眞實。內心亦繁亂，往往如心猿意馬、風飄棉絮，故亦只在定中能摒除貪愛、偏執、憤恨、我慢、多疑，而使意識作用存其上善作用。我之知覺是否純正？我亦常省察知覺之。我之思維是否合於理則？我亦常省察知覺之。

孔子曾謂：「博學之、審問之、愼思之、明辨之、篤行之。」（註31）又說，學之弗能弗措，問之弗知弗措，思之弗得弗措，辨之弗明弗措，行之弗篤弗措。（註32）而此求知之過程，都須以清淨意識行之，始有所得。**大學**亦謂：知止而后有定，定而后能靜，靜而后能安，安而后能慮，慮而后能得。知止，即知學之

所以要達到之目標。此目標，應即是求得眞理。而欲達此目標，先學定、靜、在定、靜中始能維持心靈之平靜靈明，而乃能思慮，而始能有所悟有所得。

欲求眞知，謙虛的心態至爲重要。謙虛才能有足夠的空間，容受眞理，也才可能專一而安靜。蘇格拉底說：「我非智者，愛智者也。」（註33）孔子說：「吾有知乎哉？無知也。」（註34）又說：「知之爲知之，不知爲不知，是知也。」（註35）因爲謙虛，所以才會願意親近善知識，受到良師益友之教導及潛移默化的好處，也才會從經典中與古昔聖賢交談，心領神會，得到啓發。一般人的智慧是被封閉住的，良師益友，或古或今，可幫我們清除障礙，開啓那道智慧之門。

關於虛心，莊子也有很好的解說。莊子「人間世」篇述顏回問「心齋」於孔子。「仲尼曰：『一若志，無聽之以耳，而聽之以心，無聽之以心，而聽之以氣。聽止於耳，心止於符，氣也者，虛而待物者也。唯道集虛。虛者，心齋也。』」一若志，是心不雜亂。若是以心聽，心易攀緣，氣則無情慮，虛柔任物，不師己心。「應帝王」篇亦云：「……無爲知主，體盡無窮，而遊無朕。盡其所受於天，而無見得，亦虛而已。至人之用心若鏡，不將不迎，應用不藏，故能勝物而不傷。」不將不迎，用心若鏡這八個字，最能鮮活說明虛壹而靜、不爲知之主導的虛心認識哲學。謙虛不等於虛心。虛心則更近於心之定境，即所謂「虛壹而靜」。

正確的感官之知，配合正確的理性思維，可以發展爲科技知識，厚利衆生，促進文明進展。但科技與文明雖解決人類許多生存及生活的問題，卻也有其他重大問題懸而未決。此有待智慧。

智慧並不排除感官經驗及理性思維。智慧含藏後二者，善用

後二者，而且超越後二者。智慧是深明了然宇宙及生命實相，就人類立即的、以及長遠的幸福，來考量一切的作爲。智慧的發掘，要深入人類心靈那本初的善之可能根源，發現並恢復其功能。故智慧的發揚，是人性化而且人文化的教育，所要努力去實現的目標。因爲它引發自人性中之稟賦，而且其發揚光大，最有益於人類個體及群體之福祉與生命之充實。

　　科技的知識，數理的知識，以及其他的各種科學方法之產物，造就了物質世界的金碧輝煌，而物質的滿足，無可諱言，也能在相當程度安慰了人類孤寂、漂泊而無奈的心情。我們應向科學家致敬。但是，人類尚有許多無明的煩惱，根深蒂固地在午夜夢迴啃噬身心，像無盡期地淌著血的無以康復的傷口。這些苦痛，也連累、波及科技的成就，使得文明帶來的光輝及喜悅大打折扣。這些根本的流轉不已的煩惱，只有發展生命的智慧，生活的智慧以及超越時空的智慧，才能獲得紓緩或解決。這正是今日知識教育尚待積極努力之處。

附　註

註1：有關於柏拉圖之「知識」（或「眞知」）與「意見」之區別的討論，參閱其所著*理想國 (The Republic)*一書第五章內蘇格拉底與格勞康 *(Glaucon)* 之對話。英譯本有 *Paul Shorey* 所譯，**The Republic** *(Loeb Classical Library, 1953〔1930〕, Books* V , VI , VII；或 **The Republic**, *trans. Benjamin Jowett, Books* V , VI , VII *(Oxford: Oxford University Press, 1896)* 等等。

註2：參閱柏拉圖，**理想國**一書，第七章。

註3：同上。

註4：可參閱⑴ *Rene' Descartes,* **Meditations on First Philosophy,** *trans. from the Latin by Donald A. Cress (Indianapolis, Indiana: Hackett Publishing Company, 1979〔1641〕,"Meditation Three,"pp.23-24。*⑵ *W. T. Jones,* **A History of Western Philosophy: Hobbes to Hume,** *IV (New York: Harcourt, Brace & World Inc., 1969), p.165。*⑶陳迺臣，**教育哲學**（台北：心理， 民90〔79〕），頁117。

註5：如哲學史家 *W. T. Jones* 即認為此一推論，至少有二瑕疵。⑴我們真的有一個清晰的、關於這無限而完美之存有體的觀念嗎？⑵就算我們有這樣的觀念，難道神存在是唯一可能的「因」嗎？參閱上註⑵。

註6：*Rene Descartes,* **"Rules for the Direction of the Mind,"** *trans, Haldane and Ross, in* **The Philosophical Works of Descartes** *(Cambridge University Press, 1931). pp.7-9。*

註7：*Rene Descartes, "Discourse on Method," trans. Haldane and Ross, in* **The Philosophical Works of Descartes** *(Cambridge University Press, 1931), p.87.*

註8：參閱 *John Locke* 所著 **An Essay Concerning Human Understanding** *(Oxford: Oxford University Press, 1990〔1975, 1689〕)，*第一及第二章

(*Books* Ⅰ，Ⅱ)。

註9：參閱上書第二章 (*Book* Ⅱ)。

註10：參閱 *George Berkeley,* **Three Dialogues Between Hylas and Philonous,** *(Indiana: The Bobbs-Merrill Company, 1979〔1954, 1713〕, First Dialogue and Second Dialogue*。

註11：*David Hume,* **A Treatise of Human Nature** *(Oxford: Oxford University Press, 1981〔1978, 1739-40〕), Book* Ⅰ*, Part* Ⅰ*, Section* Ⅰ。

註12：參閱 *John Locke,* **An Essay Concerning Human Understanding ,op. cit.,** *Book* Ⅲ，以及 *David Hume,* **An Enquiry Concerning Human Understanding** *(Indianapolis: Hackett Publishing Company, 1980〔1977, 1748〕, Section* Ⅱ － *of the Origins of Ideas.*

註13：*Immanuel Kant,* **Critique of Pure Reason,** *trans, Norman Kemp Smith (London: Macmillan, 1964〔1929, 1781〕), I, Part* Ⅱ*, Book* Ⅰ*, Ch.* Ⅰ*, section 3, 8. 106*。

註14：**佛遺教經**。

註15：**佛說四十二章經**。

註16：參閱世親菩薩著，**唯識三十頌**。

註17：龍樹菩薩著，鳩摩羅什譯，**大智度論**，卷第十八「釋初品中般若波羅蜜」。

註18：參閱**大方廣佛華嚴經**，實叉難陀譯，卷第三十四，「十地品」第二十六之一。

註19：**大智度論**（第二冊）卷第十三，「釋初品中尸羅波羅密」。

註20：同上。

註21：同上，卷第十四，「釋初品中羼提波羅蜜」。

註22：同上，卷第十五，「釋初品中毗梨耶波羅蜜」。

註23：同上，卷第十五，「釋初品中毗梨耶波羅蜜」。

註24：同上，卷第十七，「釋初品中禪波羅蜜」。

註25：參閱**大方廣佛華嚴經**，卷第三十四至三十九，「十地品」。

註26：**大智度論**，卷第十八，「釋初品中般若波羅蜜」。

註27：**論語**，「子罕」，9:28。

註28：朱子註孔子「知者不惑，仁者不憂，勇者不懼」之語意。

註29：**六祖壇經**。

註30：參閱**大佛頂首楞嚴經**。

註31：**中庸**，第二十章。

註32：同上。

註33：**柏拉圖對話錄**「自辯」篇中，蘇格拉底的自述。 *Plato, "The Apology," trans. Benjamin Jowett, in* **The Harvard Classics** *(Danbury, Conn.: Grolier, 1980), pp.9 f.*

註34：**論語**，「子罕」，9:7。

註35：**論語**，「為政」，2:15。

第 五 章
道德論與教育

第 五 章
道德論與教育

第一節　倫理、道德、道德哲學

一、倫理與倫理學

　　有關「道德學」或「倫理學」，以及「道德」、「倫理」等辭語的涵義及用法，在黃建中先生所著的 **比較倫理學**（註1）一書中，有詳細解說。他說，人群相待相倚的生活關係叫「倫」；而人群的生活關係中，範定行爲的道德法則，叫「倫理」。所謂「倫理學」即是「察其事象，求其法則，衡其價值，窮究理想上至善之鵠，而示之以達之之方。」（註2）許慎 **說文解字** 解釋「倫」爲「輩」（註3）段玉裁的注則說：「軍發車百輛爲輩，引伸之，同類之次爲輩。」段注的重點在於「同類之次」的「次」字，應是有次序的意思。故「倫」是「有次序」之義。段注又說：「鄭注曲禮、樂記曰：『倫猶類也』」，所以「倫」又有「同類」的意思。許慎解「倫」又說：「一曰道」，意思是說，「倫」的另一義是「道」。而「道」是什麼呢？段玉裁說：「小雅，有倫有脊。傳曰，倫道，脊理也。論語，言中倫，包注，倫，道也，理也。按粗言之曰道，精言之曰理；凡注家訓倫爲理

者，皆與訓道者無二。」（註４）此段的意思簡單地說，倫就是道，道就是理，而注釋家之解釋倫為理，就像解釋道為理一般無二，所以倫也是理。總而言之，「倫」有「次序」之義，也有「同類」之義，又有「道」與「理」之義。

　　不僅如此。在**說文解字**中，許慎也釋「群」為「輩」，和釋「倫」為「輩」同，所以黃建中氏推論，「倫」也含有「群」的意思。「群」不應是烏合之眾，而應該是一個有組織、有官能、有生命、有意志的「有機體」。人生息在群體中，彼此交互織入群體，構成共同生活的關係，便是「倫」。而所謂「倫理」，便是在人群生活的關係中，範定行為的道德法則。（註５）

　　西方哲學中的「倫理學」，英文名為 *Ethics*，源於希臘文 *Ta'heka (ta ethica)*，有品性與氣稟 *(character and disposition)* 的意思，也與習慣及風俗 *(habit and custom)* 有關。（註６）黃氏指出，倫理學在西方哲學中同於道德哲學。道德哲學的英文為 *moral philosphy*，源於拉丁文的 *philosophia Moralis*，複名 *Mores* 是習俗的意思，而其單名 *Mos* 則為品性之義。（註７）總西方語源研考之，倫理或道德，都有個人的品性氣質，以及群體的風俗習慣等雙重涵義。黃建中氏將西方倫理學與中國的理學、道學作比較，認為其間有相通之處，但是理學、道學，除了人理，更上溯天理或天道，故範圍較西方倫理學專講個人品德與群體關係者為廣。（註８）此論固有幾分道理，不過西方倫理學亦多有與形而上之至善（如柏拉圖）或與上帝（多數篤信基督教之西方哲學家，如康德即是）並論，不能一概而論也。

　　黃建中氏之定義「倫理學」為：

⑴研究〔個人〕行為與品性之學；

⑵研究終鵠或至善之學；

(3)研究道德律及義務之學；

(4)判斷正邪善惡之學；

(5)研究人類幸福之學；

(6)研究道德覺識之學；

(7)研究道德事象之學；

(8)研究道德價值之學；

(9)研究人生關係之學。（註9）

二、三種道德研究

西方哲學的研究，倫理學是其重要領域，它是對道德 *(morality)*、道德問題 *(moral problems)* 以及道德判斷 *(moral judgment)* 的哲學思考，它即是道德哲學。（註10） 道德哲學的興起，是我們人類對於傳統的規範的指引，產生了批判和檢討，因此由原先已經在內心內在化了的道德律則跨出，進一步反省、思考，以再造新的、自律的道德規範。此一過程，即道德哲學的研究之過程。

一般而言，現代的道德之研究，包含三個主要的部分：

㈠**描述的倫理學** (descriptive ethics)

依人類行為，描述道德的經驗，如動機、欲望、心向、外顯的動作等等。又可分個人道德與社會道德。描述倫理學亦描述道德的現象，或進一步形成一種有關倫理的人性理論。此種工作，多為歷史的或科學的研究，研究者包含歷史學家（描述過去的道德現象）、人類學家（描述不同種族的道德現象）、社會學家（描述個人在社會中的道德行為及社會規範之諸問題）以及心理學家（描述個人道德行為的各種心理現象）。如現今心理學界甚為流行之柯爾堡 *(Lawrence Kohlberg, 1927-1987)* 的道德認

知的研究，即是屬於描述的倫理研究，縱然他也援引了康德的若干道德哲學。另外皮亞傑 *(Jean Piaget, 1896-1980)* 的道德認知之實驗，也可歸屬於此領域，但皮亞傑的學說，已有較濃的形而上的味道。

㈡規範的倫理學 (normative ethics)

　　是哲學家對道德行為的價值判斷和選擇，提出「應然的」原理，而形成為道德實踐的基礎。例如「殺生是不對的」，即是一種規範性的倫理學的命題。當然，哲學家提出某些道德規範的同時，也往往會說明理由。他們也可以就個案或通則，做一些論辯，討論何者為善，何者為不善，然後形成規範的判斷，以為結論。規範倫理學不是哲學家的專利，通常宗教也提出道德規範，並提供具有說服力的教理基礎。法律的規定基本上也提供行為的規範，而且附帶強制性的罰則。

㈢分析的、批判的、或形上的（後設的）倫理學（ analytical, critical, or meta-ethical ethics）

　　是對倫理的討論、辯護和推理中所使用之字、辭、句和概念，進行邏輯的及意義的分析。這一類哲學家並不提出什麼道德的規範和原理，而只單純做哲學分析和重新定義的工作。例如「善」的意義是什麼？「倫理判斷」*(ethical judgment)* 是什麼？「道德」的本質是什麼？「自由」或「負責」的真義是什麼等等。

三、倫理與道德

　　倫理學就是道德哲學，其理由已如前述。但是，倫理是否即等於道德呢？觀黃建中先生之 **比較倫理學** 一書，雖未有一言說倫理即是道德，但他在書中卻將此二詞互用，故氏應是認為二者乃

同義。論者或謂，倫理重人際關係之理則，但道德何嘗不然？若是除去了人際關係，再除去人天（人神）之關係，則談論道德又有什麼意義呢？所謂「道德」，並不是個獨立自存的客觀實體，而是依附在人生、人際、人與群體、人與天（神）等的種種關係而存在。倫理自是亦然。

其次，倫理談理，談理則，而理或理則也即是道，上已述之。道德之道，亦即理則、軌範。倫理與道德，在此似無二致。

再者，倫理有其外顯行為的實踐，也有內在的心理過程，如動機、意志、情緒、情感、情操、感受、認知、判斷、智慮等等，而道德亦然。道之顯於外在行為而有具體表現者為德。道德既兼有心理過程及外顯行為，而當然亦產生行為的後果，如倫理然。

最重要的，二者都是在助成人性之善端的實現，並體現生命至善的境界。故無論在內涵或外延，我們很難找出倫理與道德二辭之差別。在本書中，倫理與道理二者互用，而倫理教育與道德教育亦視為同義而互用。

第二節　道德質素析論

一、道德質素的分析

對道德之「善」的概念，以及對「道德」此一概念，現代英國之邏輯原子論者 *(Logical Atomists)* 及邏輯分析哲學家 *(Analytic Philosophers)*，如羅素 *(Bertrand A. W. Russell, 1872-1970)* 及摩爾 *(G. E. Moore, 1873-1958)* 等人，深受洛

克《John Locke, 1632-1704》的影響，認爲這一類概念乃是「簡單觀念」《simple ideas》，不能再予分析，因此也無法以語言文字加以定義。此論之是否正確，姑不討論。即使無法定義，仍思以省思及體驗所得，勉強析論道德之精神活動的過程如下。

道德含有認知、形成觀念、省思等內在的精神活動，其主要的作用活動過程及相關質素爲：

㈠注意外來的訊息，予以知覺。

㈡綜合外在各種訊息，作情境的綜合了解。

㈢原有的道德觀念或善惡的價值系統，開始作用。

㈣將外在情境與旣有之道德價值觀念系統作彼此參照衡量。

㈤在內外的互通互動中，或以旣有價值體系，直接研判外在情境，而作出決定，並採取若干的實際行動；或者對旣有價值系統作若干修正、調整，改變原有的價值結構、階層、關聯及內涵以後，再對外在情境做出反應。

㈥以上的這些認知及省思的過程，仔細分析，實際尙包含了所謂「良心」的作用（如果眞有「良心」這個東西的話）。良心是孟子所說的「善端」嗎？若是，那麼它即是與生俱來的。那麼，現在要問的問題是，在道德認知及判斷的當兒，它是否已然充分地「擴而充之」？良心是「佛性」嗎？如果是，那麼它本來清淨、靈明具足，問題是，它是否受到無明妄念之污染，以致無法發揮其明辨善惡、智慮圓滿、即知即行之作用？「善端」是有待維護、培養和發展，始能完成，而「佛性」則已本來圓滿，只是常受妄心蒙蔽，故須祛除妄心之雜染，以恢復人性之本來面目。發展完成的「善端」以及恢復本來清明的「佛性」，都是兼攝善行動機、判斷智慧及實踐意志三者。他們都不是把知與行分成兩件事來看待的。蘇格拉底及柏拉圖之「理性」，也都是善知、善念

與善行合而爲一的。三者缺一，就不是完全的道德的「理性」。

　如果「良心」是弗洛伊德 (Sigmund Freud, 1856-1939) 所謂的「超我」(super-ego)，那麼良心就不是天生而有的，而是因爲後天家庭的教養、或學校的教育、或社會的其他有力因素，逐漸熏陶、影響而形成的。所以一個人的良心，可能有父母嚴厲的或慈祥的教誨的影子，有師長訓示或輔導的某些成分，或者再增加一些其他人物，如好友或偶像的價值觀在裏面。弗洛伊德的「良心」不是全能的，因爲它往往執著於道德規範甚至教條，至於如何把這些道德規範實行於生活中，不使自己的欲望受到壓抑，又能符合生活世界可容受接納的標準，還須依賴另一個重要的精神作用「自我」（即「現實我」）的幫忙。「自我」類似亞里斯多德的「實踐的智慧」（或名「實踐的理性」），它能把道德的觀念，化成爲道德的行爲。對亞里斯多德及弗洛伊德兩人而言，道德的知與道德的行，是兩回事。對他們而言，良心只是觀念，或只是知的層次，而判斷及實踐，則須依靠實踐的智慧及意志。

㈦良心有沒有摻雜情感的成分在內？或良心是一，而情感是另一？私欲和情感是二是一？道德價值的優先順序表，是否常受情感的影響才做出決定？或者它永遠是一個獨立作業的、純粹理性的順序表？康德大概是屬於後者，因爲他把良心視同理性，把道德原則視同絕對無上命令 (categorical imperative)，意志（自由意志，free will）是另外一個道德實踐之要素，而情感不與焉。但是孟子則不然吧！孟子的良心是善端，是不忍人之心，是仁心，是他的「義」的概念，那麼他的道德律則，正是建立在人與人之間這種本有的無條件、不考慮功利的關懷情感上面。

　所以，情感也可能是善的或不善的。情感不見得如康德那

樣，非要完全摒除不可。

情感和情緒不同。情緒是無明的、衝動的、漂浮的。情緒的歸宿應該是平靜。情感有清淨有雜染，而被污染的也可加以淨化。「慈」、「悲」、「喜」都可以是情感，而「捨」卻是情緒之否定，是情緒的平靜。盲動的、無明的、自怨自艾或怨天尤人的情緒，或者是貪愛的情緒，都應導之於平靜，這是捨。無限的平靜心，即是「捨無量心」。不好的情感是私欲、僞善、憤恨、嫉妒、貪著、自大等等。

(八)道德的發展，雖可能始於認知和觀念形成，但最後的學習（或教導）之效果，應該是表現在人的整個「人格」上面。關於這一點，美國心理學家克瑞斯沃 *(David Krathwohl)* 之「情意領域」 *(affective domain)* 的學習目標之階層論，甚有見地。現在將他的分析略作歸併、重組如下：

1.注意、察覺、接納外來的訊息。這已經有感覺、知覺和選擇的過程在內。人不是對所有外來的訊息都作反應，他選擇一、二予以注意，而對其他訊息則視而不見、聽而不聞。

2.對於已經選擇並接納的訊息，可能進一步認定其價值，認爲這種接納是值得而且有意義的。但在接納訊息以後，如認爲不值得珍視，則不會如此進一步賦予價值 *(valuing)* ，賦予意義。

3.其次，要把這個「新進的」價值，納入這人原有的價值系統當中，互相參照、調整，此時，原有的價值系統可能會產生若干結構性的改變，包括各個價值的關係以及價值優先順序排列的改變。

4.因爲此人接納並重視此一新的價值，在言行上重複表現出來，致使此人無論在觀念或行爲上，都與此價值產生越來越密

切的關聯，而此人對這新價值的認同程度也越來越高。

5.最後，此價值終於「人格化」了，亦即是，此一價值已經或正在成為此人的人格特質的一部分，成為他行為特色之一，此一價值與他的人格融為一體，密不可分，此一價值也成為此人標誌之一。這是情意學習最後的、無可再超越的發展階段，也是道德價值學習的最高階段。

二、道德質素綜納

綜上所述，「道德」之重要質素歸納為三：

㈠良心：相關或類似的用語有良知、理性、善端、佛性、超我等等。這些辭語並不等同。相同之處，各詞都含有道德的價值觀念或道德的規準；不同之處是，有的含有完全的道德理型，並有完美的道德判斷之智慧及實踐之意志，如「佛性」，王陽明之「良知」、及蘇格拉底、柏拉圖心目中之「理性」；有的是含藏著可能發展成完美智慧及善行的潛能，如「善端」；有的只含道德規準，卻非有智慧判斷及實踐意志，如「超我」。而康德之實踐理性，和亞里斯多德的實踐智慧一般，將普遍的道德律則與實踐意志分別討論，彼此關係密切，但卻是兩件事。

㈡情感、情緒及本能：一方面能產生貪愛、執著、瞋恚、傲慢等心，而在另一方面，亦可能產生惻隱、羞愧、關懷、慈悲等心。有時波浪起伏，甚至波濤洶湧，而有時則是撥雲見日、平靜無波。情感、情緒或本能，若是淨化或昇華，則可如春雨和順、滋潤萬物，否則便如狂風巨浪、淫雨不止，造成禍害。所謂智慧的考慮及判斷，亦需要平靜的心緒和慈悲的胸懷，始有可能。在貪恚我慢的偏執中，或激情震撼中，如何可能作出智慧的判斷？

㈢實踐：由上㈠及㈡所引發之身體、語言及意念三方面的作為或

行動，可善亦可惡。凡是善的作爲，或止惡袪惡的作爲，即是道德之實踐。

第三節　道德演進與社會

一、道德的形成

　　道德是社會的主要維繫力量。在個人出生於社會中時，道德已然存在，就像他出生之時已有語文或國家一樣。個人出生以後，受到了既存的道德的影響，他也逐漸進入已有的倫理體系當中，並且與之產生交互的作用。而在個體離開這個社會以後，道德或倫理體制仍然繼續存在。道德的社會性，還不僅僅因爲它統理著人與人之間的關係，而且也因爲它的根源、約束力及功能，都與社會有關。道德從某個角度來看，可以說是社會的工具，用來引導個人以及社會中的團體。（註12）

　　然而，在個人出生以前，道德或倫理又是從何而來？如何形成？從人類倫理的歷史來觀察，其形成的可能方式有二：一、自然演進而形成；二、在演進過程中，有一、二位或少數有智慧的先知先覺者，領導並率先制定了倫理系統。無論是純粹的自然演進，或純粹由先知先覺者所制定，或兩者兼而有之，一個倫理系統之所以能夠存在、發揮作用並持續存在，甚至發揚光大，一定有它所以能夠如此的原因及條件。倫理制度之持續的基本條件是：㈠能維持群體相當程度的秩序、和諧及安定；㈡能提供個體適度自由及發展的空間；㈢能提供個體及群體相當程度的繁榮及進步。

　　這樣的制度，有些哲學家認爲，必須合乎「天理」或「天

道」。然而此「天理」或「天道」又是從何而來？「仰以觀於天文，俯以察於地理，是故知幽明之故。」（註13）這是指對宇宙及自然觀察及體察的重要性。體察以後，又揣摩而效法之。所以說：：「天地變化，聖人效之。天垂象，見吉凶，聖人象之。」（註14）而老子亦云：「人法地，地法天，天法道，道法自然。」（註15）遠古歷史的一個有名的例子，便是伏羲氏，「古者包犧氏之王天下也，仰則觀象於天，俯則觀法於地，觀鳥獸之文，與地之宜，近取諸身，遠取諸物，於是始作八卦，以通神明之德，以類萬物之情。」（註16）所謂天理，應該是人類能夠據以生存、存續發展，並據以創化的道理，而不是會產生耗損、征伐、相殘、濫用以至於毀滅者。我們可以說，在天道中有人道存焉，在天理中有人理存焉，此之謂人文。

但是，除此之外，道德或倫理之所以能產生、形成，尚有一個重要而不可缺少的原因，那便是在人的性靈中，早已潛存著道德的根性。若缺乎此，道德的觀念及行為均不可能產生。因為有此根性，所以才能在仰觀宇宙及大自然之時，體會出天道；才能在俯察同類及萬有當中，體悟出人與人，人與他類，乃至與他物「應該」如何相處始為「最善」、「最為道德」。無怪乎康德要說，「在上者日月星辰，在下者我心中的道德良心。」天理、天道若是存在，亦須有此人心去體會，所以人心至為重要。由是綜納道德形成的要素如下：

㈠宇宙、自然之理（法則）；

㈡人心之需求及體悟（良知或良心）；

㈢人類生存及發展之需求，表現為社會群體之共識及自我約束。

二、習俗、法律與道德發展

在一個社會中，除了道德是規範行爲的機制以外，法律及習俗也屬於規範的系統。這三者彼此關聯，有重疊之處，但是並不相等。習俗往往累積相當時日的道德觀念和作法，但也摻雜了一個社會發展歷程中的文化成分，包括宗教的成分在內，時日旣久，其道德的意味以及所以如此作爲的精神旨趣，漸被遺忘，而變成爲偏重表象、形式、方便、禁忌或休閒趣味的作法。隨著歷史的腳步，有些習俗也可能成爲新時代、新生活情境中突兀而不調和的一面，但有時也會保留一些舊時代的美德，成爲人們懷舊、戀舊、感恩及追念的憑藉。

法律具有強制力，此爲道德所欠缺。有時習俗的力量大過法律。在三者當中，道德的觀念和規律，似最不具有強制的力量。抽象的道德觀念及規範，應該融入教育、習俗、法律、和宗教等活動和運作中，才能具體化、生活化、社會化，而產生其影響力。法律的訂定，基本上不應違反道德原理，而且也應顧及社會的善良風俗。但是一些爲道德所不贊同的行爲，在法律中可能不做約束，而一些法律所積極約束的行爲，卻可能在某一層次的道德認知，獲得寬容。法律是人爲的制度，在時空變遷之際，必需常做修改。

道德存在什麼地方？這是一個有趣的問題。如上所述，它可能存在教育中，存在宗教的教義中，也有些存在於法律、習俗或輿論之中。但是最重要的，道德應該是存在於每個人的心中，而表現在言行上面。許多哲學家都認爲，一個人內心清明的時候，他的道德良心便會浮現而主導心念及行爲。這種存在於內心深處的道德根性，對心理學家或精神分析學家而言，是一種「內化

的」(internalized)「道德我」或「超我」，是受到父母、兄姐、師長、同儕、宗教、社會習俗、法律……等外在環境之錯綜複雜的制約和影響，逐漸形成、修改、發展而成，而非天生而然。

　　有些社會科學家或倫理學家，（註17）將道德的發展分成四個階段：

㈠傳統導向的個人及／或社會 (The tradition-directed individual and／or society)。

㈡外在導向的個人及／或社會 (The outer-directed individual and／or society)。

㈢內在導向的個人及／或社會 (The inner-directed individual and／or society)。

㈣自律的個人及／或社會 (The autonomous individual and／or society)。

　　這意思是說，道德在開始的時候，是一套爲文化所定義的鵠的，以及達成此鵠的之規則。這時，鵠的及規則，對個人而言，多少是外在的，須用一些力氣，才能使個人習慣。個人接納並且變成他自己的東西，藉以調整自己的行爲，這時鵠的和規則便「內化」(internalized or interiorized) 了。個人由此「內化」，而形成、發展其「良心」(conscience) 或「超我」(superego)。「內化」的過程可能不是太理性的，但是在教導道德的時候，總是要講些道理，好讓學生了解或信服，而孩子到了相當年紀，也總是會問「爲什麼」，這時必須告訴他們一些適當的理由。我們以這種方式，使孩子的道德發展，從內在但非理性的階段，轉化到自律的階段，最後還要學習思考和反省，俾有能力獨立批判社會規範及價值系統。

　　此種階段論偏重個人道德發展過程的分析，而似忽略了個人內在的道德根性，與弗洛伊德的「超我」說，可謂異曲而同工。一些至爲重要的唯心哲學家，如柏拉圖或王陽明等，強調道德的理性或良知良能，是與生俱來的，如其未受私欲等之污染，或袪除覆蓋其上之雜污，則良知便能還其本來面目及作用，從各種陰影和絪縛中解脫，發揮其辨識是非善惡的能力，沒有障礙。佛教的如來藏思想，將這種具有完美智慧及純然清淨的生命體之根性，視爲眾生的「眞性」，就是「如來性」，「佛性」，本來如此清淨，無限光明，照亮一切，容納一切，不生不滅，不增不減。人的心識作用，有雜染、有錯誤、不圓滿，使得道德行爲有缺點，都是妄心使然，去妄返眞，是學習的本意，修行的要旨。所以起心動念非常重要，因爲妄心生妄念，則說的話或做的事，便都會有問題。言行的根本還是在於心念。我們把自己的每一個念頭，都清楚觀照，使雜念、邪念、妄念不生，則所言所行都得清淨，便是善業。

第四節　道德的普遍性與道德判斷

一、倫理相對主義

　　人類社會，有沒有普遍而恒久的道德原理存在呢？或者只有相對的道德主張存在？所謂普遍，即是超越空間、放之四海而皆準的意思，而恒久，即是超越時間、貫通古今而仍然有效。相對的主張即是否定有絕對不變的道德律則存在。蘇格拉底、柏拉圖和康德等哲學家的倫理思想，偏向於普遍主義，而古希臘之辯者

(sophists)，則屬於相對主義中之極端的例子。

現代哲學有解釋「倫理相對主義」*(Ethical Relativism)* 爲「主張沒有普遍有效的道德原理；所有的道德原理，依其文化或個人的選擇，而成爲有效。」（註18）依此定義，遂有兩種的相對主義：(1)習俗的相對主義 *(Conventionalism)*；(2)主觀的相對主義 *(Subjectivism)*。

所謂習俗的相對主義，是認爲道德原理，或道德之善惡標準，隨著社會及文化的不同，而有著差異，沒有絕對而普遍的道德規準，可通用於一切時地及一切社會、文化之人。因此，我們要判定一個人的行爲是對是錯，先得看他所屬的社會是個什麼樣的社會。人類的潛能、目標、理想、需求和動機等等，乃是多元而複雜的，其中且不乏互相矛盾甚至衝突者。一個社會往往只擷取其中的一部分，而無法涵蓋全體。所以判定一人的行爲是否道德，只得從此社會的目標、需求、信念、歷史、環境等脈絡架構中來考量。所謂道德，不過是在時間的存續當中，爲社會所認同的一些共同的風俗、習慣規則和信念，它產生於一個特定的地域，以及社會的歷史承續當中。

所謂主觀的相對主義，則認爲道德的判斷，不能依賴社會及文化當中所建立的規範，而應依賴個人主觀的認定。這種論調，推衍到極端，則可以說是毫無道德標準可言。我的判斷可以和你的判斷不一樣，而他的判斷又可以我的不一樣，甚至對同一件事，我今天的判斷也可以迥異於昨日。無惡不作和慈悲爲懷，也就沒有兩樣。如果道德的重要功能之一，是維持人際的和諧及社會的秩序，使社會免於混亂和無政府的狀態，那麼這種主觀的相對倫理觀，絕對無法達成這種目的。

習俗的相對主義似乎比主觀的相對主義要好得多。習俗的相

對倫理觀，是以一個社會體或一個文化體，在其歷史傳承下，建立其獨自的道德規範及倫理體系，承認不同的社會及文化之間，道德規準有其差異，而不尋求超地域及超時間的普遍倫理律則。這一主張強調不同族群及文化之間的相互尊重及寬容，避免陷入偏狹的種族優越感及文化的自我中心主義 (ethnocentricity)。

　　波茲曼 (Louis Pojman) 指出，這種主張在邏輯上有其矛盾存在。如果沒有一個道德原理是普遍有效的，那麼「寬容」這個原理如何可能普遍有效？如果在某一個社會的文化當中，並沒有「寬容」或「尊重」的道德規則，那麼這個社會的成員又何須寬容、尊重他人，或寬容、尊重別的社會及文化？如果習俗相對主義是對的，那麼某個種族有計畫地消滅別的種族（如德國希特勒之有計畫消滅猶太人），或者對奴隸及弱勢團體加以壓迫，或鼓吹戰爭，別的種族都「無權」去譴責或聲討，因為任何社會的實質「道德」都與別的社會的實質「道德」，具有同等的價值，不管他們怎麼做，都是「對」的，都是「有道德」的。波茲曼進一步指出，道德依文化的接受程度而決定其是否有效，還有一個很根本的難題，那便是「社會」或「文化」是很難界定的，尤其在一個多元的社會為然。在一個多元的社會，價值的主張並不一致，價值的系統也非單一，那一種標準足以代表那個社會呢？另外，一個人可能同時分屬不同的團體，例如，他既是國民的一分子，又是某個教派的信徒，如果國家的法律與教會立場有了衝突，他到底要以何為取捨呢？是否要選擇對自己有利的呢？在這種情境之下，客觀的道德標準便顯示出其重要性。此外，社會這種組織可大可小，國家是社會，學校是社會，家庭也是社會，甚至三、兩個人也可以成為一個組織或幫派，也不能說它不是個社會。如果大大小小社會，每個社會都有其道德主張和價值標準，

而且各行其是，那麼這個大社會，還不是一樣分崩離析，陷入無
政府狀態！（註19）

二、倫理客觀主義

　　基本上，我們可以承認不同的社會、文化，不同的時代，甚
至於不同的個人之間，其道德標準及價值系統，確實是存在有差
異的。但是，今天國家與國家、地區與地區之間的距離，日漸拉
近，彼此資訊交換日益便捷，彼此的關係密切已如一個大的「地
球村」，可謂互動頻繁、禍福與共，在這樣的一種趨勢之下，任
何社會，很難獨立生存而不受影響。許多問題，也已經變成為全
球各國所共同關切的問題。人類如果有足夠的智慧，把自私減至
最低，來思考未來共同的命運，將會發現，在不同的個人價值觀
之間，以及不同的族群、社會或文化之道德體系間，總是能夠找
出共同點出來。在差異之中所存在的一些基本而重要的共同訴
求、共同精神和共同的規則，便能夠成為形成道德之共同原理的
基礎。波茲曼在此提出一種客觀的道德觀 *(moral objectivism)* 。
他說這種倫理的客觀主義，既可以避免倫理相對主義所衍生的一
切缺失及矛盾，而且也可以矯正道德的絕對主義 *(absolutism)* 所
產生的弊病。他說，絕對主義就是相信某些道德原理，無論在什
麼情況之下，都不可違背，也不能被否決，因此不能有任何的例
外。但是客觀主義並不作此假設。某些基本的道德原理，是應該
要時時遵守的，但是在道德衝突之時，它卻可能被別的道德原理
所取代，而暫時失去其價值上的優勢地位。（註20）

　　波茲曼曾列出十條客觀的道德原理，認為這些原理可以為理
性而正常的人所接受：

㈠只為了好玩而折磨人，在道德上是錯誤的。

㈡不可殺害無辜。

㈢除非爲了更高責任的需要，否則不可造成痛苦或受難。

㈣不可強暴。

㈤信守承諾和契約。

㈥不可剝奪他人之自由。

㈦行事公正，以直報直，以不直報不直。

㈧說實話。

㈨助人。

㈩遵守公正的法律。（註21）

　　波茲曼認爲這十個原則是獲得美好生活的必需原理，是建立社會所不可缺。這些是「核心原理」(core principles)。例如第一條，有些部落以折磨人爲樂，或如希特勒以迫害猶太人爲樂，那是因爲⑴他們可能不正常、不健康，或者⑵他們的道德發展的層次較低。一個「核心原理」，與一些「次階原理」(secondary principles)，組成一個有著上下階層或平行關聯的「道德群」。這有點像營養學，必要的營養素是人人都需要的，但是由於每個人的體質、健康狀況、生活方式及口味等的差異，所擬出來的菜單也就人人不同。道德的應用亦然。

三、道德實踐的智慧

　　其實所謂的「客觀的」道德原理，在哲學史和宗教史上，已有許多哲學家和宗教家提出過。像亞里斯多德便以「中道」作爲檢證道德行爲的規準，由此「中道」產生許多客觀的道德眞理，如慷慨是浪費與吝嗇之中道，勇敢是怯懦與魯莽之中道等。康德的「絕對無上命令」(categorical imperative) 認爲，凡是不被有條件的考慮、有功利念頭及有好惡情感所摻雜的，純粹基於

「應該」之動機，所採取的行動，便是善的。這變成了康德倫理學最主要的原理，似也可以說是最重要的「核心原理」。孔子的道德哲學，主要的精神是「忠恕」，而其道德的判斷則基於「中庸」。忠是盡己，恕是「己所不欲，勿施於人」。盡已即是誠，推己即是恕。而一切德行，又以「仁」之宅心爲根本。這些基本原理應該也算是所謂的「客觀原理」。這些普遍性的道德原理，試翻閱*論語*，凡是描述「仁」、「聖」及「君子」的特質的，幾乎都屬之。像孔子、亞里斯多德、甚至康德之這些道德的普遍原理，並不是所謂「絕對的」一成不變，或缺乏彈性。如果是如此這般的「絕對」，則他們根本無法應用於生活及行事，更談不上超越時空的「普遍性」及「永恒性」。孔子不是講「時中」嗎？孔子的「時中」或「中庸」哲學，以亞里斯多德的「中道」論與之比較，實有相通之處。所謂東方有聖人出焉，此心同此理同；西方有聖人出焉，此心同此理同。佛教講「五戒」、「十善業道」、「三十七道品」，而基督教則說「十誡」。這些戒律，是有許多相通之處。這些基本原理不但超越地域，而且跨越時間，換句話說，他們雖然被提出於兩、三千年以前，但是到了今天，如果你我肯確實地遵照去實踐，仍然是導致幸福人生的最佳保證。問題當然還是在於，如何把這些根本的道德原理，應用於實際的生活及待人、行事上面。例如不殺生，殺人當然是不可以的。但是如果你是一個軍人，奉命上戰場殺敵，這時便面臨一個兩難的抉擇。又如不偷盜，偷人財物或搶人財物，不但不對，而且觸犯法律。但是，柯爾堡 *(Lawrence Kohlberg)* 在其道德認知發展理論中，說了一個道德判斷兩難的故事。漢斯的妻子得了不治的絕症，這時正好有人新發明一種藥物，可治此病，但售價奇貴。漢斯用盡辦法，仍無法籌足購藥的費用，商之於發明此藥

的售藥人，旣不允減價，亦不允分期付款。漢斯在救妻心切，卻又無計可施之際，乃想到何不設法潛入藥房偷取此藥。柯氏的故事說到這裏，接下來就問受試者這樣的一個問題，請他們依道德的價值判斷回答：「你覺得漢斯應該去偷藥嗎？爲什麼？」這個問題的答案可能只有兩個：應該偷，或不應該偷，但是其背後的理由（即是你認爲，爲什麼該去偷或不應該去偷）卻遠遠超過兩個。能夠了解道德的普遍原理，當然很好的、很重要的，但是如何「遵行」這些原理於實際生活的事物中，旣不與其他的道德普遍原理產生衝突，又不悖離你所遵行之普遍原理的眞實意義，那就依賴所謂道德之實踐的智慧，或實踐的理性。這種實踐的智慧，㈠能夠時時觀照到自己生活的整體性，以及生活的未來發展或結果，㈡又要觀照到別人的，以及群體的生活之整體各面及未來發展，㈢注意到普遍道德原理的眞實意義及價值，㈣注意到兩個及兩個以上之普遍道德原理的關係（包括在一時一地的優先排列順序），以及最重要的，㈤我與他人或群體的利益有衝突之時的優先排列順序。這第五點其實也是涵蓋在㈣裏面，但是爲了突顯其重要性，單獨把它列出。

故所謂道德之實踐的智慧，實即一種道德之判斷及抉擇、決定的過程。在這個過程中，包含有以下的幾個要素：

㈠對道德之普遍原理的了解，接納其價值，並形成一個道德原理之互相關聯（包含優位之上下階層、平行、可互換優位之範圍等等）的價值結構系統。

㈡對我、人、社會之基本情境的通盤而深刻的了解。

㈢對道德判斷事件發生時那一時一地之我、人、社會的情境及事件情境的通盤而深刻的了解。

㈣對不同的抉擇和決定所可能產生的後果及各種影響的預知。

㈤善良的動機。如是否出於慈悲心？是否有功利心？是否有條件？是否以自我爲中心？是否出於報復、示威、嘲諷、看熱鬧、看別人出糗等等之心理？

第五節　道德教育

一、道德教育的困境

現代道德教育的困境，其實是現代教育的困境。

道德教育是教育重要的一環。他幾乎是教育最重要的目標和內容（雖不是惟一）。他不可能、也不應該在命運上和整體教育分離。換句話說，沒有一種教育是成功的，而他的道德教育卻是失敗的。或者我們可以這樣說，教育的成功應包含道德教育的成功在內。如果道德教育尚未成功，尚在艱辛奮鬥的階段，我們便沒有理由說，教育是成功的。

倫理教育，或道德教育，與教育的命運，大體是一致的。套一句流行的話，他們是屬於同一個命運體。

較爲「悲觀」或「務實」者，會認爲人類歷史上的教育，包含道德教育在內，從來也不曾成功過、好過，否則，今天的人心不會是這個樣子，今天的人類命運和社會也不會是這個樣子。未來的教育？同理類推，應該也不會更好。他們確實也可以舉出許多的例證。例如，人與人之間的仇恨、猜忌；種族與種族之間的仇恨和戰爭；國與國之間的鬥爭和權謀相向；不停地殺戮、迫害、不公平的待遇，無日無之的怨懟、憤怒、傾軋和爭執，到處瀰漫的偏狹、自私、自大和貪婪；破壞、髒亂、囂張、暴戾、奸

佞、陰險、粗魯、粗俗、膚淺、醜陋、耽溺……，幾乎在字典上可以翻查得到的「不良的」字眼，都可以恰適地描寫今日的社會人心，而一點都不算誇張。從有人類歷史的記載以來，幾千年來，無論在地球上的哪一個角落，似乎情況都大同而小異。以今之視昔，其惟一的差別，只在於花樣的不同，或大惡小惡之五十步與百步之間的差異而已，而其情況的本質則並無二致。

這樣悲觀的論調，將會理所當然導致一個結論：教育其實並不像許多學者專家所強調的那樣；教育，尤其是道德教育，一直是徒勞而無功的。這樣的結論，又會導引至另一個振振有辭的主張：不必對道德教育抱持任何希望，因爲無論怎麼做，結果都是一樣：失敗，或無補於人類的道德。道德教育本身就是一個大騙局，是一種教育學者心目中的教育類別而已；之所以要有這樣的一個東西，充其量只不過表示我已盡了力，對自己的良心（如果還有良心的話）有個交代罷了。

事實的眞象是否眞如悲觀者所說的這樣，初步看來，確實是不易肯定回答的一個問題。在我們有生的這個時代，確實是有許多如是的情形存在，誰也無法否認。而且大家也習以爲常。我們早已視之爲當然，或本然如此。好像社會本該就是這麼亂，這麼爭競、這麼空洞，人心本來就是這麼脆弱、空虛、不知足而又自以爲是，而人生，從我們懂事以來，就是這麼多的衝突、防範、複雜而不自在。我們也有過舒適、自由、賞心悅目等心情，但是這些幸福感都相當短暫，而且往往發生在我們與人生現實暫時脫離的時候：看夕陽的時候，聽音樂的時候，談戀愛的時候，不想帳單及稅金的時候，工作做完的時候，各類債務剛剛還清的時候，禪定的時候，夜夢或白日夢之時，微醺未醉已醉之際，不記新愁、不念舊惡之際，原諒了別人的時候，不存自我心，不在乎

外界之忽視、誤解甚至侮辱之時，……。這使我們想起了當代心理學家馬斯洛 *(Abraham H. Maslow, 1908-1990)* 所說的「高峰經驗」*(peak experience)*。人生歡愉時刻何其短促，只有聖者能常保快樂。

易「繫辭傳」上曰：「聖人以此洗心，退藏於密。」人生者，心靈之人生乎？教育者，心靈之教育乎？幸福者，心靈之幸福乎？

歷代皆言，人心不古。我們讀史，讀小說，我們的印象是，今猶古，古猶今。古今中外之教育，無不重視道德。但似乎每個時代的教育思想家，都不滿意當時的道德教育，而思有以補救之。

二、道德教育的可能性

如果我們承認，道德教育基本上是徒勞無功之舉，那麼連談論該如何實施道德教育，亦是徒勞。如果問題所在，不是道德教育本質上的不可能性，而是由於我們誤解了道德教育，把那不屬於他的性質，視為他的性質，把那不是他的東西，硬要看成他的東西，然後以此來釐訂教育目標、規畫教育的課程和方法，自然是南轅北轍，緣木以求魚了。

如果我們把道德教育視為本質上是不可能的，那麼，一切的教育，包含知識教育及技能訓練在內，也都是不可能的了。除非我們認為道德教育與知能教育是本質上不同的兩種教育，始有可能產生，前者為不可能而後者為可能的情形。但是，事實上我們知道，道德及道德教育不是孤存的；沒有一個沒有道德的人，能成為真正的好工匠。他的技藝要登峰造極，出神入化，他必須是個有恒心，專注而宅心仁厚的人。道德是生活不可分割的部分；

　　道德教育是教育不可分割的部分。完美的生活，完全的人生，是術德兼備的，而同樣都達到顛峰狀態的成就，並且都得以保持善果。道德教育和教育的其他部分、類別，都共具一些重要而基本的性質，這些性質如能使某些人的知識及技藝達到很高的成就，也即是說，知能教育如在事實上為可能，那麼道德教育為什麼會不可能呢？

　　這也是西洋哲學中所爭論的，道德是否可教的問題。如道德為不可教，則不必談論道德教育之事。廣義而言，知即德，德即知。知可教，德亦可教。因為可教，所以歷代始有討論及主張德育之事。狹義而言，知是知，德是德。如同語文是一個學科，數學是個學科，而音樂又是一個學科一般。亞里斯多德說，知是一回事，行又是一回事，德知並不等於德之行。然則，這只是分析而來說道德，才有這樣的區分。德之知如不是在行中來印證，何以知其知為正確而有效？反之，若德之行而缺乏了實踐之智慧，又將行往何處呢？

　　道德之是否可教，其實可以輕易找到肯定的證據。哪一位教育工作者，他自己沒有一些教導學生，使之「長善而救其失」的經驗呢？稍有教育經驗及績效的教師，多少都可以舉出他自己道德教育成功的例子。因為教育，使得兒童、青少年及青年的道德認知及行為，有了進步，使得他們的不良習性減少，善心善念滋長，善行增加的實例，在各社會、各家庭及各學校中，應該是所在多有的。

三、道德教育成功的要素

　　然而，一個社會如果只有少數人，存心不良，思念不正，為非作歹，而沒有受到適當而有效的約束和匡正，那麼便足以把一

個社會弄得混亂不堪。如果不良的行爲得逞，不但沒有受約束，反而獲得增強和獎賞，那麼這個社會便會陷於不公平，也引起善良守法者的不安和不滿。這時一些原先道德觀念不清、認識不正、蠢蠢欲動而卻仍有忌憚、顧慮者，便等於獲得了解放和鼓勵，再也不甘寂寞，投入了爲非作歹的行列。社會的紊亂和不安便更甚於前，而人民的不滿和痛苦也就加深。

一個人的道德行爲之形成和發展，受到兩個因素的影響。一個是自身的內省和自我約束，一個則是外在之生存情境的牽引。前者若是十分堅定，自可不受後者的牽引左右。道德教育只能針對前者，對個人的觀念、情感、認知、意志、習慣以及言行，予以引領、指導、協助和約束，但對於後者——亦即個人所處的大環境，包含經濟的、政治、社會環境——教育工作者往往很難產生直接的作用和影響力，充其量只能間接作用，或對學生個人施以各種強化教育，使他對不良的生存環境產生若干的抗體或免疫力。社會因素對道德教育成效的重大影響，實不容忽視。

教育可以個別實施，也可以集體（班級）實施，但追根究底，教育還是要落實在每個學生身上，使他的行爲（內在與外在的）產生改變（改善、改進）。個人的改變，可以源於自省自覺，也可源於同儕及社會的鼓舞和良性互動，但是追根究底，個人的任何大大小小的改變，最後還是要回歸到自省自覺。佛法說：「迷時師度，悟時自度」，即是此意。

然而，教育只有自省自覺，仍是不足的，學生的生活環境，大的和小的，必須使他覺得這種自省自覺是有意義的，否則，就像孟子所說的：「一齊人傅之，衆楚人咻之，雖日撻而求其齊也，不可得矣；引而置之莊、嶽之間數年，雖日撻而求其楚，亦不可得矣。」（註22）當然，自省自覺如已到了很高的境界，並

且具足定力，環境無論如何改變，與我何有哉？但一般學子，則不然也。

　　道德教育既需落實到每個個人，使其自覺自省，使其身心清淨而能體驗到道德之妙好之處（清淨戒行，可獲定靜之樂，而生般若慧）。而另一方面，又須有外界環境之配合。縱然一齊人傅之，眾旁人沒有協助齊人傅之，至少也不要咻之。個人的道德成長，若能與環境形成一良性互動、良性循環，則個人與社會皆可共蒙其利。若形成惡性循環，則道德教育將徒勞而無功矣。

　　夷考古今中外教育史，道德教育之為人所感覺效果不彰者，並不是對每個個人之道德教化都無功效，而是：有些人的道德教化有效，但並非人人接受道德教育而都有了明顯受教之效果；也即是說，在教育效果的普遍性，在受教而有所得的人數的量方面，似尚不能令教育者或社會感到滿意。一個學校若有少數學生不守校規，以致發生事故，則易予人此校德育欠佳之印象；類似的，一社會若有少數人為非作歹、打家劫舍，亦容易予人社會治安欠佳之印象。這些少數人的行為，學校或社會如何因應處理，又會影響其他人之行為。任何社會或學校，似尚無完全沒有德行欠佳之人。若由少數人之劣行、惡行，轉生出較多人之劣行惡行，則此學校之德育或社會之治安，確實已亮起紅燈，而值得警惕。

　　由是我們可以了解而警覺，每一型式、每一階段的道德教育，都是由兩方面所合成的、二而一的有機系統和整體。在家庭裏，一方面是家庭成員個人，另一方面是由家庭其他成員和本人所形成的互動關係以及因此而造成之道德成長的氣氛。在學校的班級裏，一方面是學生個人的自省自覺，（註23）而另一方面則是班級中之學生道德成長的氛圍、班級以外之學校整體的道德發

展的環境、條件。然而，仔細地、準確地說，這第二方面的環境尚不止此。無論是家庭或學校，都還受到更大的環境的衝擊和影響，而這股勢力當然也直接、間接波及、觸及、甚至撞擊每個個人。這更大的環境的力量，所形成的大社會的氣氛和環境，包含了：

㈠政治、社會、教育、以及其他領域、行業之領導人物的身教、風格、政策、決定及倡導。

㈡社會風俗習慣、次階文化、流行走向（時尚）、嗜好等之變遷、發展、操控、起落及引領。

㈢法律、命令、規定等之釐訂、修正、以及實際執行之情形。

㈣社會輿論及意見，包含各項大眾傳播媒體及對大眾有影響之人物的價值觀、實際作為、形象、褒貶、評論、倡導。

㈤藝文活動、宗教活動、休閒活動之發展及倡導。

㈥財富分配及經濟發展之情形。

㈦傳統文化財產之傳承、調整、修改、再生、轉型、更新發展的情形。

㈧教育整體政策之規畫是否完備妥善，執行是否良好，以及受到其他各級行政部門、社會各階層民眾、行業支持、配合的情形。

　　以下再試著分析、影響學校道德教育及家庭道德教育成敗的重要因素。

　　家庭的道德教育之成敗，受到這些因素之影響：

㈠父母及其他長輩、兄姊等年紀較大者之身教；如說話談吐、休閒、生活習慣、待人接物、品德。

㈡親子之關係；如親密度，坦誠度，溝通方式，「管」教（應是教導，較中性）方式，親子有任何危機產生時之處理方式、態度及技巧，對話 *(dialogues)* 方式。

㈢父母及其他長輩在有意識、無意識間所顯示或主張的人生觀、人生態度、道德觀和其他的價值觀，這也含有身教及言教。

㈣家庭的歷史，以及成員（尤其是長輩）處理各種危機（包含婚姻、健康、職業、經濟、親人離合、搬遷……）的方式和態度，這也含有身教。

㈤家庭與外在關係，包含與其他人、團體、組織……等之交互影響、作用的情形，如與學校、社團、政黨、政府、私人機構、慈善團體、宗教團體等之關係。

㈥家庭成員之宗教信仰與相關活動。

　　以上這些因素，組成了所謂「家庭的氣氛」（或「家庭的氛圍」，*Family climate, family surrounding*）。

　　學校道德教育的成敗，則受到下列因素之影響：

㈠校長及教師之重視程度。

㈡校長及教師之品德及各種言行示範。

㈢學校教育目標是否以道德發展為主（雖非唯一，但是主要）。

㈣校長及教師對道德及道德教育之認識。

㈤校長及教師實施道德教育之專業知能。

㈥校長及教師對學生之關懷（教育之慈、悲、喜、捨四無量心及布施心）。

㈦道德教育實施內容及方法，是否訂定了合適的課程及實施細則，並且是否切實執行、評量、詳實檢討及改進？

㈧學校與學生之互動、溝通、互識、相至了解，以及相互善意之關係的程度。

㈨學校與家長之互動、溝通、互識、互信、互助的程度。

㈩學校配合道德教育實施的相關自然環境、人工環境、硬體、軟體設施之情形。

㈢學校獲得教育行政機構資源協助之情形。

㈣學校獲得社區及社會資源協助之情形。

　　家長、校長及教師，一般而言，能重視道德教育是好的，不重視是不好的，但是，若因為「重視」的結果，導致家庭及校園氣氛緊張，師生形成道德壓力，或因泛道德而忽略了其他發展，如身心健康，快樂心情、自由學習等情形，則此變成了「物極必反」，反而成了道德的惡，故在態度、方式上都要注意，才是好的重視。

　　今天欲突破倫理教育之困境，應作全面而完整之規畫，培育各方面人才、師資，並貫徹實施，才能有所突破。而且無法一日即完成：恐怕永無完成之日。只有使更多的人向善，更少的人為惡；使社會有公平正義的制度，合理運作；使各級教育人員，都了解並應正視道德教育危機所在，願意付出心力，竭誠改善社會風氣，使國民氣質普遍提昇，使國民不再自私、貪婪和愚昧。而且風動草偃，在上者、居領導地位者、有影響力者，都能率先做良好的示範，不作假，不虛偽，不口是心非，能實實在在施政做事，能腳踏實地、有效改造不良習俗，匡正不正確觀念。在上位者本身要修德修善，以身教為民眾之良好榜樣。大眾傳播媒體、作家、藝術家……等社會的心靈工程師們，要發揮良心及道德勇氣，不誨淫誨盜，不毒害人心，不煽動情欲，不譁眾取寵，不把自己的名聲地位和財富，建築在敗壞的道德上。有合格的個人，才能組成合格的社會；有合格的領導者，才能提昇社會道德，正如古代聖王以明德教化為己任，而不是到處充斥偽善的政客以及披著慈善外衣的奸佞。

附　註

註1：黃建中，**比較倫理學**，（台北：正中，民 *51* ），頁 *21-41* 。

註2：同上，頁 *21* 。

註3：許慎，**說文解字**，八篇上，人部。

註4：同上。

註5：黃建中，**比較倫理學**，同上，頁 *26* 。

註6：同上，頁 *21* 。

註7：同上。

註8：同上。

註9：同上，頁 *29-36* 。

註10：*William Frankena*, **Ethics**. *(Englewood Cliffs, N.J.: Prentice-Hall Inc., 1963), P.3.*

註11：參閱 *William Frankena*, **Ethics**, 上引書 *P.4.*

註12：參閱 *William Frankena*, **Ethics**, 上引書，頁 *5-6* 。

註13：**易**「繫辭傳」上，第 *4* 章。

註14：同上，第 *11* 章。

註15：**道德經**，第 *25* 章。

註16：**易**「繫辭傳」下，第 *2* 章。

註17：導德發展的四階段，原載於 *David Riesman* 所著 **The Lonely Crowd（寂寞的群眾）**一書，而為 *William Frankena* 認同，引述於其著 **Ethics** 一書，同上引，頁 *7-8* 。

註18：*Louis Pojman*, **Ethics: Discovering Right and Wrong** *(Belmont, CA：Wadsworth, 1990), P.26.*

註19：*Louis Pojman, "Ethical Relativism versus Ethical objectivism," in Louis Pojman (ed.),* **Introduction to Philosophy** *(Belmont, CA: Wadsworth, 1991), PP.510-512.*

註20：同上，頁 *513-514* 。

註21：同上，頁 *514* 。

註22：**孟子**，「滕文公」下。

註23：教師是否也能成爲道德成長的個體和主體呢？應該也是可以的。教育是教學相長；**學記**説教、學半。而且爲了形成良好的教育氣氛，爲了使學生道德成長的環境更爲有利，教育者本身也應該成長，應該修持，更進步，更成熟，更接近身教的典範；他也應該在輔導、協助的知能方面不斷長進。

第 六 章
美學與教育

第 六 章

美學與教育

第一節　美的定義

　　美學乃研究美的本質及其表達，可分成兩個部分。其一研究「美是什麼？」，其二研究「美的表現」及有關問題。前者是要在一切存有中找尋可名之為美的共同質素；後者則是要指明自然美與藝術美的表現方式及表現過程。依存於此二大問題的，則可以有下列的美學問題產生：

㈠美的定義是什麼？具有哪些性質的東西是美的？

㈡美有哪些種類？

㈢人如何鑑賞美？

㈣美與人生有何關係？

㈤人如何創造或再現了美？

㈥藝術創造或再現的歷程是怎樣的？

一、柏拉圖與亞里斯多德

　　西洋古代之美的概念，注重韻律、對稱與和諧。柏拉圖以美為獨立自存之實在，是永恒不變之「形相」，它代表的是一種

「完美」。亞里斯多德則指出，構成美的基本性質是：秩序 *(order)*，對稱 *(symmetry)*，和明確性 *(definiteness)*。（註1）亞里斯多德又指出，任何美的東西，不僅要依某種秩序安排其各個部分，而且彼此之間還要形成一定的大小比例。所以，美是在於大小和秩序。試看亞里斯多德的說明：

> 且凡物之美者，無論為生活之有機體，抑為任何由部分組成之整體，必不特須有部分之條理的排列，且必須有幾何之度量；蓋美固恃夫度量與條理者也。是故凡極微之動物有機體，必不能美；因此等細物，觀者為時必極短促，幾於不可感覺，且必渾沌而不分明者也。反之，度量過大之物亦不能美，蓋觀者之目不能一覽而盡，以故不能覺其為整體，例如綿延千里之物是也。夫在有生之物及有機組織，既必須幾何之度量，而此度量必以一覽能盡為限；故在悲劇之劇情，亦必有一定之長度，而其長度亦必以記憶力所能容受者為限。（註2）

二、聖多瑪斯

中世紀基督教哲學家聖多瑪斯 *(Thomas Aquinas, 1225-1274)* 曾經說，美與善的不同在於後者涉及欲望和動機，所以具有其目的性；但是前者只涉及官能，而官能喜歡比例適當的事物，因此而產生愉悅。聖多瑪斯說，美有三個條件，即。(1)完整或完美 *(integrity or perfection)*，(2)適當的比例或和諧 *(due proportion or harmony)*，(3)明亮或清楚 *(brightness or clarity)*。（註3）

三、康德

康德指出，我們若欲判別一物之是否爲美，不能依恃理性或邏輯，而是依恃以主觀爲基礎的「美學」。談到人類的印象 *(images)*，大率都有個客觀的參照，但是只有人之愉悅與否的感受是例外，它主要是訴之於主體本身受之於印象時的「感受」*(feeling)*。康德說，這是一種「趣味」*(taste)* 的判斷。美是一種抽離了「利害」*(interest)* 的愉悅的對象，換句話說，所謂美的東西，就是能夠帶給我們沒有利害關係之考慮的愉悅。美的感受雖是主觀的，但卻仍有其普遍性，也即是說，當我們對某一美的對象產生愉悅感受之時，可推想別人也可能有同樣的感受。如此一來，我們還是可以說，美似爲某客體之性質，而其判斷亦有某種邏輯性。但是我們要知道的是，這種普遍性不是源於概念。源自概念的東西，大多無法轉變爲愉悅與否之感受（也有例外）。美感的這種普遍性，康德稱之爲主觀的普遍性。（註 4 ）

康德將美學分成兩部分：一爲研究美（優美或秀美）與壯美（雄偉崇高之美）的理論；一爲對藝術及審美性質之研究。在主體對客體，感受到一種直接的無涉於利害得失的愉悅時，則此客體之呈現於主體者爲美（或優美）。

優美 *(the beautiful, the grace)* 爲陰柔之美，限於對象之一定形式，使人感其安靜和平。壯美 *(the sublime, sublimity)* 則爲陽剛之美，見於無一定形式的對象，例如無疆界、無窮盡、無形式等，是一種「極端的偉大」。壯美又可分爲數學的與力學的兩種，前者如崇山峻嶺，大海重洋；後者如大自然之某一不可抗拒之潛力。壯美非如優美之快愉，而係鄰於醜惡之「痛苦」。（註 5 ）

康德之美學理論，兼論自然之美與藝術之美。邦嘉敦 *(Baum-garten)* 的門人赫德 *(J. G. Herder)* 則只廣論自然之美，謝林反是，認為只有藝術之美能表現美之規準。黑格爾以自然之美為美的最初始形式，但他認為所謂美學，實應為藝術哲學。

四、綜納

由上所述，似可得出一個初步的歸納：美是一種感覺。它有時是一種愉悅舒坦的感覺，如康德所謂之優美然，但有時它也可能是一種震撼或讚歎的感覺，如壯美然。而這種美的感覺是不涉及利害考慮的，且往往也超越了人我、物我的分別。這種感覺，或者使人滿足，或者使人心弦觸動，結果總是令人覺得滿意或感到值得。這是從心理反應的層面來觀察的。

從美本身來觀察，美應該是一種和諧、對稱、成比例……等等的狀態。它是實體的性質，是現象，是結構，是氣氛，而有時，它只是與我們心靈之間一種很細緻的接觸或聯通而已。

柏拉圖說美是一種理型 *(Idea)*，如是，那麼它只是存在於我們觀念中的一個概念原型。一切令我們心中感動的具體的美的事物和活動，只不過是理型的渲染。一個存有，如其結構和各種性質恰合美的原型，便能激起人的感動；一種活動，如其過程恰合美的原型，便具有了美的質素，而能激起人之美的感動。氣氛及其他現象亦然。

第二節 美感經驗的原型

一、美感的共同質素

然則，何以美的質素，能激起甲之情緒，卻不能激起乙之情緒？可能的原因有二：一是美的原型的複雜階層，與觀賞主體（即乙）的感知階層正好不相符應；另一是觀賞主體因現實利害的過分耽溺，而使他對美的感知力變得遲鈍了。

由於美是一種比較主觀的感受和體驗，或有人以為很難予以抽象化，以尋出其共相。但假設人的經驗中，本自具有一種主觀之餘的「共質素」，超乎利害及人我的考慮，則美的經驗中應有其異中之同。這「同」即能衍生出規則來。

由人類的歷史和生活經驗，我們可以察知這種共質素是存在的。否則「好」的，「感人」的，「偉大」的文學作品、美術作品、音樂作品等等，何以能夠如此這般風靡萬千人心，甚而流傳千古？除非有許多人甘願忍受欣賞時的痛苦，來附庸風雅或追逐時髦。

不過我們也得承認，要想得出單一的美的本質理論或標準，即使不是不可能，至少也是相當困難的。即使得出了單一的標準，那也會太簡約、太抽象化、或太原則化，結果顯得缺乏意義而不實際。美的本質定義以及美的標準，如同道德及善的標準一樣，是複雜而有其階層性之結構的。而且許多標準的設定，也得先設定其相關的條件。如果這個假設是正確的，那麼在越下層的結構部分，美的定義和規準是相當地相對 (relative)，而非絕對的 (absolute)。

二、美感原型分析

　　美的原型不是單一，乃可確定之事。因此它也不宜、不應被視為單一而加以簡約。美的標準自然也不應如是被認定。美的有機、複雜而卻合理的階層性的假設，應被認定和重視。

　　但在費心建構或了解此一階層結構之時，我們也可以從另一個角度或觀點來探討美感的本質。那就是透過內心感受的原型分析，了解美的複雜性。物質或客體所存有的美的原型，透過各種各樣不同的介質，散發出某種波動，使人的感官感知，再經過神經系統而達到了大腦。美的原型的分析，其實即是美之判斷規準的確立。由於萬有之複雜性，其能引起美之感受的性質也不是單純的。要之，美的原型本存於人心，故所謂美的性質，無非即是能感動人心之原型也。所以與其就客體的複雜性予以分析，不若就人之內心感受的原型加以分析，更為直接、便捷而根本。

　　茲將人心對美之感受的原型加以分析，試舉若干重要的例子如下。

㈠完美：代表無缺點，或成熟，或發展的極致，也代表了一種理想。

㈡善良：是與道德的善合致的一種美感。例如慈悲、愛惜、寬容、溫良、忠實、孝順、犧牲……等都是。

㈢有能力：「有能力」的這種特質能給予我們美感。例如一個人能幹，或一樣東西功能好，或者把事情處理得乾淨俐落等。

㈣能使心情愉悅者：喜劇、幽默詼諧的話語和動作、大團圓、圓滿的結局等。

㈤能使心情平靜安寧者：如一段音樂或一幅畫作之能引致聆賞或觀賞者之平靜之感覺者。或如某種宗教儀式之能導引人產生莊嚴

肅穆心緒安寧者，都可因之而生美感。

㈥整齊畫一或大小尺寸成一定比例者：整齊的接受閱兵的隊伍，能呈現一種美感。畫一的舞蹈或體操動作能產生美感。整齊畫一的制服在某種情況下亦有其美的質素之存在。不過，整齊畫一之美和所謂的「呆板」、「缺少變化」之不美，在此美與不美之間，究應如何做適當的釐清，乃是一美學價值判斷的問題，此有待更細緻的敘述。但簡要言之，凡能產生愉悅、贊歎、佩服、震撼、難得等之情緒者大抵事屬於美的範疇。至於大小尺寸之成一定比例之美，則於日常多可見其實例。例如身材之美。又美術作品甚注重構圖，構圖之美有賴於適宜之大小比例。

㈦和諧：和諧亦往往能產生美感。人與人相處和諧，是人際關係之美。人與物、人與神等之關係的和諧，亦可被視為美。在人際和諧中，亦包含個人與群體之和諧，此為一種不疏離的狀態。當然，聲音的和諧，形成悅耳之樂音，色彩及造型的和諧，亦形成為產生視覺美感的來源。

㈧變化有緻：變化不一定會產生美感，但有緻的變化這「有緻」二字便預設了美的質素。變化是否有緻，這當然就牽涉到了美的質素的問題，甚至便是美的定義的問題。結果我在這裡的討論遂變得循環而沒有意義。然而，無論怎麼說，變化本身也具有某種美的質素，而為其他的美的質素所不具備。故變化可以列為美感的原型之一。唯我們要注意的是變化本身雖具備美感的質素，但變化並不一定即代表美，因為變化含有美的質素，而亦含有非美甚至不美的質素。此所以要特別強調有緻的變化，原因即在於此。通常所謂的變化，就美學而言，應包含色彩、聲音、形狀、結構等等的變化而言。文學作品中敘事之變化有緻者，其一為曲折離奇，其二為含蓄神秘。此二例於文學作品的藝術處理若能恰

到好處，也都能引發閱讀者的藝術美感，而產生一定情緒上或精神上的滿足。

㈨雄奇偉大而壯闊者：這個特質其實等於康德所謂的壯美。這種特色的美感，略近於比較強烈、激烈甚至震撼性的情緒反應。強烈的情緒或情緒上的震撼，並不一定會產生美感。它也可能產生驚嚇、恐懼和醜惡等一類的感覺。然而有力者，健壯者，魁梧者，浩瀚之海洋，雄渾之歌聲，高聳之山脈，迅捷的武藝，似羚羊般的奔馳，崇高的人品，忍耐的美德等等，若能使人內心產生讚歎和欣賞，或者產生喜悅愉快的感覺，或使人欲見賢思齊，則常亦涵蘊美的質素。

以上只是就思索和經驗所及，例舉美感於人心中產生之時的原型。如此敘述，意不在窮盡所有美感之心理反應的型式，而只是在幫助閱讀者思索並進一步釐清美的本質。美的本質看似盡人皆知，但一旦要藉著文字來敘述，卻是相當困難。這使人想起了「道可道非常道」的道理來。也許如同摩爾 (G. E. Moore) 所說道德一名難以界定一樣，美之此名亦是如此難以界定。

美的質素，不盡然是不全則無的存在。如上述雄奇偉大之美，其存在於某一物中，較之於存在另一物中，有時是有與無的問題；而有時則只是程度問題，而非有與無的問題。在甲物和乙物中，同樣都具備了雄奇之美，但是很可能，甲的雄奇之美的質素勝過了乙，則我們不應說乙不美，而應說乙之美不若甲。然則亦有可能，乙之雄奇之美不若甲，而乙的優柔之美則又更勝於甲。由是可知，就物本身而言，可能其之可稱之為美的部分或質素不只一端，則二物在做美的評比的時候，宜避免籠統陳述，以免產生錯誤。而更複雜或難以分解的情況，則是所呈現的美的現象，或美的感受，不是單一的美的質素的組合，結果受者雖知其

為美，卻不易了解美在何處，或不審其為何而美。

第三節　經驗之美與理型之美

一、柏拉圖論三種美的形式

　　柏拉圖區分了兩種美。一種是表象的美，屬於個別事物的經驗世界的美；另一種是理型的、觀念的美，是超越經驗的真實而永恆的美。

　　表象的美，是人間的藝術家由模仿而產生的，模仿自這個經驗世界的東西；而這個經驗世界的東西，則是模仿自它的「理型」（或譯「觀念」）。這「理型」卻不是存在於經驗的世界，也不是人為的，柏拉圖說它是「神」所創造的，只存在於觀念的世界當中。所以，每一樣東西有三種形式的存在，由三類的「藝術家」來完成。像「長椅」這樣的東西，也有三種形式的存在。首先是「神」這位「藝術家」(artist) 所創造的長椅的理型；其次是匠人這位「藝術家」模仿長椅的理型，所製造出來的、可以用來坐臥的木椅、沙發椅、或其他什麼質料的長椅。最後，才是畫家這位「藝術家」所畫出來的「長椅」這張畫，或詩人這位「藝術家」所寫的「長椅」這首詩。（註6）

　　依柏拉圖的看法，第三類「藝術家」距離真實最遠，因為他所模仿的，不是真實，而是表象；表象是多變、虛幻、不可靠的。所模仿者，必劣於被模仿者，第二層之模仿以第一層之模仿為對象，而第一層之模仿則以「真實的」理型為對象，故第二層的模仿比較起來是最粗劣而不真實。

二、理型之美

在此，解柏拉圖之美學者，常以爲柏拉圖貶低了藝術品的價值，因此也貶抑了藝術家如畫家、音樂家、詩人或其他文學家的地位，因爲藝術家不了解「眞理」，缺乏「理性」，不能掌握「知識」的全貌，而只在虛幻之表象的迷霧中從事「模仿」。事實上，柏拉圖所貶抑的，是那些無法超越經驗世界的「藝術家」，而不是所有的「藝術家」。一個美的追求者和工作者，若是能夠由表象的、感官經驗的、個別事物之「美」的欣賞層次，一層一層地提昇，最後達到精神的、「如來」之美的「理型」層次的體驗，直接捕捉那眞實的美本身，那麼，便能創造出永恆而絕對美善合一之作品。試觀柏拉圖在*饗宴*（或譯*筵話*，*Symposium*）對話錄中，藉著蘇格拉底所描述的美之本質及美之層次：

……首先，如果他的教師教導得法，那麼他將會愛上某一個個人的美，而他的熱情則可能轉而爲高貴的對話。其次，他應該考慮到，一個人的美和任何另外一個人的美是多麼地有關聯，如果他專注於形式之可愛，那麼他將會發現，否定「每個個體的美是相似的」這件事是多麼的荒謬。他既已達到這個地步，就應調整自己成爲每個可愛者的喜愛者，而把對某個人的熱情減少至無足輕重的比例。

再次，他應該了解到，形體的美實無益於靈魂之美。因此，無論何時，他遇到精神之可愛者，即使有著不可愛之外表，也會覺得美得夠他去愛，去珍惜——美得夠他在心裏忍著想去交談，好建造高貴的性情。從這兒，他又將被引領到欣賞法律和制度之美。而當他發現，每一類的美彼此是多麼相像之時，他將會得到這樣的結論：身體的美終究不是那麼重

要。

然後，他的注意力將從制度移轉到科學，如此他始能知悉每一種知識的美。如是，觀照了美的廣闊的視野，他將從只專注於一個男孩、一個男人、或一個制度的可愛處那種束縛和不自由，解脫而出。他開始把眼光投注在美之寬廣的海洋，在如此觀照之時，他將發現最富饒的交談及最高層思想的種子，而且在哲學上豐盈收刈，直到他獲得印證並增強力量，而自然而然獲得某一種形式的知識為止，這種美的知識我就正要談到。

任何人在愛的神秘國度探尋到這樣的地步，而且也依著順序看到美的所有這些方面，最後，終於接近了最後階段的天啟。……現在，出現在他前面的奇妙的景象，乃是他已經追求了那麼久的、美的靈魂本身。這是一種永遠的可愛之性，既不來也不去，既不開花也不萎謝，因為這種美對眾生是平等的(for such beauty is the same on every hand)，是過去及現在一如的 (the same then as now)，是此地和彼地同一的 (here as there)，是以此方式或以彼方式無二的 (this way as that way)，是對每一個朝拜者或對任何別的人也都是沒有差別的。

這種美的景象，既不以臉的形式呈現，或以手的形式呈現，也不以任何其他肉體的形式出現。它既不是言語，也不是知識，或者是存在於別的東西當中的某些東西，例如活生生的動物，或者土地，或者天空，或者任何別的東西 -- 而就只是它本身，並依著它本身，持續恆常地存在於一種永恆的「同一」(oneness) 當中，每一樣可愛之事物都分享到了它的一部分，但是這些部分不管是如何擴增或如何減損，既

不使美的本身增加一些，也不會減少一些，它永遠是不增不減的整體。（註7）

這是由個別的表象之美，提昇到兩個個別之美，乃至於所有個別之美的開放之喜愛，再由這些身體的美，上昇到律法、制度的美，再提高至知識的學習之美，復由一般的學習提昇而專注於美本身，最後終於眞實了解，眞正的美是什麼。人類的生命，必須在我們的視野能夠看到這美之靈魂的時候，才有價值，才有眞正的生存的意義。你一旦看見了這理型之美，則再也不會受到世間各種美麗事物，包括金銀珠寶、服飾、美少年乃至美女的誘引。藝術家如能見到此種美，便能眞正開拓精神的視野以至於無限，其作品是天籟而非人籟，如莊子之所言。（註8）其作品的感人之處，將不在於感官之美，技法之巧，而是在於生命的深沉體驗與心靈之無限躍昇，如莊子「逍遙遊」中所說，大年與小年、大知與小知的區別，此則有似大美之與現象界之小美的不同。庸庸碌碌追求小美之藝術家，何能了解追求大美、實現大美之生命藝術家的鴻鵠胸懷？

三、如來之美

柏拉圖的美之理型，是不來也不去，這即是佛法所說的「如來」；它既是不開花也不枯萎，此即佛法「如來」（在人曰佛性，在一切物曰眞如、或法性、法界等）的「不生不滅」；它又是永遠不增加也不減少，此即眞如性的「不增不減」。此亦**般若經**所說的般若空性：色即是空，空即是色，色不異空，空不異色；又云：不生不滅、不垢不淨、不增不減。此空性非是全無，而是假有，但亦非實有、固著有，而是在其本來之性中潛存無限可能。龍樹菩薩著**中觀論頌**，開頭所說「八不」庶幾近之：「不

生亦不滅，不常亦不斷，不一亦不異，不來亦不出。」故柏拉圖的此一「理型之美」，似亦可稱之爲「如來之美」，或「中觀之美」，或「般若之美」。不過，柏拉圖哲學中並無緣起法，無法像佛法那樣圓滿解釋經驗世界爲何是短暫而虛幻。另外，佛法並不捨棄世間俗諦而專講第一義諦的形而上學。佛法並不貶抑世間的經驗世界而獨尊如來世界，事實是佛法說出了世間變幻的特性，要我們了解它，而不要誤解它、執著它，更不要鄙視它。它是什麼樣子，你了解它、接納它，然後改善它、提昇它，那就是一種「如來」。世間本來是那個樣子，你也本來是你的那個樣子，彼此尊重、彼此接納，然後共同歡喜改善，不是就可以恢復它最初完美的面目嗎？從藝術創作來說，當然是要從感官經驗開始，產生知覺和內心的感受，一路再深入心靈深處，用最誠摯、潔淨的情感，透過藝術技法表現出來，不就是兼有了經驗及如來二者的美的上乘作品嗎？

第四節　模仿與淨化

一、唯美與道德

　　美含於何處？似可說人生到處都有美。美的具現，大別之，有含於自然者，亦有含於人造之物者。前者如好山好水，如清風明月，如山河遼闊，如鍊瀑千尺，如樹影成三，如日月移轉，星辰倏瞬明滅，如花香，如蟲鳴，如馬之奔馳，如鹿之漫興。當然，自然亦有不美者，如弱肉之強食，如山河暴裂，如狂風驟雨。有人謂，在電影中觀賞這些鏡頭，何以不覺其醜惡與恐怖，

而在現實生活中卻是不然？究其原因，可能是在現實生活中，這些現象與我們的實際利害有著牽連，我們無法超然。但是，一個具有悲憫胸懷者，面對電影中經過藝術處理以後的上述鏡頭，即使個人的利害不再牽絆，亦會失去其美感。在此，有一個在美學中經常被討論，而也經常有爭論的問題：美是客觀存在，不受我人主觀影響者？抑是隨我人之各種非美學及美學標準所左右者？換句話說，我們是相信「唯美」呢？或者我們贊同藝術也應與其他非美學的價值，例如道德的價值，一併考慮？弱肉強食之鏡頭，如純粹從唯美的觀點來看待，則只要它攝影的角度、色彩、運鏡等等都合美乎的標準，都合乎人心中美的理型或原型，便是美。但是從道德的角度來看，則它或者啓發人們，不該弱肉強食，或者只有不忍與醜惡，而很難說它有什麼美感。某些哲學家，如柏拉圖，或某些文學家，如托爾斯泰，頗傾向於後者的立場。換句話說，在不涉及任何利害以及不與道德規準衝突的情況下，美是可以單獨看待的，這時可以純粹從美的質素的觀點來判斷。但若一旦涉及利害和道德價值的判斷，則美似乎也就無法獨立自足地予以判斷。

二、亞里斯多德論模仿

亞里斯多德嘗謂，藝術之作品，無非是「模仿」。無論是悲劇、史詩、喜劇、頌神之詩，乃至於各式的琴笛音樂，都是「模仿」，他們彼此之間的差別，只在於媒介、對象及模仿狀態三者之不同罷了。媒介之不同，或為顏色，或為聲音，或為文字。模仿的對象是動作之人，但亦各各互異。或以表面動作為對象，而更宜深入其心理變化；即使表面動作，或人生各種關係的變動，也是千差萬別。至於模仿的狀態，如詩人（戲劇作家在亞氏作品

中概稱爲詩人）或者以記述爲模仿，或者使其所模仿的一切人物，悉皆以生活動作於吾人之前，此二者狀態即有不同。凡是悲劇，必具六個要素，即布局、性格、措辭、思想、設境、歌曲。亞里斯多德在其*詩學*一書中，曾詳論此六要素應如何應用於戲劇，而使悲劇能達模仿之極致。史詩與悲劇之結構不同，前者布局頭緒紛繁，情節廣包而平淡，但因規模宏大，易得典麗遑皇之氣象，而不致太單調；悲劇則情節緊湊，富於轉折變化，能引發恐怖與悲憫之情。若論二者之藝術品味，雖各有所長，但亞里斯多德認爲悲劇實高於史詩，因爲「史詩之元素，悲劇咸具備，且亦得用史詩之格律，復有音樂設境以輔佐之，能與人以極活潑之快感。且悲劇無論諷誦表演，其與人之印象恆極鮮明，又得於較狹之範圍達到藝術之目的；蓋藝術之精神，凝聚濃厚者恆比渙散稀薄者爲能發生效力，此盡人所知也。」（註9）

依亞里斯多德之所見，模仿是人天賦的本能，自童年即自然而有，而且模仿也是一種喜樂之泉源。人之異於其他動物者，爲最善於模仿，而凡模仿，都能在其中獲得愉悅，（註10）此亦所以藝術活動能得到愉悅的原因之一。但是，模仿與創造是否矛盾？二者能否相容？此尚待進一步探究。

三、模仿與創造

若是自柏拉圖的形上理論觀之，凡是世間存在之事物，沒有一樣是完美的。以這些不完美的事物，作爲藝術模仿的對象，那麼藝術作品之不完美，亦係合理之事。不過，我們須了解者，美之鑑賞與美之創作，都是主觀的精神活動，而主觀的精神活動，不是不可能提昇而了解美的理型的。藝術作品如果不是只模仿事物的表象，而能「模仿」事物的「理型」的話，那麼不是正足以

補充模仿對象—— 不完美的事物—— 之缺陷？若是這樣的話，藝術創造乃是人之追求完美性的實現，也即是使事物的「理型」再生的過程。所以，最徹底的模仿，是實現美的極致，而這也正是創造的真義。創造是超越了現實事物的模仿。故亞氏云：「蓋良匠畫像，固須求逼肖其人，然必加美焉。惟詩人作劇亦然，其狀人也，縱或其人有卞急，怠惰，或其他失德，而務存其真，然必有以崇闊之。」（註11）

　　另外，所謂模仿自然或「客觀」描繪事物，總是有著豐富的藝術家個人的性格和主觀的詮釋在裏面。四個畫家同時寫生一處風景，最後出現的是四張迥然不同的畫。「當我們完全沉浸於藝術品的直觀時，我們已不感到主觀世界與客觀世界的區別，我們不是生活在平凡普通的物理世界之現實中，我們也並非生活在個人的領域裏，而是超越於這兩種境界之上，我們覺得一新的王國，乃一造型美術、音樂的詩的形態的王國；並且，這些形態，具有一種普遍性。」（註12）

四、淨化論

　　亞里斯多德曾用「淨化」(catharsis) 一詞描述強烈或激情之戲劇表演對觀眾心靈所產生的效用。柏拉圖曾經擔心激情的悲劇可能引起觀眾情緒失控，造成靈魂或精神的失衡，使得理性不再主導精神活動的方向，以至失去了人的「正義」(Justice)。在柏拉圖的*理想國*，所有的文藝作品，都必須先經過有關機關的檢查，以免不良的內容或不當的呈現方式，污染了兒童及國民的心靈。托爾斯泰 (Leo Tolstoy, 1828-1910) 則認為「善」與「美」是分離的，必須經過努力，才能使美的東西也變成善的東西。藝術不應流於快樂或消遣，而是應該藉著科學的助力及宗教

的指導，發掘人性中的美好情感，教導崇高的博愛精神，使理性融入情感之中，使人類的幸福結合在一起。（註13）欲使藝術達到這個目的，真誠是最為主要的藝術表現方式。許多訴之於激情的藝術表現，既不美，亦不真誠。但是亞里斯多德卻以為，激情的藝術表現，帶給觀衆、聽衆或讀者的，不再是激情，而是平靜與清淨。這樣的看法，不能說完全正確，也不能說一定錯誤。卡西勒 *(Ernst Cassirer, 1874-1945)* 曾如是詮釋亞里斯多德的淨化說：

> *我們通過了藝術的門扃，激情的强力的壓迫和脅制，就都拋在身〔腦〕後去了。悲劇的作家，不是他的激情的奴隸，而是其主人；並且將激情傳給觀衆，而使觀衆能支配其激情。看他們的作品，我們並非由激情所動搖而神魂恍惚。……激情的本身已從物的負荷中得到解脫，我們感覺出它的形象及生命，而不感到其累贅。（註14）*

如果說激情的藝術，只能帶給人們心靈的淨化，那麼柏拉圖的顧慮是不必要的，而今天世界各國的各種審核或評鑑、禁止的制度也屬多餘。然而現代的心理學家所做的許多實驗，似乎有力地說明，大衆傳播媒體以及強勢的藝術形式（例如電影、文學作品等），其內容及表現方式都會直接影響兒童及青少年，而其影響並不全然像「淨化」那樣子是正面的，而有許多負向影響，甚至感染而成為一種社會風尚。這使我們不得不去思想，真正能夠淨化人之心靈的是，具有什麼樣之特質的藝術作品？這是一個很值得再進一步深入研究的問題。

第五節　藝術創作的層次

一、兩類藝術作品

眞正的如來之美，基於對宇宙及生命之終極的了解和體驗，可以助我們超脫這有形的，乃至於無形的不自在、不自由，而臻達至樂之境。雖不否定各種規則，但不受役於藝術的規則。於世間的各種活動而言，無不可由層次之提昇而改變其品質。就藝術作品而言，亦可有此二分類，一爲言法、言技巧、言義理、言語義遣辭、言經營造作之作品也，這種作品也可以達到很美的地步，但它卻很難達到眞美、最美、或柏拉圖所謂的理型之美的地步，它是有限的，是有爲法，是會朽失的，是有漏的，因它未超出義理及技法規則之範圍。

然則，另一類的文藝作品，便成爲創造者夢寐以求者：一種不朽的，一種俗話所說的不著鑿痕的，一種俗謂此曲只應天上有的，一種初學者難以捉摸的，一種喜著相者難以理解無以欣賞的，一種似合美感法則非合美感法則的，一種耐人咀嚼、耐人尋味的，一種歷經人世滄桑、時空的考驗的，一種只能依無爲法、依第一義諦始得恰適解說、或甚至是根本就無法解說的作品。

此二分類的差別，不但在藝術的形式如此，即在藝術的內容亦然。藝術的形式與內容，本就互爲表裏，一體兩面，互爲滲透、影響，互爲成就的。有何種內涵與精神，就需有其合適的表現形式，雖然內容與形式仍有其本質上的差異。我們要知道的是，藝術的一切技法，只有當其與內涵及精神結合的時候，才有意義。形式是可變的、應該變的，隨其所欲表達的東西不同而有不同。然只就形式而言，藝術工作者的運用、掌握和了解，也是

有高下之不同。一般而言，初學者要從形相的法則入手，然亦沒有一定。至少，形相法則只是一個階段而已，不是形式的終站，也即是說，從技法的形相入手，卻要超越其法則。

藝術之創作的極致，是在形式與精神、技法與內容等各方面同時成就，而成為一個嶄新的、有生命力的整體。當其整體呈現的時候，你所感受到的是一個完美而豐盈的印象，那些細部似可分析又不可分析。完美是無限的時空交織中的一切剎那及連續，而在豐盈中有著簡潔、潔淨及繁複交融之美。在單一中有無限多，在單純中有無限豐富，而在雜多繁華中亦有單一和純淨。在理想中有現實，在現實中亦有理想。似真似幻，似幻又似真。有刀斧鑿痕又似無刀斧鑿痕。既合經驗又超經驗。能吸引感官、震撼心靈，又能留下平靜及愉悅在心頭。可以用語言、文字、造形及聲音、動作等表達，而又超乎這些媒介。有言外之意，而聲猶不能盡其情。「言語道斷，心行處滅」，只有靠那奇妙的感受，周遍流行，不能自已。

二、藝術創作的理想

詩心者，詩之所以為詩的本質所在，它意指的乃是詩的必需條件和充足條件；詩心者，詩的理型。如人心之於人然。

戲劇、音樂、造形藝術、散文、小說、以及戲劇以外的各種表演藝術，亦都各有其「心」、其「靈魂」，各為各類藝術作品之「理型」。理型者，完美相，即是「太極」，即是「真如」、「法性」。各種藝術作品，在形式與精神、技法與內涵，均已達完美無缺、無以復加其美的地步，即是此種完美相。

藝術作品之所模仿，不但在模仿外表及精神，而且模仿外表及精神的完美相。這種模仿，須在藝術創作者的心靈與物之真如

合致感應時，才有可能達到。故此種模仿，除了世俗所謂形似與神肖以外，還有著對物之真如法性的感應、觸動、理解、體悟和交流。這種模仿，是對物之本來完美性的再現及復原，所以是在體驗感悟之「想像」中的「創造」。但此創造，非在天地本有靈性之外復有天地，而只是還原天地、還原萬物、還原其各各本性。本性者，無上之美，亦無上之善。這是藝術創作的終極目標。

三、創作歷程分析

試著分析我與物之美感交流互動的過程。

首先是敏於感受。

敏於感受者，乃是對於人自身處境的覺醒。感受到宇宙的性狀，自然的性狀，人生的性狀等等；感受到人事之無常，人生之孤獨無依，存在的煩惱，一切必須付出的代價，一切的自我束縛、自尋煩惱；感受到空幻的持性，一切如夢幻泡影的覺醒等等，都是創作的初機，是尋找人之自我定位的努力。以此初機為基礎的創作活動，才有其真實的意義。否則亦只如浮光掠影，強說愁苦，或粗淺的文字（顏色、聲音等）遊戲而已。

然而創作活動如果只停留在感受的階段，則終於不能說出人我、物我等之關係，也不能賦予作品價值意義。因此創作的第二階段，是同理心的培養，是一種悲憫的、同情的、關懷的、站在對方或客體之立場來了解他的心理。有時，它也代表一種讚賞、欣賞的誠懇的態度，或心理過程、心理狀況。草木樹石，庭前雜草，皆見其生機。人溺己溺，人喜亦喜。同理心的培養，使創作者由驚覺、感受到自身處境的純粹自我心理傾向，轉變成為自身存在與他存在的互動交流。人覺得自己的存在，不純粹是孤獨疏

離的「意義之貧乏」，而是一種尊嚴與職責，一種義務，一種應然。例如，人生不是完美，人生有缺陷，人的處境是困頓，但是，來此世界，不是偶然，不是枉然，也不是浪擲，而是乘著某種願望。這種願望的實現，甚至就只是追求本身，便賦予人存在的意義了。譬如有人說，我能付出和給予，就是最大的願望和最豐富的意義，而不是去獲得一些什麼。給予之樂，就是收穫。然而，即使這麼清淡無求的存心，也應該要割捨。藝術的創作的心靈必須如此，才能跨越孤獨、疏離而自憐的邊界，進入真正而寬廣的美好國度。

第三，是主客體的互動交流。創作者對其創作或模仿的對象（或觀賞者對其觀賞的對象亦然），先是產生敏銳的感覺，然後是同理心的產生。到了此時，客體受到了同理心的影響，似乎也動了起來，成為一個動態的 (dynamic)、隱含著主觀精神的客體。主體是以平等的立場與客體交往，像當代人文心理學家馬斯洛所說，當你欣賞落日，讚嘆於自然之美之時，你並沒有占有、支使、控制的欲望，你把落日美景這客觀體當成一有尊嚴的主觀存在來欣賞，而與之交流互動。

然後，到了第四個階段，是主客體之精神的合一。這是有相之藝術的最高境界，但是因為仍然有相，因為仍然存心於主客體的分別，所以才會立意，欲追求無相，追求主客的合一。若無分別，即不需合一，因有合一之一念，所以仍有分別。

到了第五階段，超越主客的美感，既非有相，亦非無相，乃是中觀之美、般若空性之美的境界。前此的四個階段，仍是世俗的、美學的、感覺經驗的藝術特質。藝術的創作或由此入手，或不需由此入手。由此入手而停留於此，而大談技法如何，自炫內容、形式及精神如何如何，而終難跨越柏拉圖所謂之理型之模仿

之再模仿也。因此，詩人（或藝術家）如何超越世相之美學，進入非美學、超越美學之非相卻又屬實相之美的本質的世界，便十分重要了。無相非眞無相，只是不著此虛幻物理，乃是見相、肯定相、承認幻相、接納之並從相解脫。技法非不重要，形式非不重要，內容非不重要，文字非不重要，但是我們也知道，詩不等於技法，不等於形式，不等於內容，不等於文字，也不是此數者的總和。詩（或其他藝術的創作，以下類推）是宇宙的眞實，透過文字語言（或其他媒介）所展現出來的美。此美直指宇宙人生之眞，也直指宇宙人生之善，善即眞，亦即是美的本質。詩人創作，而不知亦不覺自己在創作；詩人經營作品，但旣無存心也不自覺在經營；詩人見相，知其爲幻者，亦知其非幻者，乃能把捉宇宙及人存在之眞實。詩人宜自般若得此啓示。

第六節　美感教育

一、美與人生的關係

　　追求美感可能是人天生就有的、內心深處的需求，它似比較類同於自我實現的動機或需求。

　　美與人生的第一層關係是，人類需要美的感受和情緒、情操來充實其心靈，滿足其內在的需要。美感是一種精神的養分。人在衣食飽暖之餘，在有了安適的生活環境和安定的工作之餘，在歷盡人生各種風光的況味之餘，在享受幸福的悅樂之餘，仍然不忘去細細回味或思索那美感的甘甜，尋出一切豐滿之後的美的意義。而人在孤獨、挫敗、失意、怨艾或面對荒謬的處境之時，也

需要美感的撫慰和鼓舞。

由是可知，光只美之事物的欣賞或美之事物的創造本身，即是人生目的之一，也是精神活動的目標之一。美不一定要和生活上實際的應用聯上關係，美本身也可以是一種目的。

教育活動是要幫助人完成、實現自我，教育也要幫助人獲得幸福的生活。個體之全人的發展，少不了精神層面的發展，而這中間自然也少不了美感經驗的發展。再就幸福生活的獲致來說，自也兼攝了精神與物質，並以精神為其主導。美感的發展一如道德的發展，雖不是全人發展之全部，甚至也不是精神發展的全部，但它卻是其不可少的部分。教育的主要目標之一，是引導及促進個體之美感的健全發展，以完成人的精神活動。教育能幫助人滿足這種美感的需要。

美與人生的第二層關係，表現在各種器物的美的質素。建築物，各種日常的生活用品，包含器皿、衣服、工具等等，都可以因為經過「美化」而提昇其價值。「美化」的建築物，使人在賞心悅目之餘，更可以生活得安逸，或者提高工作的效率。優美的環境，使學生的學習效果提高，也能陶冶學生的良好氣質。悅耳的音樂使乳牛的乳產量增加，使工廠員工的工作效率提昇。適當顏色的環境佈置，能使人心平氣和；相反的，連續的噪音則使人心緒不寧，嚴重者會影響工作或學習效率及品質。從這些例子看來，美對於人的生活和工作，有直接而實際的影響。美的追求，實不僅僅是精神或心靈的滿足而已。適當地使用「美」，對於學習、工作、家居、生產、交通等等，都能有好的效用。教育的重要目標之一，是要使學生了解、體認美的質素，並且將之應用於日常生活及工作中，這是相當「實用」的部分。

美學的研究，釐清了美的本質，使我們了解美之判斷的標

準，從而有助於教育工作者較準確地了解美育的目標及其內涵之重要項目。藝術哲學探討藝術創作及欣賞的本質、要件、及歷程，也成為美育中引導學生創作及欣賞之課程設計的主要資源。教育工作者據此釐訂各級學校的美育項目，以及教學活動的內容與方法。

　　教育工作者更要引導學生，在各種教育活動中，培養欣賞環境、改進環境的敏感性，培養欣賞人生的素養和意欲提昇人生層次的動機，培養自我肯定、欣賞及關懷他人與萬有的胸襟，以發展、充實全人生的美感層面，使之擴充而達到生命及生活的一切層面。美育無論就其較狹義而專技的觀點，或較廣義而人文的層面，都依賴美學研究為其基礎和滋養。要而言之，美學是了解美的，而美育活動卻是要從了解美出發的。美的理想要靠教育來實現，美的理論要靠教育來印證。然而另一方面，教育活動則又依賴美學理論的指引和評鑑。這種關係，一如教育與哲學之關係。

　　以上是從美的精神層面及生活應用兩方面的功用，略論了美感教育的目標及重要性。其實美與人生的關係尚不止於此。上面也略述美學與美感經驗的關係。美學是一切有關美之研究的系統理論。先由美感經驗的研究，可以歸納出美學；而若由美的本質之直觀，也可以掌握美學的先驗前提。不論美學之研究的途徑如何，美學可以有助於我們思考美與人生之關聯。

　　美與人生的第三層關係是，美與真、善的追求，有著密切的關聯。真的追求有兩層目標，一是知識，一是智慧，二者有相關有重疊，但不一樣。善的追求則是美德的養成，善行的實踐，以及人生的幸福。這兩種真與善的人生目標之追求，都是基於對生命之莊嚴義務的感動。而美感的經驗，正是能激發人對生命之感動。例如春天來臨時百花競放，冬天嚴寒時冰雪晶瑩，落葉，飄

雪，日起月落，蛹變，蛇蛻，楓紅，巨浪，人之誕生，生長，青春煥發，衰老，死亡，能盡其份，能恰如其份，在剎那時空交會中，留下莊嚴的、美的印象，這極微的印象，總能觸撥心靈深處的優美、壯美、悲美、慈美、喜美、捨美。那些微妙的、剎那的感動，總增添悲涼之美、幸福之美、無常之美、痛楚之美。一切真實的情感，細細體味，都會是靜靜默默告訴我們，這生命是你的，這生存是美麗而美好的，端看你去如何「實現」它。為什麼要求真？因為求真是美好的；為什麼要求善？因為求善也是美好的。他們之所以美好，是因為能助我們完成人生之美好。美感經驗的最可貴之處，是能喚醒我們莊嚴「面對」生命之存在的動機：精進追求真與善之人生，以完成美好之人生。故美感的經驗，正是完美人生的初機。美感經驗的引導，乃是教育的職責。美感教育的最深刻的目標，便是指向真善美合一的完美人生。

二、美感教育的規畫

由是，我們可以如此規畫美感教育：

㈠感官經驗方面，先培養學生對大自然之美及藝術創作之美的敏感度（敏銳性）。對美的事物，能感知，並進一步能欣賞，復進一步產生同理心的交流互感，逐漸達到主客體的分別之消泯。這個階段的教育，是在於知美、愛美、接受美三個階段，使人不至於見美而不知美，或者美醜不分，也不會產生冷感症，甚至成為「美盲」，即不知美為何物，無法對美產生感動及反應，或者對美之反應不恰當。

這個階段的教育，教師應帶領學生多接觸、了解大自然的各種變化及生態，讓學生多觀賞美的藝術作品，也要提供、布置美的生活及教育環境，包含硬體及軟體。硬體者如教室建築、布置

及校園美化，軟體者如教師說話的音調、臉部的慈祥喜悅、衣服的適當穿著等等。教師本身即需先有足夠的美之敏銳性。缺乏美感之教師或教育工作者，即無法引導學生走上正確的美感經驗之路。

㈡在內心精神發展方面，雖然往往是接續感官經驗而來，但是由同理心的流出，至主客的交感、平等、融和，分別心的泯除，超越主客對立、分別，都是起自內在真心的覺醒，和妄心的消除。在此，美與善的心理動機與傾向是一樣的。上面說過，善的動機可由美的感動而激發，反過來，善的心念亦是引發美感理型的基礎。真正的善法，是在既莊重又輕鬆的心情中發展，這裏面有著人與人、人與物之關懷，但也有若干「心理距離」。所謂「心理距離」是美感的一個要素，佛法中稱為「捨」，也即是沒有了占有的欲念，沒有我與他的分別，沒有利害的關係，也沒有了功利心。這既是美的要素，也是善的要素，是二者所共通的。偏於過分自制、自責，凜於嚴肅的道德責任感，而有了很重的心理負擔，就像過分放逸而失去節制一樣，都不是善法（正常而合適的方法），都無法解脫，都不是中道。道德的中道之達致，可以從美的心靈獲得協助。教育工作者要了解善與美的這一層互動互利的關係。學習調整自己的心理狀況，使盡量不落入二邊，盡量合乎中道，是教育的重點，尤其是人格教育及情感教育的重心所在。今日學校之談道德教育、心理衛生、乃至心理諮商輔導，都要以此為根本。因為朝這個方向去做，不但可以培養一個人，使他有道德，而且可以使他快樂及健康，美的愉悅是美感教育的目標，而這種愉悅不但是短暫的感官經驗而已，它應該擴大到內心的情緒及情感，成為一種心理的習慣。愉悅的心情進一步擴大、發展成為愉悅的人格，再擴大即有愉悅的生活和愉悅的人生。這

種愉悅的心情成爲可貴的禪定狀態，愉悅即是禪定，使人的眞心
敞開，有了自由、自在、和創造，此即善心，此即智慧之開展。
美感教育的重要性由此可以明白看出。你有什麼樣的心情，便有
什麼樣的命運。美感教育是要培養這種合乎中道的愉悅心情。

附　　註

註1：亞里斯多德，**形上學**，1078b。

註2：亞里斯多德，**詩學**，傅東華中譯，台北：台灣商務，民
　　　56，七，頁25-26。

註3：*Melvin Rader, ed.* **A Modern Book of Aesthetics**
　　　(New York: Holt, Rinehart & Winston, 1973),
　　　pp.27-28。

註4：*Immanuel　Kant,*　**Critique　of　Judgment**,
　　　trans.James C. Meredith, in **The Philosophy of**
　　　Kant, *ed. Carl J. Friedrich (New York: The*
　　　Modern Library, 1977〔1949〕),First Section,
　　　First Book, First Aspect,　§ 1-§ 6。

註5：*I. Kant,* **Critique of Judgment**, *First Section,*
　　　Second Book, § 23。
　　　另參閱吳康，**哲學大綱**（台北：台灣商務，民71），下
　　　冊，頁555,571。

註6：參閱 *Plato,* **Republic**, *X,trans. Paul Shorey, in* **The**
　　　Collected Dialogues of Plato *(Princeton: Prince-*
　　　ton University Press, 1971), pp.822-823。〔*pp.597*
　　　b-598〕

註 7 ： *Plato, **Symposium**, trans. by Michael Joyce, in **The Collected Dialogues of Plato, op.cit.**, pp.561-562*。

註 8 ： ***莊子***，「齊物論」。

註 9 ：亞里斯多德，***詩學***，傅東華中譯，同上引書，頁 *77*。

註10：同上書，頁 *15*。

註11：亞里斯多德，***詩學***，傅東華譯，同上，頁 *43*。

註12：參閱張秀亞譯 *E. Cassirer* 著之「論藝術」，載於張秀亞譯，***論藝術***（台北：大地，民 *61*），頁 *24-25*。

註13：托爾斯泰，***論藝術***，耿濟之譯，（台北：晨鐘，民 *61*），頁 *168*。

註14：張秀亞譯，***論藝術***，同上引書，頁 *31*。

第 七 章
宗教與教育

第 七 章
宗教與教育

第一節　宗教的本質

　　什麼是宗教？真正而完整的宗教，含有哪些特質？宗教信仰的心理過程如何？宗教有什麼功用？它與人類、人生有何關係？宗教與教育有著什麼樣的關係？宗教有助於教育嗎？教育能從宗教得到什麼樣的啓示？以上的這些問題，是本章各節中將分別討論的主題，也是關心教育者可能想去探討的一些重要問題。

　　在第一節中，先探討宗教的本質，也即是研究真正的宗教是什麼，它應該具備什麼樣的條件和特質。在此節中，亦兼論及信仰宗教的心理過程。

一、世間與出世間

　　首先，宗教是涵攝世間法在內的出世間法。什麼是世間法？它意指器世間（經驗世界、現象世界、物質世界）的所有之存有（存在者）以及變化的規則。什麼是出世間法？它意指超越器世間存有及變化規則的宇宙及生命之真實本質。宗教是不離世間、不離世間法，但卻是超越世間及世間法的出世間法。宗教不是純

粹的出世間法，它不是不食人間煙火者。離世間即無宗教，離人類也無宗教。但是反過頭來說，拘執於人間、拘執於世間法，而不能超越之，當然也不可能是宗教。故宗教，包含了物理現象，涵蓋了經驗法則，尊重人類文明，與世俗的生活有著關聯，但是，又把世間法的不可避免的缺失、偏頗、不完整、沉淪、污染，加以提昇，予以淨化。世間法是變易法，是有漏法（有缺失、有煩惱），整個器世間，是個大道場，是所最大的學校。杜威說：「學校即社會」。而其實，整個世間，都是學校，有大大小小的、各式各樣的教育及學習，磨練及考驗，在進行著，或看得見，或看不見，而這些教育活動，乃是在淨化及提昇人性，淨化及莊嚴人生，永遠是不斷地超越現狀，超越命運，以追求完美及永恆，追求真理和智慧。這種完美和智慧，即是存於出世間法當中。在大的、持續學習的教育及考驗中，有的人因有良師益友，有善知識的協助，而他本人也能珍惜、把握機會，所以進步了，不斷精進，不斷超越。也有人因為學習不得法，或者沒有良好的引導及切磋，或者因為不能謙虛，所以沒有什麼進步，甚至退步。宗教在本質上，是從世間學習，超越自己，以躍昇而達到出世間之境界的一個教育的歷程。所以第一個檢驗宗教的標準，是看它是否涵攝世間、關愛人類，並教化人類，使之不斷超越以提昇自己，追求完美及真理。如果有這樣的教化作用，是宗教，如果缺乏這樣的教化作用，便不是宗教。

二、自力與他力

其次，宗教之本質論者，常謂宗教需有他力，亦即假設有一自然之主神或多位神祗，以為崇拜依賴之對象，並以為禍福之所依。例如在基督教有一位、而且只有一位真神耶和華，祂不但創

造了世界，而且創造了人類以及其他的生命，立下了行為的規矩，善惡的界線，以及道德的原理。基督教的教義以為，凡是相信這位全能全智之神，並且能依祂的教訓而行的，必能在死後往生天國，並獲得永生；而凡是不信祂，也不依祂教誨而行，則在世界末日接受審判之時將永墮地獄。回教則崇拜唯一真神阿拉，而耶穌等聖人在回教教義，則為先知之列。印度教則尊崇梵，以梵天為創造之神，人生在世之修行，則以與梵天合而為一為主要目標。

　　宗教之以超自然之神祇為皈依崇拜的對象，一方面是由於人之理智的缺陷及情感的脆弱，亦是人的能力、智慧及信心不足所致。另一方面則是因為人類欲以完美之神的模範，作為學習、效法之榜樣，使人類自己在將來，也能夠和神一樣的完美和偉大。故宗教之立神祇以為膜拜，既是由於人本身的缺點和自信不足，但也是由於人的謙虛和精進。大凡人若已自覺完美而無缺點，要不是真無缺點，即是謙虛不足。謙虛不足者不易皈信宗教。

　　但是我們需知道者，宗教若是完全強調他力，則不是真正的宗教，至少不是完美無缺之宗教。皈依神，應該完全相信，完全信賴，沒有自我，這是可達致我與神感應乃至合而為一的途徑，基本上對信仰宗教者而言，應該鼓勵他如是為之。這是崇信的部分，在宗教中理當如此。但是宗教行為除了「信」是很重要以外，「解」和「行」也同等必需。「解」是了解教義，開發內心的智慧，包括生活的智慧在內。「行」則是依教理去實踐，在心念思想、言語行為、生活工作、自處待人等各方面，依照宗教教主的教導，切實去踐履，如此才能得到信仰宗教的真正利益，才能因著宗教信仰而在我們的思想觀念、見解智慧、人格發展等各方面有著增長，進一步改造生活及命運。

佛教雖以釋迦牟尼如來為教主，但並不以為如來是世界的創造主，也不以他為人類福禍之主宰者。所謂如來，是能把生命體內在的真我，完全實現，使真我完全覺醒，達到最清淨、最圓滿的境地。人人生而都有真我，只是蒙塵含垢，佛教徒之皈依佛，是以如來為導師，為啟發者，為學習的榜樣。如來是已覺悟者，是智慧圓滿者，是已經經歷長久時間的學習而獲大成就者，故他最了解應該如何學習，才能夠充分發展我們自己的真如。因為如來是真語者、實語者、不誑語者，我們若依照他的教誨，切實去行，則有朝一日也能像他一樣，至少能夠趨近於他所已成就的境界。

故宗教是兼顧自力及他力的。他力之所以必要，是因為自力不足，需要他力來引導和幫助。只有他力，而沒有自力，亦是徒然。俗謂天助自助。又說，師父領進門，修行在個人。又云，我們可以把一匹馬牽到水邊，但卻無法強迫牠喝水，除非牠自己有張口喝水的意願。所謂佛度有緣人。一個人若一點自力救濟的意願都沒有，則佛菩薩或神祇也都沒有辦法來幫助他的。一種好的宗教，是藉由超自然的存在的他力，來激發一個人的潛力，但若此人實在不肯接受宗教的協助，則宗教亦是無能為力。換句話說，如果信仰宗教能夠得到某些好處，例如心靈的平靜，智慧的開發等等，那麼此人便不能從宗教得到這些利益。也即是說，此人必須靠自己或靠宗教以外的其他方法，來解決問題，引導自己的生活方向，修正自己的行為等等，例如依靠哲學。然而一個好的宗教，總能提供好的修行方法，依教而行，通常可立即獲得利益，而哲學是否有如此安排？則實不無疑問。哲學與宗教的一個重大區別，是宗教必須可實行、可印證，而哲學不必如此；宗教必有他力來協助自力，而哲學也不必如此。哲學以可印證實踐為

佳，但不一定如此，而宗教則必須要可實踐可印證，因此好的宗教必然對實踐的方法及步驟，做很好的設計和規畫，而且最重要的是，宗教不是以信徒爲實驗品，宗教的修行原理及方法，都是已經教主及歷代的祖師大德或先聖先賢、先知先覺者親自實行過，親身體證，眞實不虛。高級的宗教，大都如此。信徒依教義而行，也都可以親證，並不虛假。宗教都講他力，這也是宗教的必要條件之一，但哲學大多不談他力，偶然有之，亦不以他力爲強調。故宗教固都承認他力的存在及重要性，而且主張皈順、依從、崇拜完美且有大智大能的他力，能夠獲得大利益，但眞正的宗教以此爲有效之開發自力的途徑，而不是以崇拜他力爲終極目標。崇拜他力是修行方法之一，而且幾乎是一切宗教都強調的主要修行方法。但是只有眞正的宗教，是藉此引發生命體自有的潛力，而不是以他力的崇拜爲最後的目標。這一點可能是佛教與若干其他宗教不同的地方。這也說明了，爲什麼佛教是一種人文的宗教，而不是神本的宗教。

第二節　宗教的功用

宗教之發生及存在，有其積極的價值和意義。本節擬從宗教與個人、宗教與社會、宗教與人類前途等幾方面加以討論。

一、對個人而言

對個人而言，宗教有如下的功用：

(一)使心念靜定

　　宗教都有禪定的功用，能使人散亂的心念集中，浮躁的心情安靜安定下來。宗教有著超世俗的崇拜對象及教義訴求，易於使人從各種現實生活的拘束和考量超脫出來，而不再隨著現實的流轉而忙得團團轉，或者亂了方寸。換句話說，宗教能使人在現實環境中冷靜下來，獲得相當的定力，不致隨境流轉。

㈡使身心淨化

　　宗教的教義、儀式和讚頌等，都寓有使人身心淨化的教化或熏陶作用。宗教的戒律，注重心口一致，言行相隨；宗教的儀式、崇拜、讚頌、詩歌、唱偈、祈禱等活動，都能營造出莊嚴肅穆而清淨的氣氛，能使人在心念及身體互相配合的動作中，潛移默化，達到心情的感動，教義的體悟，並生出見賢思齊、希聖希賢、舍我其誰的情懷。宗教的方法多元而有效，能夠達到循循善誘、引人入勝的身心輕安歡喜的境界。宗教能給予信仰者「法味」之享受，因此能產生增強作用，使信者愈信。宗教活動若是不能產生「法味」，使信仰者感覺索然無味，在身心方面也沒有什麼體驗，沒有因為身心淨化所產生的輕快、歡喜、愉悅、充實和舒適，那麼便容易退心。

㈢使心情安慰

　　人生有孤寂、病痛，世事多變化而無常，生存的旅途有歡樂但更多困頓，名利有得失榮枯，而這一切，有朝一日都會隨著生命形體的老去而消逝不見。宗教的生命觀不是一期的斷滅觀，而是生生世世不停流轉相續的形體轉換觀，以佛教來說，更有因果業報及生命緣起的理論，足以明確而完備地說明生命的真相以及人生各種現象何以會如是生，何以會如是滅的道理。正確而完整的宗教生命觀之所以優於哲學生命觀的原因，在於一般的哲學只講一期生命的斷滅，無法合理完滿地解釋人生的各種現象和境

遇。無法解釋的結果，便是如存在哲學一般，以「荒謬」二字來狀述人生，這樣做並不能使人信服。眞正要安慰人生的苦難，撫平心靈遭受各種挫折、打擊的創傷，最重要也是最有效的辦法，便是把生命的眞相告訴他，而這只有正信的宗教才能做得到。除了正信的宗教以外，都無法眞正使人類的心靈得到安慰，得到平靜，沒有怨尤。正信的宗教，絕對不是鴉片煙或麻醉劑。

㈣使正確的價值觀確立

正信的宗教，應能使信仰者在「信」、「解」、「行」的過程中，不斷修正他的人生觀，充實他的生命觀，而最後，終於能建立起一個完整而正確的人生觀及價值體系。到此境地，他便眞正能做到知者不惑，仁者不憂，勇者不懼。生存對他來說，不是茫然一片，而是了然於胸；不是負擔，而是完全在自己的主導和掌控之下。這時的生活，不但是遠離了顛倒夢想，而且不再有怖畏恐懼。這時，使是宗教的「證」的階段的出現。因爲生命觀的改頭換面以及價值觀的確立，此人不但在思想觀念煥然一新，而且在生活工作及待人處事等各方面，也都是脫胎換骨，與此之前迥然有別。也因爲如此，他的身心健康，他的家庭生活，乃至於人際關係，工作表現，都會更實在、更完滿。換句話說，他的命運改觀了。宗教承認有「宿命」的存在，但是承認「宿命」並不一定是「宿命論」。正信的宗教，要我們認清宿命，但不要我們去做一個宿命論者，相反的，應該成爲一個命運的改造者。如何改造命運？從宗教的信、解、行，一路走來，就已經是在從事改造自己命運的工程，而只要有任何大大小小的效果，便都是證，便都是命運改造的成果。

二、對社會而言

其次，對社會而言，宗教亦有如下述之功用：

㈠個人善則社會善

社會是個抽象名詞，是假設之名言。社會者，個人之積所成。沒有個人，就沒有社會。這就如同，沒有眾生，就沒有菩薩一般。個人好，社會就好；個人不好，社會也就好不起來。由上段之所述，宗教能夠成就個人，使個人身心清淨、心念靜定、心情安慰，並確立正確價值觀人生觀。換言之，宗教能成就個人之善。既然如此，宗教亦能間接成就社會之善，其理至明。故宗教之社會功用，首在藉由造就健全之個人，以結合成健全之社會。社會教化，亦無非須直接教化個人。但教化個人，亦須使之成為社會中之個人，而非孤立之個人。故宗教的社會教育，固須以個人的教育為基礎，必須落實於每個個人的行為及氣質之改變，但其目標，則必須兼顧個人與社會群體的關係，兼重個人潛能充分發揮與群體的共同福祉。這兩者之間，要做適當的結合，不可偏於一極。偏於一極則落入個人主義或社會主義，則不得行於中道。宗教者，須是中道之學，中道之法。於此社會教化之功用原理而言，其理亦然。

㈡淨化社會

今日社會，有各種雜染，實不僅止於五色令人目盲、五音令人耳聾、五味令人口爽、馳騁畋獵令人心發狂而已。空氣、水源、噪音、垃圾等等有形的污染以外，還有貪婪、瞋恨、爭競、鬥擊、仇視、報復、陷害、誣告等等人心的污染。社會的秩序被漠視，自制的能力變得薄弱，自由被誤解，民主被濫用。自由與民主，本是多麼可愛而又珍貴之事，我們何時可還其本來面目而

得其眞實利益？

　　但是社會並不是沒有顯現善的端倪。善良的大衆常缺乏領導和鼓勵，缺乏有效的統整和組織。若是一個社會的上層結構，如政府、社團、機構的領導者，不能善盡職責，則社會的善端便無從滋長。宗教的教化，教化一般社會的大衆，並且也要喚醒社會各階層之領導分子的慈悲心和菩薩行，從制度面、從社會風氣之引領、從社會整體利益的考量，來重整社會秩序，重建社會倫理。各階層的領導者，責任甚大，影響甚大，絕不可自己腐化、自己污染。此不僅是爲己，而且更是爲了大衆。

三、人間淨土

　　基督教的天國，固然是在彼處，但也是在此地。佛教的淨土，不但是在死後的世界，而且也是在此人間。追求未來的安樂世界，固然是宗教的目標，然而建立現世社會的安樂，更是宗教信仰的利益。宗教不是忽視眼前，追求未來，而是從建立人間的淨土或人間的天國著手，使我們的社會和諧、互助、沒有污染、向上、向善、進步，提昇眼前的社會風氣，使人人生活在良好的氣氛當中，然後進一步引導他們，使人人之善心善端，不斷滋長，則可以把福慧伸長到超越現世的無限生命之中。故宗教的利益，兼顧了個人與社會，也兼顧了現世社會與未來淨土。心淨則國土淨，有健全之個人，則能集合成健全的社會；而建立人間淨土，不但不妨礙未來往生淨土，而且有助於擴增衆生世界多成淨土。天國或淨土，是藍本，是模範，我們何不也仿照那理想的藍本，在眼前的世界，就建造大大小小的淨土呢？家庭可以是淨土，社區可以是淨土，一所學校，一個鄉鎮，一座城市，一個機構，一個團體，不都可以經營成一個個小型的淨土或樂園？把他

們聯綴起來，或者把小淨土擴大，不就成爲大的理想社會、或理想國、或理想的世界？

　　如果每一個家庭是個監獄，甚至是座地獄，每所學校、社區、城鄉、機構，都像監獄，甚至像地獄，那麼不必等到身後，眼前便已是生活在地獄裏面。今天，有的國家，不就像是個大的監獄嗎？宗教給予我們的啓示是，你想生活在什麼樣的社會環境裏面，是看你如何經營那個環境而定，你種了什麼因，便會收成什麼果，所謂心想事成，或謂萬法唯心所造，不是沒有道理的。心淨則國土淨的另一解是，你想國土淨，去做，就能成就。宗教標舉理想社會的藍圖，正是要人類依此藍圖發心立志，在每個所在，構築和平安樂而清淨的生存環境，沒有各種各樣的污染，沒有爭吵，沒有戰爭，少有煩惱，沒有饑饉，沒有水災旱災，沒有天災人禍的傷害。各階層的人類，要盡其職分，共襄此舉，而各領導者更要發大心，協助衆人，達成共識，齊心努力，建立人間淨土。

　　由是可知，人類的前途，實繫於人類自己。宗教不是宿命論，上已述之；宗教顯示的眞理是，人類的命運，就掌握在人類自己手裏。這就是因果論。種瓜不能得豆。宗教不能預測人類的命運將會如何，但是它能告訴我們，如果你怎麼做，那麼你的命運就會如何。人類的命運和前途，是不定的，那是因爲人類的心念不定。因爲心念不定，所以做法也不定。是故，結果亦不定。一種眞正的、合理的宗教，必然把禍福之道清楚而明確地顯示在那裏，甚至會苦口婆心地勸導說，你應該如何如何，才有可能使文明進展、環境清淨，才有可能使福慧綿長、子孫安樂，但是你肯不肯相信、肯不肯去篤行，那還得看你自己。宗教的功用，是啓示我們禍福的眞理，進一步啓發我們的智慧，俾在人類文明的

發展中，時時做出最明智的抉擇。

第三節　世俗教育與宗教教育

宗教與教育在本質上是不同的，但兩者卻也有相當的關聯。然則，宗教和教育在本質上有什麼不同呢？他們有沒有相同或相似之處呢？還有，宗教與教育應該有什麼樣的關聯呢？這些都是從事教育工作者，值得去探討、思索的問題。

一、信解行證

宗教是一種信、解、行、證的活動，上已述及。信是信仰，解是了解，行是實踐，證是體悟和印證。宗教的情操，基本上是一種信仰的情操，信仰是一種情感移入的作用。但信仰仍需以了解爲基礎。有些信仰者可能把理性的成分自宗教活動中完全或大部分抽離，而只訴之於情感或情緒，結果便會有盲信的危險。盲信是不去理會形成宗教的宇宙觀和人生觀，也不真正想去尋求人生境遇之各項難題的解答。如此一來，便很可能執虛幻以爲眞實，仍在痛苦煩惱中打轉，或以虛幻迷離的麻醉來安慰自己，終於還是自欺欺人，無法獲得眞正的解脫和自由。

人因爲感受到生命的無常性，遭逢到人生各種憂惱悲苦而難以紓解，遂覺到自己的所知有限、所能有限，也了解到人類的缺陷、弱點等等的不完美。由於這種謙虛的自覺，以及急切尋求宇宙、人生各種問題的解答，而有了信仰的初機。這時，他藉著聽講或閱讀，漸進或密集地去探索；他親近良師益友（善知識），

使他的探研過程更爲順利。他不僅要做理性思考，也要在生活中觀察體會；理論和生活經驗，來來回回地相互參照、印證和修改。他更要在實際生活和工作上，遵行教義中的訓誡；在觀念和人生態度上，因著信仰而有了根本的改變和調整。他要修習靜定，在靜定中使智慧和潛能得以釋出，並能觀見眞理，了知世間生滅法相。這是一種學習和自我教育的過程，是觀念和行爲改變的歷程，也是追求眞理、獲得大智慧的努力。

宗教信仰不能而也不應與生活實踐分離。信仰若只停留在言說的層次，是不足的。在生活中實踐信仰，並逐漸形成一個人的生活觀和生活型式，最後會改造這個人的人格。這也即是現代心理學家，如布魯姆 *(Benjamin Bloom)* 、克瑞斯沃 *(David Krathwohl)* 等人所謂「價值或價值複合體之人格化」 *(characterization by a value or value complex)* 的情意學習 *(affective domain of learning)* 的最後階段。然而這種生活觀不是孤立的，它是那更大架構之生命觀和宇宙觀的一部分。

二、世俗學問與宗教眞理

宗教與世俗學問一個很重要的相異點是，前者要討論及一個人生前和死後的問題，並給予解答。世間之學通常只局限在由生至死的一生。宗教並不是不重視人的現世存在，但是它要在一個更寬廣而實際上也更完整、更眞實的架構中，來看人的現世存在。例如佛教是要在緣起法和三世因果的架構中，來理解和談論現世。在宗教家眼中，現世存在並不是孤立的事件，若是像某些存在哲學家一般把它單獨、孤立地看待、研究，則有很多現象無法圓滿解釋，而宇宙及人生的眞理也無法如實掌握。是故，若只執著於狹義的人生哲學，而忽視了宗教之寬廣而完整的視野，則

所證得的眞理，將只是「支離殘缺」的眞理。「支離殘缺」，並不必然等於掌握了部分的眞理，很可能是錯誤的理解和認知。

我們都知道，教育是要將知識、技能和情意等教導給學生的。這些所教導的，應該都是所謂的「眞理」。問題是，它們都是什麼樣的眞理呢？是只有狹隘的世俗之學的「眞理」呢，抑是包含超越世俗的宗教的「眞理」在內呢？換句話說，我們是否只教導下一代一些支離殘缺的「眞理」？或者教導他們完整的眞理？

今天世界各式教育內容，從其分門別類的專門領域來看，確實各有長足的進步，令人喝采，例如醫學技術、電腦技術等，在其相關領域，產生明顯而良好的作用及影響。教育的目的，是在求取個人及群體的幸福；教育之部分的專門領域的學術，都是能夠促進幸福的助緣，他們的進步，確實是重要而必需的。但是教育的各領域、各部分，正如同人生的各個部分一般，都必須統整在一些根本的觀念、認知、思想和價值上面。

對人、事、物的正確認識和了解，對自己和對生活世界的正確觀念，才是影響人類幸福的決定性因素。生活及工作的科技和知識，這些具體而實務的東西，都是我們應該珍視，或至少不該輕視的。然而即連我們在這兒強調「不可以輕視」這種態度，還是涵蓋在觀念或價值的範圍裏面。我們所深切關心的是，今天的學校教育或其他形式的教育，是否已經正確教導我們的青少年和兒童，比方說，以何種「態度」來對待自己、別人、環境等等，才是最合適的？例如，過分重視或輕視科技和物質，都是不合宜的。我們要教導孩子的是，在什麼情境下，該抱持什麼樣的態度來看待科技和物質。他們還要進一步學會判斷和決定。這只是一個例子。但這是一種價值的教育，也是一種「中道」的教育。

中道的教育，必是建立在正確的觀念和價值上面，始有可能。而正確的觀念和價值，又是建立在正確的宇宙觀和人生觀上面。而這種宇宙觀和人生觀，不可能源自截首去尾的狹隘的現世生命哲學。正確的人生哲學，應該是在正信的、完整的宗教寬廣殿堂裏的人生哲學。

今天人類教育的最大隱憂，是在於價值的教導方面，無法眞正引領學生，發展其辨識善惡禍福的智慧以及實踐人生幸福之道的意志。而這正是正信宗教的長處：透過信解行證，了解離苦得樂之道，並實踐之而獲大益。

三、學校教育的困境

以學校教育爲例。如果學校課程，缺乏那種宏大而完整之宇宙觀和人生觀的涵攝，那麼便也會缺乏有深度的、強而有力的、令人信服的教育理念的主導和引領，結果實際的教育工作，便也缺乏那種踏實的、一步一腳印的、有信心而充滿意義的、辛勤走過的痕跡。由於視野不足，視界偏低，視線模糊，便可能導致本末顚倒、以非爲是、以是爲非、積非成是，而尙自以爲得計。若是教育工作者，漠視了深廣正確之教育理念的重要性，則課程設計便缺乏可追溯的究竟的教育意義，因而也缺少了人生的意義。某些課程，外表看起來，五顏六色，琳瑯滿目，但是很貧血。它們是 *non-sensical* 。課程本身不該是目的；它是因爲某些有重大、豐富意義的教育目的，才有存在的價值。課程不是爲課程本身而存在。課程不是爲了教師的生存而存在。也不是爲了學生即興、偶發的需求而存在。不錯，在某些意義來說，課程是要相當程度地顧及教師的需求、學生的需求、家長的需求，甚至是政府的需求等等，但是它應該以圓滿達成教育目的，俾能豐富人生的

意義為主要依歸，它應該是依此目標來設計。參與課程設計者，應該注意到，所有課程的安排和內涵的選擇，都可以在不同階段適當地追溯到那終究的意義。今天的學校課程，包含了一些無需存在，而實際上學生既不感興趣，對生活及工作也沒有太大效用的學科和學習。而一切迫切需要，可以補偏救弊，可以重整社會秩序、建立人生價值的學科，反而不包含在內。他們被有意、無意或政策性地忽視。即使包含了這些有用的學科，卻又因為種種原因，而不能落實教導學生，或教材不恰當。結果，教育經費的增加，軟硬體設備的更新，教學時數的增添，乃至於各種煩瑣教育措施的出爐等等，都無法挽救教育品質及社會生活品質的低落。

如果教育工作者，也缺乏上述那種深層而宏廣的人生認識，那麼他們在價值信念上便顯得和一般人並無兩樣：他們自身也把握不住人生的方向，也有許多解答不了的人生疑難，又缺乏自信心，因而也欠缺應有的教育理念。教師若是不識亦不信宇宙及人生的真理，又常懷貪、瞋、我慢，日常則言不及義，對教育缺乏熱忱，只關心己利，對學生缺乏慈悲心，對人群鮮少關懷，如此而希望他們能教育出優質的下一代，實在有如緣木求魚了。

第四節　宗教在教育上的應用

一、建立完整而正確的教育哲學

從教育的內容來說，宗教可以提供完整而寬廣的生命觀的基礎，使得課程的設計不局限於狹隘的、一期生命的幸福論，而也

因為如此，反而使得這現世的幸福，更有保障，更不至於落空。
這樣的論調乍聽之下，是有些弔詭的，但卻也是真實的。

對世俗的教育哲學而言，課程論只需建基在世俗的人生哲學
便已足夠。但是如同在上一節之所論述，世俗的人生哲學是有嚴
重缺陷的，以之為基礎來建構教育哲學，並據此教育哲學來規畫
的課程架構，因而也是很有問題的。

宗教對教育學的第一個重要的貢獻是，宗教的生命哲學由於
見到世俗人生哲學之所未見，它是完整的，所以才能建立完整而
正確的教育哲學。由此完整的哲學所設計出來的課程及教育的內
容，才能真正涵蓋生命發展的需求，才能真正解決生命發展中之
一階段：即現世人生的問題。也即是說，宗教的生命哲學，跨越
了生命的各個階段，而都涵蓋之，在這樣大的生命觀裏面所見到
的生命現象，才是真實而完整的。在這樣一個大的、完整的生命
發展的過程和架構中，現世的人生只是占其一個階段、一個部分
而已。你要照顧好這一小段的人生，先得認識、了解整個生命發
展的過程。這一小段的人生理想，表現在教育哲學及課程論上
面，是已經融會在整個生命發展進程之寬廣的理想當中。兼顧大
的生命以及階段性之這一期人生二者的需要，才是真正健全的課
程理論。所以本章呼籲教育工作者應該先有宗教的素養，而後才
來規畫課程。因為只有如此，才能規畫出合適的課程。

所以宗教的好處是，它能呈現出生命的真相，而在此真相
中，現世人生的真相也才能顯現。教育哲學若不以人生論為基
礎，也就罷了；若須以人生論為基礎，則我們當然要選擇那能夠
彰顯出人生真實相的人生哲學。沒有一種夠資格的教育哲學，不
以人生論為基礎的，故而也沒有一種夠格的教育哲學，不以這種
能顯現人生真實現象的人生論為其教育理論之建構的基石。

二、樹立良師典範

宗教對教育之第二個可能的貢獻是，宗教家樹立了非常值得教育工作者效法的良師榜樣。

宗教講究的是無我的精神。基督教的教主耶穌捨身為世人贖罪。他以身示範施比受更有福，證明愛是恒久、忍耐，是無止息的奉獻和付出。而佛教教主釋迦牟尼如來，以言教及身教發揚四無量心：慈無量心，悲無量心，喜無量心，捨無量心。又以身教宣講菩薩應修習六度（六波羅蜜）：布施，持戒，忍辱，精進，禪定，般若。布施有財施，法施，無畏施等種類。教育工作是屬於法施，因為它把知識、價值和真理教導給學生，也引導學生走上正確的人生方向。教育工作又是屬於無畏施，因為它要輔導學生，使他們有信心，有勇氣來面對人生的挑戰，使他們不畏難不恐懼，而能善於解決人生的問題。但宗教教育家，以身命布施，維繫真理及智慧，亦所在多有。布施時施者、受施者以及施與本身，三者都是清淨無染，布施的時候歡歡喜喜，布施以後亦了無記掛，所謂不住相布施，心無所住而布施。佛陀四十餘年教化眾生，以大慈悲心，平等心，無上的智慧和不盡的教化法門及方法，接引眾生，有求必應，無我無私，除了身教言教之外，尤注重人格的感化和生活的陶冶，導引弟子改變習氣，超越生死煩惱，進一步有能力普化眾生，俾使眾生離苦得樂。這是他教育的重點。佛陀是印度的聖者，耶穌是猶太人的聖者，但是他們也和中國的孔子及希臘的蘇格拉底一樣，超越國界，跨越時代，成為人類史上最偉大的教育家。孔子雖然不標榜超自然的信仰，但是本身豁達的人生觀，開闊的胸懷，有教無類之平等的教育愛，實已超過世俗教育家的標準，故被稱為萬世之師表。蘇格拉底以甚

大的熱忱，機智能辯的口才，平等無我的教育愛心，教化當時雅
典的青年，最後甚至以身殉道。蘇格拉底是有些宗教的信仰，至
少他非常在意守護神對他所說的話；每當他準備做的事是不當為
者，守護神便在耳邊告誡他，而他也絕不違背。但是主要並不是
因為如此而斷定他有宗教家的精神。我們據以斷定宗教家之精神
者，乃在他表現於教育實際工作上的熱情及方法，甚至不惜身命
以追求真理、教導青年。

　　我們很難要求每一位從事教育工作者，都像佛陀、耶穌、孔
子和蘇格拉底一樣，捨身命以教育學生，但是至少要學習努力去
做到幾點：

㈠淡薄世俗的利益，以比較超脫的精神來從事教育工作，換句話
說，不以名聞利養為從事教育工作之考量，不以報酬之多寡為付
出、施與的標準。要認定教育工作本身即是一種最有意義的事。

㈡忍耐教育過程中的挫折、煩瑣、辛勞與侮辱。也要忍耐教育中
的等待：效果往往不是立即顯現的，要有耐心去安排、經營、以
及等待。

㈢教育工作是永不止息的，眾生當中只要有一愚昧、不知、不
識、不能者，只要有一煩惱繫縛不得解脫者，則教育的工作便沒
有停止的時候。教師即使退休了，也是退而不休。

㈣教育的場所是無所不在的，教育的對象也不分老少男女、在學
與否。只要有適當的機緣（機會），便是最好的教育場所和教育
對象。若有需要、有求於我者，我都隨機教導他。

㈤教育要適切得法，須有大智慧。所謂智慧，即是通曉宇宙及生
命之真理，了解人生之現象，善用知識及能力，存善行善，以造
福眾生。故智慧包含真、善、美三方面在內。宗教之所標榜者，
厥為此種大智慧，涵蓋凡俗之智能而超越之。教師宜自修習以獲

此智慧爲理想，至少應朝此目標努力。宗教之所鼓舞者，是人天師，智慧圓滿者，而世俗教育則不免落得只求取或鼓勵一得之知、一曲之士，所以教育常不適切，亦不完整。師資的培養，尤應注意及智慧之士的養成。

㈥佛法中有大悲、大智、大行、大願之菩薩。菩薩者，良師也。大悲是慈悲心，具有眞正的教育愛心。大智是大智慧，上已述及。大行是眞正的身體力行者，是身教者。大願是能發大心、立大志者。教育既以大悲爲無上的良善動機，以爲從事教育工作之出發點，而大願則是作爲大悲心與大實行之橋樑，行者並依大智慧以實現教育的初衷。眞正的宗教精神，可謂於此四方面而對教育者產生最大的啓發。教育中人，宜乎以此爲警策。

故宗教之對於教育所可能產生的貢獻之一，在於宗教中的教化者，常可以爲教育工作者的典範，其教化的動機、意志力，教化者的人格特質，以及教化的智慧和方法，有許多值得教育工作者效法、學習之處。

三、宗風與學風

第三，宗教對於教育可能產生的另一項貢獻，是宗教信徒對其所屬宗教團體之向心力所顯示的意義。信徒的向心力及精神方面的凝聚力，往往遠超過學校成員或其他教育團體成員的表現。何以如此？第一，宗教教主有崇高圓滿的人格，爲一校之長或教育團體之領導者所不及。第二，宗教有明確的教義及崇拜的儀式，不隨意更張，而學校之教育宗旨常不明確，其校規或教育實施方式，也常常改變，或因人設事，或互相矛盾乖違，教師各有主見，難成共識，學生則無所適從，心存不滿。第三，信徒之信仰宗教，多係自願，未有勉強，故信念堅強，心意較爲純正，學

校學生之就學，或是自願，或是被迫，動機不一，心念雜駁。第四，宗教禮拜及其他各項活動，多能與信徒之心靈及生活的需求相符應，反觀學校教育，或為升學主義所主導，或為辦學者一人私見所左右，或受到不適切的教育政策所規範限制，結果與社會脫節，也與學生的生活及他種需求分離。觀乎今天學校教育辦理所產生的一些問題，或為教育宗旨不純正、不明確；或領導者之學識人格不足以服人；或教育與生活及社會脫節；或學生的學習志向不夠專一精純，學習動機低落；或為師資素質良莠不一，方法及步驟無法彼此呼應、協調；或為外界的不當干擾，使學校偏向而迷失。

正信的宗教有純正的教理，明確的儀軌，而世界幾個主要的大宗教對於其所屬之教職人員的任用資格有嚴格的限制，各教團亦有其弘教人才的培養機構及一定的培育過程。而最重要的，宗教的教職人員及信徒，因為純正專一的堅定信念，使得其教化的力量增興。而學校教育若是信念不夠堅定、動機不夠純正，則雖有良好的硬體設備及財力，教化力量依舊欲振乏力，與教育的理想相距愈來愈遠。可見辦理教育，有正確的認識、崇高的理想，再加上堅定的信念，才是最有力的依據。否則財力很大，人員很多，設備很好，也是徒然。

四、道德教育

第四，學校的道德教育，由於急功近利、追求速效，復受到行為主義思潮的影響，過於重視教導的「術」而忽略了教導的「心」。宗教之道德教育，對此有所補偏救弊。行為主義有其一定的教導效果，也顯現了若干人性之真實。例如行為主義的「塑成」 (shaping) 說及「增強」 (reinforcement) 說，如實地說明

了動物及人類某些行爲習慣形成的過程，而應用於教育，也確實能夠達到某些行爲改變之成果。這是事實。但是，行爲改變的行爲主義技術，只是詮釋了人性行爲中的「本能」部分，亦即是尚未昇華的部分，或比較濁重的部分。但這不是人性之全部，甚至不是最重要、最精華的部分。若是從皮亞傑的道德認知發展階段論來說，只在「無律」和「他律」的階段，而未達「自律」。自律的道德認知需基於內心的覺醒，並了知生命存在的意義。學校道德行爲的教導，在某些情境，是可以採用行爲主義的觀點及方法。但是沉迷於此，絕對是危險的事。人性之不能自覺，本能之不能昇華，常緣於此。

宗教之教化，並不排除「術」之使用，但術之使用，必須以大慈悲心爲基礎。抽離了大慈悲心，則與訓練馬戲團動物之表演何異？宗教之教導，除了慈悲，又講究「愛語」、「施無畏」。教導者心要柔軟，不動怒、不動氣、不出於報復心理，多鼓勵，多激發學生的自信、自覺和自動心。宗教者講求靜默祈禱、禪定、止觀、內省等方法，旨在激發我們內在的覺醒，以便超越習慣、本能、苦樂獎懲制約等之行爲模式的層次。

今日學校之道德教育，若是常感力不從心，效果不彰，是否應該檢討，我們對人性的了解足夠否？我們所設計的道德教育之課程合適否？我們採取的方法合乎「中道」否？人性中有本能，有各種舊的習性，淨化之法，是在於「自覺」，這是治本。本立而道生，而善生。自覺之法，則在於自省，自省須有自由的心靈空間。教育者先要引導學生進入他自己寬廣的心靈世界：那個世界是自由、祥和而寧靜的。引導之法是先認同他這個人存在的「價值」，使他了解自己的某些價值，以此爲出發點，逐漸建立他的自信。又要培養他內省的習慣，告訴他使自己心念靜定以便

內省返觀之法。數息是一法，祈禱是一法，稱念聖賢名號、內心嚮往崇拜之又是一法。良師益友的影響很重要，境教很重要。宗教的道德教育，比較能重根本，根本在內心；學校的道德教育，往往太重形式，忽略了心靈。學校道德教育之所以成效不著，根由實在於此。

五、淨化的人生觀

第五，世俗的教育，以有所得爲成功，以無所得爲失敗；以收入豐、職位高爲榮，反之則以爲恥。高下、榮辱、得失、成敗、貴賤等之分別，在世俗的學校教育或家庭教育中，被強調，被鼓勵。得之則以爲喜，失之則以爲憂，本是世俗之常。趨吉避禍，趨樂避苦，也是常人心理的一般狀態，似乎不足爲奇。何況，宗教教化，不也正是在教導眾生離苦得樂之道，引領他們獲得人間及身後雙重福報？

但是宗教教化的幸福之道，是要打破各種區別、不平等，是要破解名利貪愛等的束縛，要消解執著於自以爲是的觀點。是要從這些繫縛執著中解脫出來，獲得身心的自在，而不是去建構自我的堡壘，去創立名利的基業，或去追求各種不可能的永恒。世事是每一刹那都在變化的，而凡人的貪想永遠不能滿足的。如果我們的教育，只教導學生如何去爭取、去競爭、去追求各種「成就」，而並沒有教導他們世事變幻無常的眞相，也沒有告訴他們如何處逆境，如何合作、謙下、退讓、成全與關愛，那麼便不可能獲得眞正的自在快樂。每個人的聰明才智不同，性向不一，所謂「成就」也應是因人而異。除了個人的才智、能力、性向等各種條件以外，尚有大大小小各種環境、遭遇等外在機緣的影響及配合。一個人接受了教育之後，旣不了解自己，也不了解世事變

化的原理，只是一味地追求，則挫敗、失望及幻滅之苦，何能倖免？又如何可能去談幸福人生？故學校教育應該從宗教的人生哲學及生命哲學，汲取精華，融入教材之中，融入教法之中，使學生真正獲益，不退縮，不自傷，也不巧奪豪取，損人害物。

六、學校教育的做法

理想中的宗教，能夠完全如實呈現宇宙及生命真理，而且有多樣的教法，適合不同根機的眾生來相信、理解、篤行、印證。這樣的宗教，並不是要將之搬到學校教育中去實施。世俗的教育有其特有的功能及價值。但是世俗的教育要了解其傳統作法，自古至今的缺失及不足。這些缺失，如果有心，是有可能從宗教的教義及宗教教化的實際作法中，獲得啟發和靈感，從而補助世俗教育之不足。最合適的做法，應該不是把學校變成教堂或寺廟，也不必把每個學生都當成僧侶、神職人員或出家眾來教育、來要求。目前的世界現況，學校教育之立即可做而且簡易有效的是，教育工作者將宗教家的精神及熱誠，注入他們自己的精神之中，將宗教家的慈悲喜捨心及柔軟、愛語、利眾的作法，也多少採取一些到他們的心懷及作法當中。學校教育的課程及內容，應該置於寬廣而真實的宇宙觀、生命觀及人生觀這個大架構中來考量。另外，面對多變無常的世事，也基於個人各項主客觀的因緣條件，學校應教導青、少年真正能導致解脫自在的人生哲學。各個宗教的現實層面，也是由人在執行，所以也有不少的缺失。我們的眼光不是注視在宗教現實面的缺失，而是其教義的真實涵義，其教主及歷代聖賢的偉大精神及事蹟，並思考如何能使我們的教育工作獲得利益。從教育界的成員的立場，我們應該虛心研究、了解宗教之所以殊勝之處，以及對我們有所啟發、利益之處。

第 八 章
教育的歷程

第 八 章
教育的歷程

第一節 變易與法則

一、教育歷程的時間性

把教育描述爲「歷程」（pcocess），是說明教育不是靜態之事。教育是一種活動，它在時間的流逝中進行，它與「時間性」有密切的關係，它是一種時間的活動。舉凡教育目標的訂定、內容的規畫、方法之抉擇及採用等，都要注意並把握教育對象及教育環境的時間因素之變化。如果忽略了教育中的時間因素，或者對時間因素變化的覺知不夠敏銳，則教育的實施便不可能獲得良好的成果。例如夏天與冬天的課程安排，六歲兒童與十歲兒童的數學教材的選擇、決定等，時間因素都扮演了重要的、關鍵性的角色。只注意到時間因素，而忽略了其他因素，教育當然不可能成功。但是如果注意了各種因素，卻獨獨忽略了時間的因素，教育仍然不可能成功。

人的身體是不斷在成長變化之中。人的心、意識、思想、觀念、情感和知識等，也都不停在充實、成長、淨化、污染或改變。教育的對象是人，施與教育的，主要也是人。施教者與受教

者雙方都是人，而人的身心剎那不停變化。所謂變化，當然是在時間中來進行的。此所以教育必須注意時間因素的理由之一。

與教育有關係的，還不僅僅是「人」而已，還有家庭、政府、社團、社區、社會、國家、國際等等的「社會」環境，其中有大環境，也有小環境。這些環境都對教育產生直接和間接的影響。這些環境也都不斷在變化之中。變化當然也是在時間中發生。除了上述「社會」的環境以外，與教育有關的，還有「自然」的、「物質」的，以及「科技」的環境。這些文明以及非文明的環境因素，也是變化萬端，瞬息不停。佛法說「諸行無常」。我們可以說，與教育有關聯的人、事、物，都在變易之中，有時令人眼花撩亂，感覺教育的工作不容易掌握，甚至也不容易理解。

由於諸行無常，由於時間的流逝和變易，使得「不可能」變成「可能」，使得眼前不存在的終於出現。如果沒有變易，沒有時間因素的作用，如何能夠把沒有知識的孩子，教育成滿腹經綸的學者或學有所長的專家？如何把充滿不良習氣的青少年，教導成溫良恭謙的好公民？教育學者常說的「教育的可塑性」，意思即是指教育對象的「可變性」。如果教育的對象不再有可塑性，便不可能有「變化」，也就不可能再「成長」、再「進步」。這時他已經在時間之流中停止了，時間的因素已經變得不重要了。當然，從自然的法則來看，這個人不可能都不變化的，但是，他不再是在心智思想上成長，而是停滯，或者退步，但在生理上，他卻會逐漸老化。

從施教者來說，也常常發生缺乏「可塑性」的情形。這即是說，教育工作者的方法僵化了，教材內容也食古不化，了無新義。他沒有辦法「因材施教」，無法在八萬四千法門中，智慧地

變通、選擇、適用，以最適當的方法來教導他的學生。這種缺乏可塑性的教育工作者，也常常出現在教育行政部門，其他的政府部門，以及學校的行政部門。他們往往只執著一法，無法變通，依循舊陋，沒有創意。他們不了解教育是一種變易中的歷程，施教者、受教者、目標、內容、方法、行政等等成分，都是歷程中的一部分。為使教育目的能夠達成，教育效果能夠獲得，教育工作者以及與教育有關的人員，都要了解時間變易因素中所呈現出來的正面的意義。適當的變，創新的變，能促進成長的變，以及能使教育進步的變，都是必要而且值得鼓勵的。

當然，教育歷程的變易，不能亂無章法，沒有法則。教育學之所以能教、能學，是因為有「法」。以下從教育本質、教育目的、教育內容及教育方法四方面，略探討教育歷程中的一些法則。

二、教育歷程的法則

法則能夠通於一切時和一切地，所以基本上，他們雖由時空中產生，但是能超越時空。不同的對象，不同的地區，不同的施教或學習場所，這些都是屬於空間的因素。同一個教育的對象，發生在不同時段的教育活動，其中當然有時間的因素，但同時也有空間的因素。一個事件，一項活動，一種學習，都是發生在時間與空間的交會之處。教育活動因為進行於時空之交，相關的人事物又複雜而多變，不從其間歸納出通則，自易使教育工作者無所適從，手足無措。即使能夠歸納出一些法則，這些法則如何恰當應用於教育實施中的個別實況，也還是需要經驗和智慧。這就是所謂的「實作的智慧」（ practical intelligence）或「實作的理性」(practical reason)。故，人的智慧，一方面是歸納出、

或者領悟出通則的智慧。另一方面是把通則應用於實作的智慧。前者是理論發現、發明者需要有的智慧，後者則幾乎可以說是每一個實際教育工作者必備的智慧。

所謂通則或法則，也有階層的不同。最高的法則，或者最基本的法則，通常為數較少，他們往往是所謂不易、普遍的理則。真正超越時空的是這些法則。但是這種法則，不但為數不多，而且當其以簡易的文字語言來陳述的時候，也必須有許多詳細的語言文字，來加以解說，才不會產生誤解，或因文字之簡易，使人概念模糊、理解不易。普遍的理則，並不因其數目少，文字簡，而失其豐富廣包的義涵。但是你想真正了解他們，不會產生誤解，仍須經過相當的學習，並在實作中來印證及領悟。

比這些普遍法則較為低層的法則，就是依次能夠落實到實際教育活動的規則。這些規則不是恆久不變的。在西洋教育哲學，如皮德思 *(Richard S. Peters)* 把這法則稱之為「程序原理」，程序原理即是與教育實作比較親近的法則。程序原理往往是比較繁瑣的，但是「實用」。然則，他們卻也是變易法，換句話說，你不能執者於某些程序原理，一成不變地實施教育，否則在許多地方是會行不通的。程序原理是介於個別實務與普遍原理中間的法則，他們多少能夠幫助我們掌握繁多雜駁的教育現象，但是你如果完全相信他們、依賴他們，缺少在每一個教育事件中的個別判斷、抉擇的智慧，則教育的實施，仍不能圓滿。

第二節　教育的本質

教育的本質論，是要探討教育是什麼，以及教育不是什麼。

一、教育述句的檢證

教育不是什麼？如果要把答案列出來，可以達到無窮盡。當然，我們也可以舉例而列出一些。例如，我們可以說「教育不是教師之意志的貫徹」，或說「教育不是找到一份謀生的工作」，或云「教育不是範塑」等等。這幾個例子，是否為真理，尚待進一步檢視。不過，在教育史上，對於這些「述句」（或「命題」）似乎都還有一些爭議，不若其他的一些述句那麼明顯、確定而較少爭論，比方說，「教育不是像馬戲團裏的訓獸師的訓練」，或者「教育不是苦刑」，在今天可以說已成共識，大概很少人會認為（尤其是學教育的人），訓獸師的訓練動物表演馬戲，是一種教育的活動，縱然在某些方面，兩者看起來是有點相像。在歷史上，教育曾經像是苦刑，但是到了近代以後，除了像「魔鬼營」這種事先雙方（主其事者與接受磨練者）約定好的訓練過程，類似苦刑之外，大概已經沒有（或者幾乎沒有）有意地把教育設計成一種苦刑。而「魔鬼營」的訓練，能否稱之為「教育」，也還需要進一步探討。當然，有人是無意間把教育經營成為苦刑，或者把學校辦理成為「監獄」。也有人感覺到，整個教育制度，以及整個接受教育的過程，就像是個受刑的過程，而只能用「苦不堪言」四個字來形容。這樣的感受，如果是相當普遍的時候，似乎可以肯定，這個社會或這個學校，正在辦理的是「苦刑」，而不是「教育」。

二、「教育是教師意志的貫徹」？

　　像「教育不是教師意志的貫徹」這個命題，所以會引起爭論，便是有些教育學者或教育工作者，堅持教育的實施，應該以教師的意志為意志，以教師的觀點或權威的標準，做為施教、選擇教材、釐訂課程及安排活動的依據；教師的判斷，如果不是唯一的依據，至少也是最重要、最後做決定時的根據。這在教育史上有個名稱，稱為「教師本位」或「成人本位」的教育理念。反對這種理念的人，會說這種做法，不是教育，至少不是理想的、真正的教育之所應為。很有名的相對於「教師本位」的理念，便是由盧梭 (*Jean Jacques Rousseau, 1712-1778*)、裴斯泰洛齊 (*Johann Heinrich Pestalozzi, 1746-1827*)、福祿貝爾 (*Friedrich Froebel, 1782-1852*) 等人所提倡的「兒童本位」教育。兒童本位的教育，以兒童的需求及學習動機為主要訴求。教師應以學生的心理動向及生活經驗，做為課程、教材及施教的基本考量，教師本身的成人觀點及權威地位只好擺在一邊，教師的權威是產生自對學生的了解及能符合其需求。換句話說，兒童本位的教育，教師的權威是建立在他能認同兒童的需求上面。

　　教師本位的前提是，教師的成熟智慧及專業判斷是值得信賴的，而且教師的決定，也對學生的成長產生最大的助益。當然，教師的決定，包括教材的選擇和教導方法的採用在內，也應該能夠激發學生最大的學習動機，並持續維繫其學習的興趣，長久不衰。故提倡教師本位，應該是基於對「良師」的肯定。而教育史上之所以有人提倡兒童本位，應是基於他們對兒童的了解而不能滿意當時一些所謂的「良師」：例如漠視了兒童的身心狀態，對學生的需求及想法缺乏同理的了解及感應。**莊子**云：不師己心。

此在兒童本位的主張者來說，應是教師每日必須三復斯言者。

故教育者，應是能助學習者最佳成長之歷程。在此歷程，教師扮演重要角色。教師應如何為，才真能助益學生，本無定法可循。佛法云，修行或弘法，法門可多至八萬四千。其實八萬四千，只是個代表的、象徵性的數字。教師的教育法，也可多至八萬四千，甚至更多。但是，一切法門，總歸一句話，是否真能成功教育學生，使之健全成長、進步？

所以，教育的第一個定義，是「能夠幫助受教育者在身心智能等方面有效持續而健全成長的歷程及活動。」凡是能達此目標者，是教育，不能達此目標者，便不是教育。這是以教育的目標，來界定教育的本質。這句話也可以改成為「凡是能有效助成學生身心智能之持續健全生長及發展的歷程及活動，便是教育」，這是從教師所能發揮的功能及作用，以及教師所採用的教育內容及方法來定義教育的本質。由是可知，教育本質的定義，無法離開教師、教育目標、教育內容及方法、乃至學生等項目而形成。

在教師該以其成熟的智慧及專業的知能做決定的時候，不應推卸自己的責任，因為各級教師，應該是各級教育階段的最為專家，是他人所無法取代的。有最佳的專業素養，配合足夠的自信心，這時教師所發揮的，是專業及智慧的權威，但是他不是以自己為主要考量的「本位」決定。所謂教師「本位」，是只考量教師自己的利害得失，方便與否。雖然教師在教學中，自己也能成長，但是教師的成長不是教育的主要目的，而只是副產品，或者可以說，教師因為成長了，所以可以有效轉化為對學生的幫助。

三、「教育是一份謀生的工作」？

「教育不是找到一份謀生的工作」這個命題，也須在這裏略

作澄清。在有些社會，例如美國中小學，教師的工作不是中上層社會所嚮往或追求的理想工作，爲什麼呢？因爲社會的地位不崇高，待遇也不好。（註1）但是一個社會，如果到了經濟不很景氣的時候，往往也會有許多人轉而想投入中小學教育的行列，因爲這時教師的待遇，「比上不足，比下有餘」，而且一般人認爲，教師的收入比較穩定，工作也比較輕鬆。教育普及，大衆傳媒經常公開談論教育，而且家家戶戶幾乎都有子女就學，父母對於學校事也多少耳熟能詳。大家談得多，聽得多了，似乎人人都懂得教育，儼然專家。再加上有些教育學者或專家的說法和做法，也不一定能獲得大衆普遍的認同。結果是，大家把教育的普及化及民主化，等同於人人懂教育，人人能做教育。

　　從理論上來說，教育最好是人人都懂，而且最好人人都能做。至少，每個爲人父母者，應能做好家庭教育，能了解學校教育。但是事實上，這是很困難的，因爲了解教育、進而做好教育，是需要學習、經驗、智慧和心腸的。這四樣東西，可以說是缺一不可。換句話說，在今日分工如此精細的時代，教育，尤其是學校的教育，是應該要信賴「專家」的。當然，這裏指的是，眞正的專家。如果我今天想要轉行到教育這項工作，心理上先要有個準備，它，教育，不是一件簡易輕鬆的工作。它是需要我們全力以赴、長期專注，才有可能做好的工作，雖然它也可能是一件有趣而有意義的工作。換句話說，教育基本上是個需要專業訓練的工作，而不是任何人，當他找不到職業的時候，就可以隨時去從事的工作。而在這裏，當我們說「教育」是項「專業」 (professional) 工作的時候，它意指著從事這項工作的人，既要有「專業的」知識及技能，又要有「專業的」精神和態度。這是從教育的工作性質來界定教育。人間社會的專業工作不少，例如

醫師和律師的工作都是。醫師是維護人類身心的健康，律師是維護社會的公正，而教師則是啓發人類心智，教導眞理和知識，培育美德，促進身心健康，並引導學生至幸福美滿生活的人。教育的對象是人的整體發展，不僅僅是身心健康，也不僅僅是社會的正義，而是包括了個人以及社會之健全成長的各個層面在內。所以，「教育」是多元、多樣、豐富、全面、甚至複雜的「工作」。「教育」因而是一個十分繁複的概念。就此而言，教育之爲專業，似又不同於其他種的專業，因爲它似乎比別的專業需要更多方面的養成，需要更爲寬廣涵括的準備，包括身心及知能等多方面。

四、「教育是範型」？

「教育是不是範塑？」有人說是。有個模範在那兒，然後依循那個模範，把學生塑造成盡量像模範。所以有人把學生比喻爲未乾硬的黏土，「可塑性」大，教師的工作便是把這塊黏土塑造成形，塑造成材。我們常聽人說，某某人是可造之材。學生是塊未經雕琢的玉，教師是雕刻的師傅。故此云教育是範塑之歷程，似未爲過。

但是一個好的雕刻師傅，應該眞正了解那塊玉是塊什麼樣的玉，能夠雕成什麼成品。而人不是玉。人的可能性是無限的大；人有自己的想法、願望和情感，很多事情都在於一個念頭，「一念三千」，「萬法唯心之所造」。個人之主觀的意願、意志力、希望、期待、信心、信念等等，那麼珍貴，那麼強而有力，是無盡的寶藏。有什麼別的人，能夠完全替一個人拿主意，完全塑造一個人的人格，完全決定一個人的命運？人的生存，是他的業力，是他的願望，也是他的選擇。決定自己的本質，既是權利，

也是義務。這是每個人要自己去承擔的。

　　單一的或少數的模範樹立在那兒，然後將全體學生大抵依照那個（或那些少數的）範型來塑造，在多元的民主社會，將產生人才種類不足、人才同質性過高、惡性競爭等等流弊。即使一個不強調民主的社會，其人才需求也是多元的，生命的情趣以及社會生活的意義也不可能是單一的。不同的人格特質，不同的生活方式，不同的意見及情感的內涵及表達方式，不同的信念，不同的哲學，應該受到尊重和包容。但是基本上，這些不同，不能傷害到別人及社會大眾的利益，不能使人類的文明倒退，命運逆轉。教育要允許不同的東西，並且鼓勵大家追求共同的東西，而這樣做的時候，基本上不能傷害到別人及大眾的生存、尊嚴、創造及發展。多元不是鼓勵混亂和衝突；秩序和自由，文明和進展，則是大家應該共同去追求的目標。至於如何追求，以什麼方式去做，有什麼創構巧思，則可以、而且應該發揮多樣的、豐富的性格，只要合乎善意、美感和眞誠。所以善意、美感和眞誠又是值得大家共同去擁有的。教育可以教導大家一致的東西很多，例如大家都一致的善良，一致的關懷別人，一致的愛整潔，一致的維護生活環境的美，一致的去運動健身，一致的守法等等，但是，運動的種類和方式可以不一樣，關懷別人、關懷社會的做法可以不一樣，表現生活之精緻的美的途徑不一樣，乃至於在不違法的範圍內，你要如何標奇立異或推陳出新，儘管不見得對社會有什麼積極的意義，只要不形成傷害，也是被容許的。

　　可見在教育的歷程中，對眞、善、美之人生境界的追求，對個人及社會的文明化、精緻化、心靈化之進展的追求，這些是應該而且也宜於鼓勵大家共同去努力的。但是在人性的需求及提昇上，在社會生活的創發上而言，人類又應被鼓勵去發揮自己的專

長，發展自己的性向，實現自己的夢，完成自己的獨特性。世界
之所以美，是因為整齊一致，但世界之所以美，也是因為每個存
在體，都是與眾不同，都是獨特的。這世界在多元中有秩序，而
在秩序中又有繁富的變化和不同的面貌。「範塑」一詞容易造成
一種過於簡化的、單一的教育過程之聯想，把人類擬物化，把美
妙繁富的心靈互動的教育歷程，單調化、平板化，把繁華盛開的
心靈花園，誤認為是人造花的販售店，這是語言誤用或言語道斷
之處，值得教育工作者在理解之時加以警惕。

第三節　教育的目標

一、為什麼要接受教育？

　　通常學者討論教育目的或教育目標的時候，往往從教育者的
觀點或從教育之所以施設的觀點，談論教育應該達成什麼目的或
目標。現在不妨換個角度，從學習者的立場來問這樣的一個問
題：「我為什麼要受教育？我接受教育有什麼意義？」

　　目的與目標二詞常交互使用，但不能說二者異名而同義。仔
細分辨，目的是人之心向所指，想去達到的境地，比較廣泛而遙
遠。而目標則是比較具體而切近可達的結果。目的是心理的動
向，涵著希望、期待和理想；而目標則是把目的的一部分，或全
部，轉化成具體行動的方向。

　　回到「我為什麼要接受教育」這個問題，學生的答案很可能
是五花八門。有人說，我來接受教育，是因為父母要我來。有人
說，大家都來上學，我不來上學就找不到玩伴。有人上學，是因

為政府依據法律，要求他非上學不可。當然，會有許多人說，上學可以幫助我他日找到比較好的工作。

二、理想的職業

在一個文明的社會，現代化的國家，有越來越多的人相信，接受良好的教育，是謀職的最佳途徑，當然也是獲得良好生活及社經地位的最佳管道。舒適的學習環境，以及學習成就本身所獲得的心理滿足，也會吸引更多的兒童及年輕人留在校園，持續接受教育。進入好的學校，接受新的知識、觀念和技能，練就一身打拚的好功夫，可以在競爭激烈的現代社會中，謀得一份令自己滿意的工作，建立幸福生活的基業。這大概是大多數年輕人共同的願望。

這種願望之能否達成，一方面要看學校教育或其他的教育，能否真正提供所必需的知能、觀念和態度等等；另一方面要看這個學生是否學到了這些該學的東西，具備了應該具備的條件。其次，還要看整個大的社會，是否能提供容許這種願望達成的空間，也即是說，在這個社會中，已經具備足夠條件的人，有沒有可能或有沒有機會達成他的願望。所以，教化只及於個人還不夠，還要及於整個社會。社會是人的集合，按理說個人教育好了，社會也一樣會變好。但是我們不要忘記，社會也有它的制度，有種種的組織、慣例、禁忌和習俗。社會雖是個人積聚而成，但它有它的性格、風氣，和運作的方式，會形成一種共業，會產生很大的制約力量、影響每一個人。所以談教育，除了教育個人，還要教育政府，教育社會。

三、關心社會及文化

一個年輕人想要達成幸福人生的願望，除了充實自己，對於社會之事，也不能漠然置身事外。為什麼？因為一個不健全的社會，無法提供他幸福生活的保障，甚至無法提供任何機會，不管他自己是多麼的努力。另外，他對於自己生存和生活於其中的這個文化，也要多加關心，因為歷史、風俗、傳統、精神文明、各種次級文化、各項文化的活動，都在影響他的社會、他的國家，乃至直接影響他本人的生活。個人，社會，文化，這三樣東西是交織在一起而不可分割的。個人的生活有具體有抽象，社會及文化亦然。具體者，事也；抽象者，理也。中國的華嚴宗哲學家說，理事無礙法界，事事無礙法界，一方面固然說明了人、事、物、社會及文化發展的理想，另一方面倒也描述了以上諸元的不可分割的關係。

四、有品質及尊嚴的生活

我們還是先回到「個人」應該具備哪些「必需的」（尚非是充足的）條件，以便有可能獲得「幸福的」人生。這意思是說，學校的教育或其他領域的教育，應如何單獨地或共同地提供某些課程，以滿足學生的這些需求；亦即，學校的教育，以及／或其他領域、其他方式、其他場所的教育，應以造就學生的這些必備條件，作為其教育之目標。

列舉了這些有可能獲致「幸福」人生之個人必需具備的條件，或者教育應設定以便達成之目標，實即同時界定了「幸福」人生之「幸福」二字的含義。

教育，各級及各類教育，以達致人生的幸福為目標，這應該

是很少人會不同意的。但是一談到什麼樣的人生，始是「幸福」之人生，則必然會眾說紛紜。所以想要列出一些讓大家都同意、都滿意的幸福人生的個人必備條件，恐亦不易得。但本書試著在眾多的不同意見及個別現象中，理出一些原則性的頭緒。

首先，一個人在開創他的幸福人生以前，先要能生存。但是現時代在此世界的人類，早已脫離單純求生存的階段，除了少數充滿天災人禍的地區所顯示的極端情況以外。人類不但要求得生存，而且超越生存，要求生活，不但是低水準的、起碼的生活，而且是有好的品質、有充分自由、有足夠尊嚴的生活。這自然是包括物質以及精神的生活。這種生活，不但能夠享有最先進的科技的利益，而且飽滿人文的格調；這種生活，在能滿足動物性之餘，更要拋棄動物性，超越動物性，發揮神聖的靈性。學生在學校要學習生存的基本知能和態度，懂得並且能夠做到，如何吃飯、喝水、睡覺、運動，最有營養，最健康，而且最有禮節最有教養；他還要學會如何維護、清潔生活環境的乾淨及優美。他要學習正確的營養知識及觀念，正確的飲食知識、觀念及方法，正確的運動知識、觀念及方法，正確的生理及心理衛生之知識、觀念及方法。這些既是課程內容所要包含的，而亦即是教育所要達成的具體目標的重要的一部分。這些基本的生存的知識、觀念及方法，古代的東西方的教育都同樣注重，只不過即將邁入二十一世紀的今天，這些方面的知識、觀念及方法都比往昔更為正確、豐富而有效。但是，他們是否已達到完美？這是不無疑問的。換句話說，後之視今，亦猶今之視昔。不過，可以肯定的，未來的教育，應該亦會注重這些項目的。

五、思維、表達及現代生活科技

其次，學生要學習如何說話，如何恰當地表達自己的思想、看法、感受、及要求，不但要會適當地說話，而且要學會如何思考，如何理解、記憶、想像、歸納、演繹，如何去運用直觀的天生能力，如何去書寫，藉著文字表達意見、感情及思想。他要學會如何計算，如何運用數學來幫助自己生活、理財、工作，以及推理、思考。他要學習如何寫信，如何打電話，使用傳真機等現代生活中的溝通工具；他又要學習如何使用電腦等現代化的生活工具，不但增添生活的便捷，而且能與時代的腳步一起邁進，與時代的脈博一起跳動，使自己的精神因為不與時代脫節，而永保其生氣及活力。他要學習駕駛現代化的一般性的交通工具，不但享受科技之樂，而且以科技的便利來利人利己，以節省的時間來從事更多有意義的活動。現代的學校教育，應以這些為教育之目標，也要以這些項目作為課程的主要內容的部分。

六、友誼、愛情及家庭生活

他要學習如何交朋友，了解同性及異性，了解與同性朋友及異性朋友交往的哲學、態度及情感互動的可能情況，要發展出良性的與朋友交往的認知及特性。要了解男女的愛情，親人的關愛，以及長幼師生等的人際關係的倫理。他要學習家庭的本質及建立美好家庭的要素是什麼。他要在學校的課程中，有系統地認識愛情、性愛、婚姻、家庭，親子關係等等關聯到一生的主要生活的課題。這些課題在今日的許多學校教育中，不是沒有受到應有的重視，便是無法提供正確而恰適的教導。在許多學校課程中，這些項目根本是付之闕如。其實，除了這些項目之外，學校

尚應教導學生在結婚以後，夫婦應如何相處，應如何生養子女、教育子女。這些問題的重要性是無可置疑的。

七、現代國民的責任

成為現代的一個好國民，進一步成為好公民，是身為現代社會中的一份子，所應該努力學習去達成的生活目標之一，而這自然亦成為現代教育所應努力去促進的目標之一。依此目標，課程內容也必須隨著調整及配合。

做為一個國民，或者公民，每人扮演的角色不盡相同，但基本上，他必須去盡一些義務，例如納稅；遵守一些規範，例如交通規則、環境整潔的規定等；參與一些活動，例如選舉時的投票；貢獻一些經驗、智慧和意見等等。他要認同自己的國家，必要時為國家出力，並且最重要的，不可以做出危害國家利益的事。如果關愛的熱誠足夠的話，他還可以投入真正有益於促進國家及社會進步、改善現狀的一些事情。至少，他有一份正當的職業，或者從事一些有相當意義的活動，而這些，直接間接貢獻或服務了他的國家及社會；起碼沒有什麼害處。今天的教育，是否教導我們的兒童、少年和青年，在消極方面來說，不可以做有損國家利益的事，而更要在積極面，對國家做出若干貢獻，大的貢獻，或者是小的、點點滴滴的貢獻？其實點點滴滴的貢獻，累積起來，也可能成為大的貢獻。

他要對國家、社會及人群做出貢獻，為他們服務，必需學得一技之長；他要為家人、親友服務，必需有一技之長；他要維持自己及家人的生計，也得有一技之長。這種一技之長，還必須是社會及家人所需求的，或者雖不是出自他們的需求，卻能提昇他們的水準。這種所謂的一技之長，也是學校教育或別種專責的教

育機構，應該列爲教育目標，刻意去培養的。能夠具有一技之長，在就業市場受到歡迎，是現代學校教育經營的重點，也被社會大眾所囑目，作爲評量學校辦理成效的指標之一，可見培養就業能力對現實生活需求的重要性。當然所謂的一技之長，不是只有技術能力的培養而已。每一種行業，都有其專門的知識、技術，也有其行業的道德及工作精神，而與知能的重要性相較，可謂不相上下。所謂行業道德與工作精神，各行業之間雖各有其獨特相異之處，但也有共通的基礎，這共通的地方即是建立在人性美德的共同基礎之上。

八、道德生活

　　人性美德當然不只表現在職業的道德上面，而且也表現在生活的其他各個層面。所謂道德，即是須具現於生活之實踐當中，而不應只是表現在言談論辯之中。道德的本質及結構，在本書第五章已經試作分析及討論。道德之觀念及價值系統的形成、發展，與生活中的個別事例，無論大小，都是互動、互助、互成的。在此交互作用中，有著判斷、選擇和決定，也有修正及反省。道德的教導，旣是在觀念、思想及價值體系的重整，同時也是在生活行爲、工作精神、人際交往、以及社會參與等方面的由個殊事例共同呈現出來的行爲習氣及人格特質之改善。故它旣是個別性的，也是整體性的；旣是心性的，也是生活之實際。道德的教育，旣要引領學生遵守人生之規範，而且是要引領學生去開發內心自覺的靈敏：覺醒於人性的自主，命運的自主，福禍的自主；覺醒於生之意義，生之權利，以及生之職責。他要從自身內在，去開發內藏無盡的智慧能力的寶礦。在無窮大的宇宙之中，在無窮盡的時空之流中，在滾滾紅塵裏，他旣要體會出人

我、物我交會互融的平等意義，又要去想到我能爲這一切做些什麼。

九、綜納

　　教育的目標的訂定和發展，是由基本的生存及生活，提昇爲超越物性及物欲滿足的眞善美的靈性生活；由生活及職業之知能的學習，以謀求生計，提昇爲貢獻社會、服務人類的能力；由遵行道德及社會規範的學習，提昇至本如眞性的覺醒，感悟生命的意義，並實現眞如。教育的課程及教材內容，依著這樣的教育目標的提昇，而隨著調整、充實。實現目標，依靠課程的規畫及實施，而實施課程則需透過適當的步驟及方法。最重要的，不要忘記教育的對象是人：自主、有思想、有情感、在成長中的、多變化的、敏感的個人。所以說，教育也是一種「藝術」。

第四節　教育的內容

一、教育目標的重要性

　　細心的讀者當可發現，在本章第三節「教育的目標」中，已經勾勒了教育之內容的項目。教育內容不是離開教育目標而獨立存在的。有什麼樣的目標，才有什麼樣的內容。內容是達成目標的手段。從事教育工作的人，常常只談論要教些什麼，卻很少或從不談論爲什麼要教導這些課程或這些學科。負有權責的教育行政機構，往往只召集課程的內容之修訂會議，而卻忽略了教育目標的重要性。心中若是沒有目標，或者沒有明確的目標，卻奢談

課程內容應該如何改革，如何調整，如何增刪，實是一件很奇怪的事，也可以說，那是一件毫無意義的事。

當然，教育目標不是唯一考慮的項目，卻幾乎是最要優先確定的項目。我們在談論教育實施的細節，考量教育歷程的各個步驟時，其思考及決定的依據，有時是非常潛在而卻關鍵性的因子，例如過去生活中的經驗，或者承襲習慣性的思想模式，或者只是臨機的一些因素。但是理性的思考，卻必須把教育的以及教學的目標，列為最主要的因素，即是，教育工作者要注意到：我如是教導，是要達到什麼目標？而此目標「可欲」（值得追求、有意義）嗎？還有，以此課程，以此內容及方法，能夠有效達成目標嗎？

二、課程

所謂課程，是經過規畫設計的教導或學習內容及其實施過程的總稱。但是智者千慮，必有一失，在所規畫之課程以外，往往亦有教導或學習在進行，故又有「潛在課程」之稱，以相對應於所謂的「顯著課程」。其實，真正的課程專家，在規畫課程之時，早應把那些潛在的項目及成分都計慮在內，若都無所遺漏，便無「潛在課程」存在的空間。故潛在者，是對設計者而言，由於考慮未周，致成潛在；或由於其因素多變，常常出人意表，不易捉摸，致成潛在。基本上並不是課程本身有顯著與潛在之本質上的區分。上曾述及，人類是個繁複多變的複合概念，生活也是如此。課程所表徵的，是生活之學習，是人類個體之成長。生活之學習牽一髮而動全身，見微知著，而生活細節亦都涵蓋牽連於生活的整體之中。人類個體雖有身心等區分，有知情意等之分別，但這只是方便而言；人之個體的學習和成長，也是個全體。

個體本身已很繁複，生活本身亦甚繁複。而個體之於生活當中，彼此還有交錯互動，不是在繁複中更有繁複、多變中更有多變嗎？即使是一時一地一單元的課程教學活動，即使只以生活的一小部分作爲主題，只是教導學生去學習一小部分的知能，教師還是不可以對個人的整體、生活的整體，以及個人與生活互動的整體，視而不見，聽而不聞。

故教師要對個人、生活、以及二者的互動關聯，知其微細、見其部分，也要知其整體關係，見其全貌。教育的內容，課程的設計，教材的揀選，是在那個大的人、事、物的結構中，分布在一個適當位置。教師既要見微知著，也要見林復見樹。

易言之，教育的內容，包括了人性的全部，生活的全部，社會的全部，他們彼此之間的關係，以及如此這般所形成的大結構。當然，這還牽涉到了自然。學校教育之所以分階段、分種類，於不同時地、依不同對象而實施，基本上只是爲求教導的方便及效果。這樣的區分，是一時一地的權宜區分，不但終究要整合在一起，而且即使在區分教學之時，也應時時刻刻在整體大架構的參照過程中來進行區分的教學。故教育的內容，是分而不分，不分而分的。課程的規畫設計者，以及實際教導的執行者，不應該將此觀念完全忘記或忽視，最好是能時刻銘記於心。

三、知識與智慧

但這並不是說，要把這些全部的材料，都塞進課程裏面，然後再進一步塞進學生的腦子裏。學生的腦子雖有足夠的空間，可以成爲一切知識的儲藏室，但是人的腦子應該發揮比此更爲重要的功能。今天有許多的科技軟硬體，足以作爲各種知識的儲藏室，而且效率奇佳，可以隨傳隨到，分類良好，組織良好，成爲

知識革命的一大奇蹟。人腦當然必需具備基本的知識，而且隨著專業的區分，各種專業人才也應該有其超乎一般人的專業及專門的知識。但是今天的教育內容，除了提供這樣的必需的知識以外，還必須更進一步鍛鍊、激發學生的頭腦，使他們有能力判斷，在什麼情況之下，應該選擇什麼知識，如何組織、整理及修改知識的材料。當然他們也要先學會，透過什麼管道或應用何種方式，可以最便捷取得想要獲得的知識。知道什麼知識，或哪些知識的組合，可以應用於某種情況，解決某種問題，最為有效，最為經濟方便，這是一種駕馭知識材料的能力，它本身除了也是一種「知識」以外，可以名之為「智慧」。而真正的「大智慧」，是除了了然於某種知識（或某些知識的組合）可以應用於某種情況、解決某種問題以外，還在這種知識之應用的智慧判斷的底層，存有著良善的動機，這就是所謂的「慈悲心」，是一種同時涵攝每個小我以及大我的、既是小人文又是大人文的一種兼顧切近眼前及終極的，人文之關懷。知道用什麼知識，用什麼方法，可以達到什麼目的、產生何種結果，這是一種智慧，但也只是一種鄰於知識性的智慧。知道什麼知識及方法，可達到什麼目的及結果，而猶然衡量該不該以此知識，用此方法來做此事，這種該不該的考慮，如果是基於一種真正的慈悲心，那麼斯可以稱之為「大智慧」。學校教育的課程，除了提供知識的教導及智慧的啟發而外，尚應更進一步陶融這種大智慧的心腸及胸襟。

四、大智慧

大智慧從何而產生？一個是要勤修道德。道德的性質上文已有敘述。道德之教導，論其內容，可以用八個字涵括：「諸惡莫作，眾善奉行」。修德首在修心，學校教育首先要引領學生自內

心覺醒，要返觀自己，經常省察內心。從消極方面來說，已生的不善的念頭要令其立刻停止，未生的不善的念頭使之沒有機會產生。從積極方面說，已生的善念令其繼續滋長擴大，未生的善念也要使之有機會產生。心的課程是必要的，因爲一切的靈明智慧來自於心，一切的貪欲、瞋恨和無明愚癡的念頭也源於此心。一般人往往勇於批判別人，容易看見別人的缺點和錯誤，卻吝於面對自己的缺失，不肯檢視自己，不願承認自身的錯誤。因爲如此，人的德行便無法進步，人格無法成長，氣質不能改造，日復一日，年復一年，由幼少至青壯，再由青壯至衰老，形體改易，年華消逝，生命的活力逐漸退失，而智慧並無增長。何以致此？因爲人格未有成長，習氣未有改善，思想觀念都無進步。年齡徒增，而心靈並未淨化，心智也沒有什麼開發，說話行動，想法做法，並沒有任何長進。轉眼之間，已垂垂老矣。雖說他是受了教育，但是我們看不出來他受了教育；歷經數十年，依然只有自大，眼中無人；識見依舊平庸，思想仍是老套，言語還是無味，面目也沒有變得比較可愛可敬。活了一輩子，數十年光陰，結果也不過如此這般，豈不哀哉？今天有那麼多人接受學校教育，各國亦競以就學率之高引以爲自豪，但是學校課程眞正能提供心智、品德及人格進步、成長之幫助否？

現代學校、家庭、社會等之教育，除了教導學生、子女及其成員反躬自省，追求人格成長以外，還要教導他們在生活中實踐服務，實行布施。爲什麼？因爲沒有人能離群而生存得很好，人之生活的各方面獲之他人給予的，多得不勝枚舉，我們去布施、去服務、去貢獻、去給予，是爲了報恩。不但如此，由於布施，我們的快樂是無法形容的。由於我們能服務別人、貢獻別人，更增添了自己的價值，使我們的生命更有意義，更能肯定、接納自

己。別人及社會，也因為我們的給予，皆大歡喜，增長善意，激發善心，使整個社會產生良性互動，互相效法，充滿生機活力，遂能精進不已。所以教育一定要教導其學生，建立正確的布施服務的觀念及態度，使人人快樂，社會融洽，大家得以不斷長進。

欲得大智慧，其次須學習靜慮。教育須提供這樣的課程。靜慮一稱禪定。禪定是制止散亂，專注一境，止息妄念，直探真我，使得理性及智慧能夠釋放出來，以發揮其作用。儒家說，定靜安慮得，欲有所得（學有所得，思有所得，行有所得），都由定靜而來，可見其重要性。人常隨境轉，不能做環境的主人，是定力不夠所致；所見不明，所判斷不精，所決定不正確，是心散亂的緣故。能夠生淤泥而不染，能夠扭轉逆境，能以堅強的正念來影響別人而不為邪見邪念所左右，見一善則堅定意志貫澈以赴，等等，都是定力足夠，始有可能。我們常說，要做一個自由人。什麼是自由人？是心靈解脫之人，能免於罪惡污染，免於習氣支使，免於愚昧蒙蔽，免於命運左右，能以智慧為生活的主宰，清明為心靈的本色。由修德，由靜慮之學習、練習，可以助我們解開心靈的桎梏，使內心本有的智慧力得以釋出。

五、綜納

總結現代教育的內容，除了上一節所述的生存及生活的基本知能，職業生活的知能，身心健康的知能，現代科技之生活應用知能，以及成為好國民、好公民的素養以外，還需要培養生活的智慧，進一步發展人生的大智慧。欲達此大智慧，教育應鼓勵學生學習淨心修德之法，從反躬自省、自我覺醒，到定靜安慮，開發潛在智能，激發創造力，圓成慈悲心，發揮理性正念，都應在課程中精心設計。外在行為及現象的關心是必要的，但是照護每

個學生那顆神奇微妙卻也脆危異常的心靈，卻更迫切需要。教育理應身心均衡發展，而實則身心互為影響，難分難解，其關鍵的原動力還在於心。我們對心了解多少？我們除了浮泛的表面現象，幾時願意深入探索人類的心靈深處？我們做了多少這方面的研究？如果我們承認心是一切學習的原動力，是文明推進的根源，而卻在教育的課程中忽視它，豈不是一件矛盾的事？

今天世界的動亂，地球的污染，社會生活的失衡，和諧及秩序的破壞，乃至於個人生活的顛倒，歸根究底，還是在於我們沒有能夠把自己的心調伏好，把眾人的心教育好。一切的偏執、錯誤判斷、瘋狂、自大、貪婪、怨恨，哪一樣不是心的誤用？「心的教育」無疑應是現代教育最迫切需要的課程。

第五節　教育的方法

一、善法與不善法

教育並無一定的方法，但有善法及不善法的分別。所謂善法有兩種，一種是在本質上這種方法就是好的，而且無論用在什麼場合，它都能產生良好的教育功效，例如愛心，慈悲心，無功利心，無雜染心，這些種心用於教導學生，可謂無往而不利。有時即使沒有立即的效果，但也多少能夠在教育的歷程中，以及在學生的心中，種下善的種子，在適當的時機到臨時，他們便會發芽，甚至開花、結果。另一種善法是，方法本身是中性的，本無所謂好壞，但用對了場合及對象，它便能產生良好的教育效果，而成為善法。例如演講法、練習法、討論法等等。這類方法如果

用錯了場合及對象，有時產生不了好的教育效果，有時可能產生
不良的後果，這時它便反而會成為一種不善法。不善法也有兩
種。一種便是這類中性的方法用錯場合及對象而衍生的不良後
果，而使之成為不善法，但在本質上它並無善惡的先定歸屬。另
一種不善法便是在本質上屬不好的方法，無論用在什麼場合、任
何對象，它都必然會產生不良的作用，故在教育上宜盡量避免。
例如懲罰性的教導，或功利性重的教導方式。

　　有些方法很難截然劃分歸屬於善法或者不善法。在許多方法
的實施過程中，由於學生本人及環境的變數甚多，常常是利弊互
現、善惡混濁。再加上現代的學校教育實施的是班級教學，教師
在同一個時段、同一個空間，面對眾多個別差異很大的學生群，
難免顧此失彼，無法面面俱到。在這種教學的環境底下，現代的
教師確實需要有很大的能耐。他除了要嫻熟各種各樣的教學方
法、了解每種方法的優劣得失以外，還要深刻了解個別學生的現
況、特性及個別需求，並且有足夠的敏銳度，能敏感地察覺到，
在教學情境之中，學生以及環境的微妙互動及變化。他當然還得
有很大的耐心，有定力，而且有愛心和慈悲心。

　　我們如果更仔細地去探究、分析，也會發現，所謂教育方法
之善與不善，往往也與教師以及學生本人的觀感有很大的關係。
例如一個學生，面對教師很不理想的教學方法或教學態度，在課
室裏分秒難捱，如坐針氈，或者鴨子聽雷，索然乏味。這時他從
教師的教學，無法得到進度範圍內的任何知識及能力，眼看就要
光陰虛度，一無所獲。如果這個學生心念一轉，把失望或憤怒轉
變為同情、憐憫和諒解，這時他在進度以外，學習了「安忍」和
「慈悲」，說不定在這種心境下，他忽生智慧，想出了與教師溝
通的好法子，協助教師改進教學法，使全班同學都能同蒙其惠。

教師的不良教學法，使他在預定的進度中沒有收穫，但是這種不善法，卻反而成為他學習安忍、慈悲及智慧、機智的善法。這是由於學生本身觀感的轉變，而使教學的過程產生了「失之東隅，收之桑榆」的結果。由於學生在受教育的漫長過程中，能夠全程都得到良師教導的幸運兒只占少數，所以大多數學生在受教的經驗中，總會碰上非良師之非善法的教導。這說明了現實的人生，實到處有不理想、不如意之事。人生而欲求時時順心、事事如意實不可得。受教育亦然。與其怨天尤人，不如以同理心、慈悲心冷靜而理智地因應，或許可以有好的轉機，使不善法成為幫助我們成長的「逆增上緣」。

從教師這一方面來說，不可以為求速效或貪圖方便，以不變應萬變，從頭到尾，無論時地，無論對象，也不論課程目標及教材性質，一個法子，貫徹始終。這是不用心而且自私的教學態度。有些教師之因循舊法、絲毫不能反省、以及對情境變化的麻木遲鈍，已經到了令人覺得不可思議的地步。有些教師為求眼前的效果，不斷使用恐嚇或懲罰的方式來對付學生，而對學生的需求和反應卻完全漠不關心。他們不但誤用了教師的權威，而且也在身教上做了最為不好的示範。他的學生無論在眼前或將來離開學校以後，都會認為處理事情的最佳方法是恐嚇、虛張聲勢、或採取一些強硬的手段，以眼還眼，逼人就範，而完全不能了解、體會人與人之間的關懷和心靈善意的感應、溝通。

二、教學的智慧

教育的方法很多，教師除熟悉各種重要的方法以外，須知如何揀擇，如何靈活應用。教學在此方面而言，類似藝術家之創作。若是只執持一法、「處變不驚」，恐不適當。但是無論用何

法，都須有慈悲心，這應該是不變的。方法，到底是一種工具；用法者，是人，須以智用之，以慈悲心支持之。如果缺乏了教學的智慧，或輔導的智慧，所用的方法便難保是善法，因為會用得不恰當，或者選擇不恰當，或者運用的火候不恰當，或者過於僵化，或者太過浮濫。缺乏慈悲心，亦非善法，因為法能助人、益人，也能傷人、害人之故。因為有慈悲心，故不生瞋恨，不會衝著怒氣到日落，不會因為洩憤而責罵或懲罰學生。因為有慈悲心，故不生分別，能夠有教無類，不會因孩子很可愛而過分去袒護縱容，也不會因為孩子不可愛而生嫌棄厭惡心。因為有慈悲心，故不因少數學生的頂撞、乖逆、不服教導，而對教育失去了信心，或捨棄學生。智慧與慈悲，是教育的雙翼，有了他們，兒童心生歡喜，在人生的旅途上，昂揚起飛。

教育是長善而救其失。欲長何善，須用何法；欲救何失，須用何法，這都有賴教師的智慧之判斷。研習先聖前賢所使用過的教育法，熟悉現代學者所研究成功和推薦的教育法，都可以做為我們的參考和借鏡。但是如何融貫，靈活運用，重組創新，還得靠我們自己。

如何生此教學的智慧？

首先，了解人性是必要的。除了人類通性，還要了解個別學生，知道他們的長處和缺點所在。又要了解整個教學班級的共同性格，班級的班風。教師既要深入參與他們的學習生活，又要保持一顆平靜的心，在熱情的教育愛當中，冷靜地觀察，仔細地記錄，耐心地傾聽，探查出學生內心真正的聲音，知道他們的需求所在，然後依據教學的目標，擬出教導的方案。

你要把什麼方法可以對治什麼情況，在自己腦海中，在筆記本上面，列出長長的對照表。這張對照表上，有別人成功教學的

經驗，有你自己成功的嘗試，也有冷靜客觀的研判。過一段時間，把對照表做一些必要的修正，重新的組合。

在你創新之前，總要先謙虛地學習。親近善知識，良師益友，或研習經典，或研習新的理論及方法，以博採衆人的智慧及經驗。既虛心學習之後，又不執著於別人的做法，因爲不同的時空，不同的場合，都有其微妙的差異，有待我們去觀察、注意，而做適當的調整和重組。

教育法可以一時一法，一時二法，或一時三法，乃至多法，合用，輪用，交替互用，不一而足。智慧之所以生，是由於我們深知，教育的對象是完整的人，全部的人，而不是偏頗的人，局部的人。由於同理心的移入作用，我們與受教者的心靈能夠互通。我們也靈敏地感受環境的變化。教師心中無我，只有學生。教師不師己心，不執著於自我，所以能探悉環境的脈動。智慧的產生，是在於我們不局限於自己的成見、習見、世俗之見、我見。我們甚至也不拘執、局限於學生之見、校長之見、同仁教師之見。我們先得從這些「見」中釋放出來，才有使智慧生出的餘地。我們並非不重視學生之見，專家之見，校長及其他教師之見，甚至亦不忽視家長之見、社會大衆之見。但重視的意思是說，我聽到了，思想過了，然後暫時放在一邊。我自己的意見也暫時放在一邊。這時你想，爲什麼要教導這個學生？他目前的情況如何？他能學習什麼？他能如何成長、進步？我能給他什麼幫助？然後把大家之「見」再整個檢視一遍，「有沒有比這些見解及辦法更好的做法？」努力去尋求對這學生眼前及未來最有利的方法。

三、成為一個真正的專家

　　教師的慈悲心和智慧，都需要長養，那便是，需要長時間的培養和練習。人的慈悲心和智慧，本是生而即有，但是欲使他們持續發揮大的作用，卻是需要學習。這些本有的人性特質，因為人類生命長久以來的禁錮和污染，逐漸萎縮。人變得自私又自大。由於教育的目標變模糊了，而能夠在教育工作上面參與以及發言的人又越來越多，教師雖然看似得道多助，卻也往往必須在適當的時候力排眾議，擇善固執。這時候最重要的是，你是不是真正在你所從事的這個教育領域，是一個專家？一個教師要教學得法，必須先有足夠的自信。這自信不是虛張聲勢，也不是錯誤的高估自己，而是由於你對自己的工作，有超乎一般人的認識和能力，你是一位真正的專家，而且還繼續不斷地在進步之中。你持續深入地研究，並且教學相長，務使你的專業及專門的知識，接近正確無誤，使你的能力能夠接近完美地做好你的工作。你必須這樣做，才能保證給學生最好的、最正確的教育。所以慈悲心和智慧是，基於對學生成長的真正關懷，也基於自己的教育的良心，我們要使自己先成為真正的專家，真正的有能力者，俾能提供學生最佳的教導。

四、教育的時間與地點

　　最後，我們要了解，學校、教室、運動場等處固然是教育的場所，而原野、大自然，乃至家庭、廣大的社會，亦無一不是可施行教育的所在。對教師而言，無一處不是教化的教室，對學生而言，也無一地不是學習的契機。任何時地，教師都要掌握教導的機會，如果讓大好的時機平白消失，實在可惜。此即所謂隨機

教學。有許多人執著於上課下課，教學進度和教學設計，但是他們的上課、進度和設計卻都是狹義而拘束的。本來有設計和進度是件好事，可以幫助教師的教學。但他們應是工具，而不是教師的主人。教師要運用他們，適時的增減修改，而不是奉他們為圭臬為經典。進度和設計有時也會成為教師偷懶的藉口，只要依之行事，便算盡了責任。但是教育是包括了人之身心整體和生活的整體，不能割裂。學生身處校內的一切活動，都在教導的範圍，即使在學校外面的生活，也無法與校內生活分離，刻意劃為「非教導區」。這意思並不是說，教師或學校必須全天候二十四小時與學生生活在一起，隨時教育他們。實際上也不可能辦到。我的意思是，學校的課程及教學的設計，應該把每個教學活動的持續效應考慮在內。教師在校內、外與學生的接觸，都可以適當賦予教育的意義。學校所舉辦的各項活動，包含每個細節，只要有學生參與，都要考慮其對學生的教育意義。

附　註

註1：參閱 *Rodman Webb and Robert R. Sherman*, **Schooling and Society**, *(New York :Macmillan , 1989), 2nd ed.,pp.193-194.*

第 九 章
人文、民主與教育

第 九 章
人文、民主與教育

第一節　人文教育的目標

一、天人合一

　　人文不是一個新的名詞。早在幾千年前，人類就在追求一種人文的教育。雖然面對瑰麗的天空，日月星辰的運轉，以及壯闊優美的山河大地，人類有時不免感覺自卑和渺小，因此也充滿謙卑的情懷，但是基本上，人類是一種很有自尊、很有尊嚴的存有。中國古代的聖賢雖說：「人法地，地法天，天法道，道法自然。」（註1）但是他們也把人類與天、地並列，因此而有「天、地、人」之「三才」的說法。在*周易*的卦爻當中，初爻和二爻代表地，五爻和上爻代表天，而夾在中間的三、四爻則象徵者人。中國人老早就說「天人合一」，既然天人可以合一，可見人也可以變得非常偉大。西洋對於人的重視也不遑多讓。古代希臘雅典的教育，標榜的是人文的教育。康德這位德國十八世紀並跨越至十九世紀的偉大哲學家，死後友人依其遺囑在他的墓碑上刻著他自己的名言：「在上者日月星辰，在下者道德良心。」人之學習、成長和發展，最後可以與天理合一，故道德的良心雖在人

的心中，卻可與天上的日月星辰，遙相對應，也是一種天人合一
之理想境界的寫照。

二、人的存在就是目的

在所有的動物當中，人不是生理上的強者。他的跑步速度趕
不上大部分在草地上奔馳的動物，耐力趕不上駱駝，負重趕不上
牛、馬和大象，敏捷趕不上猴子和豹子，而臂力也趕不上猩猩、
熊和獅子。但是人類有理性，能記憶、想像、模擬和推理。人又
有慈悲心、同理心，經常能替別人設想。人有情感，有時有偉大
的情操，願意捨身爲人。人還有不可思議的領悟力、理解力、直
觀力和創造力，能夠做出令人興奮、訝異或欽佩不已的事。人具
有無窮無盡的、創造及發展的潛在可能性。人類在地球上不是唯
一的生物，但他是有自信、有尊嚴的存有。康德說，人的存在本
身就是目的，就是意義，他不必爲了別的什麼原因而存在，他就
是尊嚴和目的。這是人文的第一要義。

然而無可否認，人的這許多優點、長處，或所謂的「善性」，
並不總是發揮作用的。在實際生活當中，人不一定總是想得很理
性，判斷得很正確，也不見得常常有好的心腸、善意的動機、或
高尚的情操等等。再說，許多人似乎也沒有他所應該有的尊嚴，
甚至缺乏信心，缺乏做爲一個像樣的人所應有的「格調」，更談
不上什麼理想、價值和意義了。在現實的生活裏，有許多人活得
並不快樂，而也沒有眞正的尊嚴，有的也只是他自認的某種「尊
嚴」和「體面」，例如光鮮的衣履，名牌豪華而價昂的汽車，或
者令人「肅然起敬」的頭銜。

三、眞正的尊嚴

　　旣然人文的第一要義在於人的存在本身就是一種尊嚴，就是目的，那麼眞正的自尊便很重要，它便成爲人是否堪稱之爲人的指標。但是，所謂自尊，並不是自我主義的意思。執著於自我，認爲自己最重要，是至高無上、獨一無二，並不表示就有了尊嚴。可能正好是相反的。自尊並不等於自大我慢，也許謙虛更接近於有尊嚴。我們可以這樣說：人的尊嚴的展現，是在於他的各項優良特質呈現、發揮作用的時候。在貪婪、私心，橫暴、自傲、缺乏同情心、失去公正和平等心、失去誠實心、理性和慈悲柔軟的時候，他所表現出來的那種「尊嚴」，只是虛張聲勢，只是假相，只是內心空虛、空洞的僞裝。而他的空虛是因爲他失去了人的本質：也就是失去他那人之所以爲人的可貴的特質。這些特質孟子稱之爲「四端」：惻隱之心（仁），羞惡之心（義），辭讓之心（禮），是非之心（智）。這四端若能擴而充之，足以保四海，否則不足以保父母妻子。這四善心之端倪，有如火之始然（燃），泉之始達，是很脆弱的。人雖有此善之潛在本性，但是若不善養，亦不足以實現自性、完成自性，亦不得以善行爲生活，甚至會退化而爲禽獸。故人之異於禽獸者幾希。放棄人的自性的實現及完成，孟子說是自暴自棄。在佛教，將生命體這種可貴的本然自性，稱之爲「佛性」：清淨無量，慈悲無量，具各種善根，美好無限，潛力無限。

四、教育的主要任務

　　自暴自棄的人，是失去了人的本質──具有各種優良特質──的人，是可憐人，是值得同情的。他們可以說是眞正迷失自

我、迷失了尊嚴的人。爲什麼本質那麼好的人類，會沉淪到這個地步呢？孟子說，那是因爲他們那天賦的、好的本質，沒有好好「擴而充之」的緣故。這「擴而充之」，用現代的話來說，是「自我實現」的意思，即是「充分而健全地發展本性」。這項「擴而充之」的重要工作，便成爲教育的主要任務了。

　　人從出生，甚至還沒有出生，教育就要發揮它的這項功用。隨著年歲的增長，教育的工作也與時俱進，一直要到人成長了、成熟了，學習才可以暫時告一段落。但是終人之一生，教育是不停息的，學習也是不停息的，因爲人性的發展，要達到盡善盡美，達到完全沒有缺點，需要很長時間的努力。人一旦沉淪了，失去了自己，事後再來補救，無論是個人或社會，都要付出很大的代價，而且補救的效果也不一定好。事前的教育，以及伴隨著個體成長而持續不斷的教育，是比任何其他的做法，更來得重要，也對人性的實現，產生最直接、最有效的助益。

　　許多古聖先賢告訴我們，生命的意義不在於擁有什麼，而是在於付出什麼。他們也告訴我們，生活快樂與否，不在於我們擁有多少財富，占據多高的地位，而是在於我們內心是否自由、平和、理性、知足和寬容。人生基本上是苦多樂少，也可以說是一波未平、一波又起，不停地有挑戰、困難、騷擾、不順意等等的事情，在我們的日常生活和工作中出現。這些不一而足的困境，只有發揮我們人的善根善性，即所謂的良知良能，或者與佛平等無二的本質，才能一一克服，一一化解，一一超越。受教育的目的，是在於釋出我們本有的那些長處，壯大、增擴我們本身的那些能力和胸襟，使我們自生活那複雜的、不止息的迷陣和困局中，解脫出來，變得自由自在、輕鬆愉快、游刃有餘。這不是逃避，而是賦予生命中的作爲以價值，使他們變得有意義。

五、實現本有的自性

人因爲迷失了自已，因而也產生許多疏離的現象。有些宗教說，現代人與神疏離了，無法與神交感、溝通；有些社會學家則說，人與群眾疏離了，變得孤獨、不合群、適應不良、自閉、甚至反社會。但是一切疏離的症候，基本上是源於人的「自我疏離」。什麼是自我疏離？簡單地說，他失去自己了。他失去了那些應該是屬於他自己的本質，他不再是他自己了。人一旦如此，便會從內心深處生出惶恐、不安和焦慮。由於矛盾不能整合協調，由於人格之分裂，他是生活在既自大又自卑、既貪婪又自責（也許是在潛意識深處）、愈僞裝愈虛空的夾縫中。他無法回歸自已，又不能跳脫破碎的自我，則他又如何能快樂而自在呢？

人文是基於人的尊嚴，人的尊嚴是基於自性的實現所發射出來的光芒，而自性的實現無非是回歸人之生命體的本來面貌：一切完備，本來具足，不待外求。教育的功能在於助人實現自性。一個個人的生命體，充分發展，便具足他本應具備的性質。這些性質無不美好，眞善美聖，有大智慧，有大能力，有大慈悲。人文者，是以人類追求回歸自性之完美爲目標，所建立起來的文明世界。這個世界如果清淨善良，和諧進步，沒有仇恨，只有精進，那便是個佛國淨土，基督教所說的人間天堂。如果這個文明世界，既不文明，又缺教養，你爭我奪，聲色犬馬，人心險惡，浸至眾苦逼身，煩惱憂愁不斷，則又何異於如居火宅、如處地獄？人文教育，便是要發揮人人本然智慧及善性，建立人間的淨土，發展成一個眞正有教養的、文明人的「文明社會」。人文教育宜以此爲目標。

第二節　西方人文理念

一、古代希臘雅典

　　三位活躍於古希臘雅典的偉大哲學家兼教育家是蘇格拉底 *(Socrates, 469-399 B.C.)* 、柏拉圖 *(Plato , 427-347 B.C.)* 和亞里斯多德 *(Aristotle,384-322 B.C.)* 。他們都肯定理性是人性中最可貴的性質，而且是生而本有的。柏拉圖的對話錄記載蘇格拉底之理念，認爲教育乃是在於喚醒年輕人的理性，使他們能夠憶起那些原先就存在、但後來卻逐漸模糊乃至於遺忘的分辨是非的智慧及實踐善的意志。兩人都反對當時流行的辯士 *(sophists)* 所主張之眞理及道德的相對主義。由於以個人主觀爲判定價值的唯一標準，故在辯士學派的影響之下，當時的社會瀰漫著是非善惡曖昧不明的風氣，價值體系崩落，又有逞口舌之能者，假眞理及民主之名，顚倒黑白，玩弄名相，使人與人之間失去互信。蘇、柏二人對此無法視若無睹。蘇格拉底穿梭於市集或人多之處，或友人家中，與青年及一些善辯者流，常常對話、討論、論辯，蘇格拉底豈好辯哉！實不得已也。表面上看起來，辯士學派如普羅塔哥拉斯 *(Protagoras, 481-411 B.C.)* 云：「人爲萬物之權衡。」是把人的地位提昇至最高，而究其實，人欲爲萬物之權衡，旣不可訴之於情感的好惡和情緒一時之衝動，尤不可雜染自私貪婪等念於其中。人若欲爲萬物的權衡，還是要先找出自己那本然清淨而有大智能的自心，以此爲尺度，則不但可以做到人同此心，而且與宇宙自然之理合，不會乖違，不會行不通。蘇格拉底了解，人雖然有聰明智慧，但是不可自大。人不知道的事，其實還是很多很多。謙虛學習無損於人的尊嚴，反而提昇境界，

淨化人性，使他更具有實實在在的尊嚴。人要先承認自己的無知，如蘇格拉底之所說。這是教育的第一步，也是人類回歸自性的第一步。蘇格拉底和柏拉圖強調的是，要把人心中這一把尺找出來，透過適當的教育和學習，這絕對是可能做到的。這樣做，不但可以實現和諧一致的個人精神，而且能夠建立一個「公義」(justice) 的社會。蘇格拉底也認為沒有經過自省檢討的生活，是沒有價值也沒有尊嚴的。有的人只是渾渾噩噩地過日子，日復一日，月復一月，年復一年，從來不問自己，我為什麼如此這般生活？我到底在這裏做什麼呀？人文的意義是，我要把自己的生活及想法都徹底地檢視，在內心反省，使良知良能顯現出來，作為一切作為的指標。

亞里斯多德區分「靈魂」為三類。一類是營養的或植物的靈魂；一類是感覺的或動物的靈魂；第三類則是人類的靈魂。論層級，自然是人類的靈魂最高。為什麼？因為人類不但兼有營養性和感覺性，涵括動植物二類，而且更具有理性，故超越動植物。（註2）什麼是理性呢？能邏輯思考；能計數；能從經驗中學習，能記憶，能歸納，能在殊相中找出共相，找出原理原則；能計畫，能訂立規則，然後依計畫、依規則而行。最重要的，他能自覺，能在思想及行動當中，也回過頭來或停下來想一想，我在做些什麼，我在想些什麼，以及我為什麼要這樣做，這樣想。因為自覺，所以他能做更深刻的學習，他不但從經驗中學習，而且不斷修正自己，創造出更美好的經驗。這種不斷修正，依恃的是「中道」原則，中道的判準流自人之理性。人在接受教育當中，沒有比中道行為的學習更為重要，因為這不僅是琢磨人的理性之礦石，使它放射出智慧的燦爛的光芒，而且更重要的，這才是趨向於幸福人生的唯一保證。亞里斯多德多麼注重，依靠著自身理

性的鍛練，在現實生活中日復一日地慎慮選擇，那合乎中道的美德的實踐，既是自性之中不假他求，而又是如此地落實於日常的生活之中。亞里斯多德的人文觀，是以人自性之智，具現於幸福人生之德。

古希臘雅典三哲的人文教育理念，是以全人的發展爲著眼點，以理性爲主軸，但不流於偏狹的主智主義。理性的發展，並不忽略情感教育，而智性的訓練，亦不否定美感的涵孕，而實甚重視之。體能訓練是重要的，但運動的精神及優美的姿態、風度，更受重視。三哲的教育涵攝知、情、意三方面，雖以知爲主導，但不壓抑情，而是提昇之、美化淨化之，並強化善行的道德勇氣和意志。人文教育是全人之教育，是均衡之教育，但亦是以智慧及實踐善行爲依歸之全人均衡之教育。

二、文藝復興

中世紀好像漫漫長夜，文藝復興是黎明。在長時期的文化解體、發展遲滯、保守之中，基督教的寺院扮演了文明守護者的角色，在混亂中保留一泓清泉，細水慢流，在苦澀中透露著堅毅。人類在絕望無助的時候，把身心完全交付予神，在信仰中使疲憊得到休息，創傷得以撫平。教會逐漸代替了生活，從出生的受洗，受教育，結婚時的祝福，生病時的醫療，以至於走完現世人生的最後歸宿，都由教會包辦。人的生存本身，如果逐漸失去了獨特性和自主性，人的存在本身如果不是目的，而只是爲了榮耀神，人之遵行道德戒律和順服神的旨意，如果只是爲了彰顯神的全知全能，那麼人文的氣氛便變得非常稀薄。文藝復興是對此一現象之反省所產生、累積而因緣成熟的結果。文化及教育，也都必須要再度回到以人爲本位。

　　此種覺醒，使得人類的精神又活潑起來，潛能得以甦醒，教育及文化的內容又多姿多彩起來，直接間接地引發了宗教改革、產業革命、知識的啓蒙、科學的昌明、以及民族主義的興起等等。人類的文明，似乎突破了灰暗的瓶頸，昂首闊步地向前邁進。

三、二十世紀的人文思想

　　科學不但可愛，而且偉大。它不但創造奇蹟，實現人類的夢想，增加生活的利便和舒適，而且豐富了知識的內容，改變了人類許多的思想和觀念。科學不僅成為專家的利器，也成為一般人日常生活中的親密好友。科學由於改善了生產的工具，創造了物質的種類和內容，使二十世紀的人類享受前所未有的感官及精神的滿足。

　　但是直到二十世紀初期，人類的先知先覺者才從科學的狂歡宴會中清醒過來。生命哲學和精神科學，掙扎著要從泛自然科學方法論的羅網中走出。由科學的欣喜，走進了極端的泛科學主義的科學至上論和科學萬能說，由物質生活的利便和舒適的享受，走到極端的泛物質主義的擠迫巷道，人類的呼吸變得急促，手腳受到束縛。漫無限制的對科學及物質的膜拜和崇信，超過了二者所能承擔的程度，科學及物質一旦變成了新的宗教中的神，人類便失去理性和自制，變成瘋狂的結果是，人類不復是自主的主人，他失去自由，成為新偶像的奴隸。

　　生命哲學和精神科學，主張要給科學二字較為廣義而合理的界定，也強調人學的研究不可局限在狹義的自然科學之研究方法論的體系當中。人是獨特的，即使在科學的學術的研究領域中亦然。人應該要役知識，而非役於知識；人是要用科技以增進慧命

及福祉,而不是被科技所用。人類的自由思想,創造潛能,浪漫情懷,都需要在開闊的精神天空,才能盡情翱翔。到了二十世紀的下半葉,環保意識興起。人文的新義涵是,我們不但要利用物質,利用環境,做世界的主人,並且要有主人的風度和胸襟,來照顧、維護這地球的大環境,對於其他的動物,植物,物質,要有慈悲心和平等心。人文的意義是,人有自由及自主性,人有尊嚴和獨特性,人有無限的善根和潛能,但是,人不是高高在上,而是以謙虛的心、慈悲的心、平等的心,看待世界萬物,了解彼此相生相成之良性互動的道理,互利互助地和平而和諧地共同生活。

二十世紀之文明發展的另一個特色是巨大的組織 (mega-structure society)、科層體制 (bureaucracy)、以及大量生產 (mass production)。這個社會、經濟、政治及科技發展的特色,提供了現代生活的效率和充裕的物資,使得複雜的社會機能順利運轉,但在另一方面,卻也拉遠了社會成員之間、生產者與消費者之間、官員與民眾之間、學校行政人員與教師學生之間的距離。所謂拉遠距離,並不一定指的是物理上的距離,而主要是情感的與面對面直接對話的互動減少了。這也有一些好處:大家如果依章行事,一切就都運作得順利;此外,似乎也可以減少人與人相處之一些情緒性的、利益性的糾葛,騰出一些心靈的空間,以從事一些非關人事、非關利害的精神活動。也許在這樣的一個社會關聯之架構中,在仔細規畫設計的生活及工作的細節步驟中,可以減少許多因人性弱點所造成的煩惱,而在日常例行事務之處理上,只須依循既定之程序,即可大抵順利完成,不必在每事上都費心思力量去一一應對處理。

但是,這是指一些日常的例行瑣碎事務而言,或是指那些易

於形成人際利害及情緒糾纏牽連的事情來說。如果巨型的、龐然的組織、體系、進一步跨越這種利便現代人生活的好處的界線，而侵入人類生活、尤其是精神生活的其他領域的時候，我們就必須要儆惕，不可掉以輕心而任其下去。現代生活的這種格式化的模式，一旦侵入精神生活，人的思維便可能耽溺於習慣的路線和方式，想像及創造力可能退化，迎接挑戰、解決困難問題的勇氣可能會沉睡，俗眾化及僵化的細菌也可能會迅速占領你的腦神經的通路。抑有進者，人與人的距離之拉長，雖帶給我們較大的行動及思考的免於干擾的自由，給我們獨處的安寧和快樂，但其極端發展的結果，也可能造成對人事物的冷漠，失去對於干擾的免疫力，形成過度自憐，病態地自閉於自我之幻想的王國，與社會及人群疏離，與現實的生活脫節，自己的人格也會分裂為二，彼此爭戰。現代人在俗眾化、機械化、固定化、格式化中習慣成自然地過日子，是一個極端；而在自憐、孤獨、幻想、脫離中過著與世隔絕的日子，又是另一個極端。現代的菩薩，有智慧復有善心之菩薩，而非自了漢，必須擺脫這兩個極端。他要行真正的中道，才能真正地有利於世道人心，才能弘布真理、教化眾生。現代菩薩出入於社會巨構組織、嚴密制度及模式化運作，和自憐、孤獨、離棄世間的二大潮流中，必須不落俗套、不嘩眾、不立異、不自憐、亦不捨離眾生，在隨順眾生當中，他同時也是一盞能夠照亮別人、引導別人的燈光。富於人性化的教育，才能建立人性化的社會。現代之人文的教育，要注重科技，但不去製造科技怪人；要講求獨特個性的發展，但不培養自憐或孤獨的怪人；要講究群性的培養，使人人都去關懷別人，但不鼓勵只隨順俗眾、同流合污而卻缺乏主見、沒有是非判斷能力的可憐蟲。人文的教育，講求的是生動、活潑、有生機、有興味、能善群、能合

作、又有獨特的風格和才華。他與人相處有其耐心，但也有明辨善惡的果決；他能自在地生活於現代社會的體制中，而又能合理地反省與改造。他是入社會的，而又是出社會的；他是隨順衆生又離衆生的；他是屬於世間的，也是屬於自己的。

第三節　東方的人文思想㈠

一、周易

㈠周易的人文色彩

　　周易者，古代的聖王，仰觀天象，俯觀地理，觀鳥獸之文，觀地之宜，遠取諸物，近取諸身，始作八卦，以卜吉凶，並作爲製造各種工具器物的依據，其目的不外於在趨吉避凶；聖人在觀察、內省及體悟之中，了解了宇宙自然變化的原理，並藉此在人類繁複多變的生活及行爲中，分離、歸納、抽象出一些重要的基本型式，以指導人們的幸福之道。這樣的動機和做法，本身便充滿了人文的色彩。**易**「繫辭傳」云：「聖人設卦觀象，繫辭焉而明吉凶。」（註3）繫辭是在畫八卦的圖象以後，又附以文辭，以說明吉凶的道理。君子動靜行止，都是非常審愼的，所以「居則觀其象而玩其辭，動則觀其變而玩其占，是以自天佑之，吉無不利。」（註4）又說，聖人「有以見天下之賾〔繁複雜亂〕，而擬諸其形容，象其物宜，是故謂之象。聖人有以見天下之動，而觀其會通，以行其典禮，繫辭焉以斷其吉凶，是故謂之爻。」（註5）這都是說明聖人的制作八卦，其重卦以後的六爻，以及所表徵的圖象和所繫附的文辭，都在於從繁雜的自然變化及人事

現象中，找出理則模式，所以說，「天地變化，聖人效之；天垂象，見吉凶，聖人象之。」（註6）其應用於人生，則是以卦爻所附的文辭來說明吉凶之理，以卦爻陰陽的變化來決定人的行止，以其圖象來作爲製器的根據和應用，心有疑問則可以由占卜來解決，此即所謂「以言者尚其辭，以動者尚其變，以製器者尚其象，以卜筮者尚其占。」（註7）

㈡宇宙生化之理

聖人發現、整理並建立易卜之理，以及易理的系統，而假設宇宙存有的本體爲「道」，爲「太極」。道即太極，是生之本元，創化的動力。道之運轉表現在一陰一陽，陰陽便是兩儀。故說：「一陰一陽之謂道。」（註8）又說：「是故易有太極，是生兩儀。」（註9）

宇宙的自然現象，及人世間的人事關係，都很複雜，而且變化莫測，常人身處其中，經常目迷神眩，不知所措，心隨境轉，惶惑不安，心靈失去澄明，智慧無從發揮。聖人有見於此，遂以其過人的觀察，冷靜異常的定力，在複雜萬分、千頭百緒的事象中，找出簡易的、可以應用的規則。故云：「易簡而天下之理得矣。」（註10）這些規則不但能如實詮解事象，而且具有普遍性，廣包性，不但用之四海而皆準，而且不致掛一漏萬。故云：「易與天地準，故能彌綸天地之道。」（註11）又說：「夫易，廣矣大矣！以言乎遠則不禦，以言乎邇則靜而正，以言乎天地之間則備矣。……」（註12）

㈢時間哲學

易具有普遍性，廣包性，準確性以外，還具有時間性。易是一種時間的哲學，在時間中運作，而又超越時間。人事隨時間而變遷，自然萬物隨著時間而成、住、壞、空。無常性因著時間而

表現，而這乃是自然現象。但在另一方面言，因著時間，果子成熟，楓葉染紅，幼兒長大，各種事情的機緣成熟。教育的進行，是進行於時間當中，課程的安排不能脫離時間的因素，教學需要時間，學習需要時間，變好變乖變聰明變強壯都需要時間。教師要恰適掌握時間的因素，太早施教，難免揠苗助長，太晚輔導，又會事過境遷、事倍而功半。有時機緣未成熟，教師需耐心地等待，急躁、躐等不得。當然，有時候又必須洞燭機先，當機立斷，保握機會，不能只在那兒等待。孔子說：「知幾其神乎？……幾者，動之微，吉之先見者也。君子見幾而作，不俟終日。……」（註13）蒙卦象傳也說：「……蒙亨以亨，行時中也。……」像這些原理原則，在易卦中都有詳細而明白的表達。能夠了解、熟練、掌握這個時間的原理及其應用，則教師可以深悟教學三昧，流暢自在，效果良好，又可以超乎時間的限制，成為善用教學之時間性的主人。

㈣人生之理

易卜之成，是聖人智慧觀察及融通歸納的結果，此上已述之。聞一消息而知十，舉一例而能悟三，仰觀俯察，知晝夜四時及其他自然現象之遷移；反省生物循環之現象，就能了解生命的道理。聖人對物理世界之分析，發現物之成也，其中有精（材料、實質），也有氣（形相、精神、風格），二者合成而有物；而物之所以變化，不外其中「游魂」（似為分子、原子、各種粒子）的結構及成分有變化。（註14）由是聖人了解人的精神、心靈、意識、潛意識等現象。這些發見，自然都不違天地自然之理，並且能周遍涵蓋自然及人事變化之理則，因此而足以濟助人生。此易理實能普及人生各面，乃至於可應用到日常生活中之各個細節，而非泛泛之哲學思辨足以比擬。我們若能精研易理，則

能做到樂天知命、內心不憂，又能起居安舒、心常寬仁，因此乃能普愛眾生。天地間的一切變化之道，都不出我們智慧的理解範圍，能樂成萬物之美，沒有偏失；對於事象的幽明、晝夜、陰陽、正反、來往等等的兩面而實為一體的變化，也能了解。對於宇宙間的事，如果我們只執持一方或一面，是無法得到真知的，所謂神無方，易無體。也可以說神無方所以有多方，易無體所以有多面體。易的道理，提供我們此種真知。

㈤陰與陽

陰與陽是宇宙萬事萬物生成變化的兩個基本型式。兩者似是相反、對立，而實相輔相成。如開門是陽，關門是陰，二者看似相反，但是有開才有關，有關才有開，沒有開門便沒有關門，沒有關門，便也無所謂開門。男與女是兩性，各具特質，在世俗的想法，兩者常對立甚至競爭的。但是生兒育女，需靠兩性的合作，教育子女，需要父母善意配合，共同努力。世界上每一人、事、物，都有其獨特性，發揮此獨特性，可以有貢獻於眾人，但每一人、事、物也都有其不足之處，需要他人、他事、他物之協助、合作及配合。這種善意的、良性的互動，乃是易理中所顯示的，創生出宇宙之和諧及美好關係的基本作用。

㈥基本範疇及次範疇

聖人綜納自然及人生現象，簡約成最基本的八個範疇 (categories)，是原卦八個，是最根本的認知概念或基模 (schemata)。任取原卦中之二個加以排列組合，成為六十四個重卦，這可以說是次範疇 (sub-categories) 或次基模 (sub-schemata)。這還不夠細膩。每個次範疇再細分為六個小範疇，即是六爻。如此算來，總計有 384 個小範疇。這些當然都是一些共相，「理型」，或是一些抽象了的概念。除此之外，尚有變卦，包含支八和支

卦。原型看起來似乎不多,但是其應用,卻是可以無窮無盡,涵攝一切。

(七)成人之性

由太極生兩儀,兩儀生八卦,八卦而相重成六十四卦,再成三百八十四爻,乃是模擬宇宙演化過程而得出的規則。故曰:「爻也者,效天下之動者也。」(註15)最初始的動力,是陰與陽,在自然界表現於天和地,在人文界表現為男和女。陰陽互動交感,而生萬物,所謂「剛柔相摩,八卦相盪。」(註16)「有天地,然後萬物生焉。」(註17)「天地絪縕,萬物化醇。」(註18)這都說明了陰陽化育萬物的現象。唐,孔穎達注云:「……絪縕附著之義,言天地無心,自然得一,唯二氣絪縕,共相和會,感應變化,而有精醇之生,萬物自化;若天地有心為一,則不能使萬物化醇者也。」(註19)以人類而言,則是「男女構精,萬物化生。」(註20)萬物者,在此應是指有兩性生殖之一切生物而言。如是而生生不息,故說「生生之謂易。」(註21)易理的基本精神,由宇宙論觀之,在於成物之理,在於成人之性,人性與宇宙之理,可謂一而二,二而一。

(八)生活的哲學

從人性論及道德論來說,易提供許多基本的生活哲學及美德,非常實用。這生活哲學尚可應用於教育,可啟發教師,激發靈感。

1. 例如君子須自強不息。(註22)

2. 例如乾無私,不言己利,但以美利利天下,故能成人之美,與人為善,共同成天下之美善。

3. 學者應效法元、亨、利、貞四德,俾成其為君子。元是萬物資始,以人而言可象徵善心善念之滋長;亨,通也,是嘉之會

也，即美好事物的匯集；利，和也，是義之和也，亦即各事物都能正其性質，使其正理（應有的性質及作用）能發揮作用，因而各物都能守其本分，盡其職責，發揮其特有功能，彼此形成和諧互動，形成互補互利的關係；貞是正也，是事之幹也，也是各物本質形成，功能具足，自我實現。

4.又例如提倡團結合作的精神，人與人，或師生同學間要建立推誠相與之關係。「君子之道，或出或處，或默或語。二人同心，其利斷金。同心之言，其臭如蘭。」（註23）

5.又如，做人做事要謹慎，不可大意草率，所謂「庸言之信，庸行之謹。」（註24）又說，「君子終日乾乾，夕惕若厲，無咎。」（註25）說明不可存徼倖之心，處險境，要更加倍努力。大過卦初六云：「藉用白茅，無咎。」意思是說，先用茅草鋪好，才把東西放在上面，表示做事的敬謹態度。孔子說：「亂之所生也，則言語為之階。君不密則失臣，臣不密則失身，幾事不密則害成。是以君子愼密而不出也。」（註26）君子之謹言守密，其重要性有如是者。

6.人要學習謙卑，不自伐，不居功。謙卦九三爻辭：「勞謙，君子有終，吉。」意思是說，學習者任勞而仍能保持謙恭的態度，有始有終地把事情做完，這是吉事。謙卦的彖辭曰：「人道惡盈而好謙。」所謂滿則招損，謙始受益。

7.做事要有恒心，學習亦然。恒卦彖曰：「恒，久也。……」又曰：「恒，亨，無咎，利貞，久于其道也。」日月得天而能久照，四時變化而能久成，聖人也是久于其道，才能天下化物。學生欲學有所成，恒心為首要的條件。

8.易理發揚包容、合作的精神，此在惡性競爭的今日世界，尤應為教育者所重視。這是坤卦所象徵的美德。包容，心胸廣

闊，柔軟，溫和，是母性之德。教育是教導養育衆生，所以也必須具備母德，發揮母性的光輝，才能施予孩子愛心、耐心、信心、無畏、愛語和包容。坤卦象傳云：「……坤厚載物，德合無疆；含弘光大，品物咸亨。牝馬地類，行地無疆，柔順利貞。……」象傳曰：「地勢坤，君子以厚德載物。」

9.事情初始之時，因根基未厚，經驗不足，總會有一些困難。此時應該克服困難，在險中厚聚資本，度結善緣，並且安定內部，穩定根基，不可以盲動，要等待好的時機。屯卦象傳曰：「屯，剛柔始交而難生，動乎險中，大亨貞。雷雨之動滿盈。天造草昧，宜建侯而不〔丕〕寧。」又初九小象：「雖盤桓，志行正也，以貴下賤，大得民也。」就是這個意思。這是險中求勝的一種哲學。需要等待的時候，就要放寬心，以平常心等待，不要焦躁，如此，事情自然會有好的結果；故需卦說：「乾下坎上，需、有孚，光亨；貞，吉；利涉大川。」象曰：「雲上于天，需；君子以飲食宴樂。」初九象曰：「……利用恒，無咎，未失常也。」即是此義。即使居安，也要思危，孔子說：「是故君子安而不忘危，存而不忘亡，治而不忘亂，是以身安而國家可保也。」（註27）否卦九五曰：「休否，大人吉。其亡其亡？繫于苞桑。」在上位之人，使否運休止以後，尤應居安思危，有著「會亡嗎？會亡嗎？」的憂患意識，那麼便有如繫於苞桑一般的安全穩固了。易的道理是，無論居安或居危，若能戒愼恐懼，始終不懈，便可長保安泰，故曰：「危者使平，易者〔把事情看得太容易而掉以輕心〕使傾。其道甚大，百物不廢。懼以終始，其要無咎，此之謂易之道也。」（註28）

10.人當然要有自知之明，量力而爲，做自己的能力或資本所能

勝為負擔的事，否則，便如鼎卦九四爻辭所說的：「鼎折足，覆公餗〔鼎中的食物〕，其形渥〔言受到刑罰〕」。所以孔子說：「德薄而位尊，知小而謀大，力小而任重，鮮不及矣。……」（註29）

　　以上是易之人生哲學應用的若干舉例而已，遠不及窺其全貌，但也可見其一斑。

㈨教育的義涵及應用

　　綜納周易之哲理，可得到許多教育方面的啟示，其所能涵蓋的範圍甚廣，內容甚為豐富，以下亦略舉一二，供讀者參考。

　　1.鼓勵學生多觀察，在生活的環境中實地去體會。所謂「仰則觀象於天，俯則觀法於地，觀鳥獸之文，與地之宜，近取諸身，遠取諸物，於是始作八卦，以通神明之德，以類萬物之情。」（註30）此段雖然說的是八卦之成的緣由，然則，我們不也能由此得到如下的啟示嗎：學習者除了課本之外，尚要多從大自然和實際生活中去觀察、體驗和學習。教師應引導、鼓勵學生如是去做。學生除了教師所傳授的以外，也要在感官、知覺、心領神會和反省中學習。

　　2.教材繁多而深奧，但要歸納之、整理之，使有次序，易於學習，最好並且能以圖形表示之。這不正是易之易簡的道理嗎？「易則易知，簡則易從，易知則有親，易從則有功。有親則可久，有功則可大。」（註31）教師人人都應知此道理，然後可以為良師。

　　3.教育要把握適當時機，太早則因緣未具足，事倍功半，學生亦受挫折失敗之苦，可能使身心受到傷害；過時而教，同樣效果減少，容易失敗。此在上文已申論之。

　　4.師生之間、同學彼此之間的交感，有利於學習的氣氛，使師

生同感愉快，有尊嚴，互相信賴，在情感與知識的互通激盪中，啓發善性及智慧，並發展良好的群性。此與美國人文心理學家羅傑斯 *(Carl Rogers)* 的同理心之學習氣氛的坦誠、接納及關懷原則，有著可以互相發明的異曲同工之妙。**周易**「繫辭傳」下云：「日往則月來，月往則日來，日月相推而明生焉。寒往則暑來，暑往則寒來，寒暑相推而歲生焉。往者屈也，來者信〔伸張〕也，屈信相感而利生焉。」這說明大自然的生成變化，其有利之道，在於相感互通，亦說明無一物而可孤立，孤立則無利而有害。咸卦象曰：「山上有澤，咸。君子以虛受人。」彖曰：「咸，感也。柔上而剛下，二氣感應以相與。……天地感而萬物化生，聖人感人心而天下和平，觀其所感，而天地萬物之情可見矣。」所謂感通，首先必須虛心淨念以待人，否則交感無由發生。學生固須虛心以受教，或者彼此間虛心地探討集益，而教師亦以謙和的心境，接納學生，以春風涵育之，以雨水潤澤之，如此才能亨通互利，學有所獲。蒙卦六五象傳說：「童蒙之吉，順以巽也。」意爲教學之吉，在於虛心接納，因勢利導，則無不成功。易「繫辭傳」下釋「巽」爲「德之制」、「稱而隱」、「行權」，都是明因勢利導、通情達理，化人於無形之義，可以爲教學者之參考。

5.兒童皆應受教育，但教育不是灌輸，也不能強迫，能引發學生的學習動機，使其主動想學，是最理想的，故蒙卦的卦辭說：「匪我求童蒙，童蒙求我。」童稚時期，教導正確的觀念、習慣和生活態度，最爲重要，所以說「蒙以養正。」（蒙象傳）又說：「山下出泉，蒙；君子以果行育德。」（蒙大象）

6.教育之理，也適用「物極必反」的原則。對學生獎勵太多，

產生負面效應；要求太嚴苛，學生動輒得咎，乾脆放棄任何努力，而內心猶忿憤不平。教師之教育方法，要合理，教材分量，亦應多寡適中。如此又歸於中道，所謂「允執厥中」。

7.凡事宜循序漸進，學生的學習，教師的施教，也都應該因應學生的程度、需求、以及其他個別差異的條件，以及教材本身的邏輯條理及順序，漸次以成之，庶幾有成。此理在「漸」卦中可以見得。漸卦曰：「漸之進也，女歸吉也。」女子結婚，要順乎自然，因緣成熟。教育又何嘗不然。當然，教師是可以扮演催化的角色。象傳說：「山上有木，漸。君子以居賢德善俗。」樹木不是一天突然長成，賢德善俗，須以人格感化，浸淫日久，自然有功。教育工作不是速食麵，教師更不可求急功近利。

第四節　東方的人文思想㈡

二、孔子

孔子是中國人文精神最好的代表，一生言行及思想，是典型人文理想的化身。他的哲學是人生哲學和政治哲學；他的教育內容是六藝並重的全人教育，而教化理想則是因材施教、盡人之性。他不僅獨善其身，還要兼善天下。他的道德論的核心是「仁」，仁是愛人，是忠恕。盡己之謂忠，己所不欲勿施於人是恕。他也是知其不可而為之，關懷人類之情無時或忘。這些都是人文的情操。

孔子一生好學，對古之聖賢，有著深摯敬仰，他羨慕的是三

代,他要在古代文化中,分別菁華與糟粕,並將菁華的部分轉為今用。他一旦學成,已在傳統文化中融會貫通,並重新組合、整理、增減,卓然博通古今,兼涵體用,即是到了傳道、用世之時。傳道用世之途徑有二,一是政治,一是教育。孔子曾表現了對前者的卓越才華,但終於不能受到當時列國君王的接納和認同,遂轉而專心從事教育工作,斐然有成,為中國普及教育之初祖,亦為萬代之師表,良師之典範。他也自稱:「有教無類。」(註32)由**論語**之記述中,我們可以了解他深悉教育原理,非吾輩所能及。

孔子不但教導學生要做到人格之均衡、和諧發展,他自己就具備這樣的人格:博大能容,不偏不倚。他淡薄名利,故曰:「飯疏食飲水,曲肱而枕之,樂亦在其中矣。不義而富且貴,於我如浮雲。」(註33)又說:「富與貴,是人之所欲也,不以其道得之,不處也。貧與賤,是人之所惡也,不以其道得之,不去也。」(註34)他真正關心的,是求真理,「朝聞道,夕死可也。」(註35)他真正不懈的,是教與學,故嘗自況:「其為人也,發憤忘食,樂以忘憂,不知老之將至云爾!」(註36)孔子不但人格均衡,而且謹守道德規範,他和蘇格拉底一樣,謙虛承認自己的無知,而這其實是每一個人求知的基礎。他說:「吾有知乎哉?無知也。……」(註37)然而,在此謙虛中,也有著一份自信,所以說:「不怨天,不尤人,下學而上達,知我者,其天乎!」(註38)

在栖栖皇皇的生涯中,孔子嚮往的是一種閒適優游的生活方式,類似那種「莫春者,春服既成,冠者五六人,童子六七人,浴乎沂,風乎舞雩,詠而歸」的生活。(註39)但終其一生,這種生活並不可得。他與所生存的那個社會,似乎是格格不入的。

一者他的政治理想不得實現，再者他那知其不可爲而爲之的態度，也不被明哲保身之士所欣賞。隱者桀溺對子路說：「滔滔者，天下皆是也，而誰以易之？且而與其從辟人之士也，豈若從辟世之士哉？」（註40）孔子對這種悲觀的看法，甚爲悵然，因而說：「……吾非斯人之徒與而誰與？天下有道，丘不與易也。」（註41）另外子路跟隨孔子，落後了，遇見一老者，亦爲隱士。子路問他：「子見夫子乎？」老者說：「四體不勤，五穀不分，孰爲夫子？」（註42）孔子在這種處境中，仍然盡力爲其所當爲，毫不懈怠，和蘇格拉底一般，有者不憂不懼爲眞理而固執的精神，也具有關懷人世的菩薩胸懷。這就是人文的胸懷。他給學生的印象是，望之儼然，即之也溫。他的心思意念，是做到了毋意、毋必、毋固、毋我。他多能鄙事，有豐富的人生經歷，而且文武兼資，多才多藝。他身處鄉黨之中，「恂恂如也，似不能言者」，而身處宗廟朝廷，則「便便言，唯謹爾。」（註43）他的舉止行爲，一皆中規中矩，衣著飲食都不含糊，顯示了他對生活敬重的態度。顏淵對他老師的讚歎是：「仰之彌高，鑽之彌堅，瞻之在前，忽焉在後！夫子循循然善誘人：博我以文，約我以禮。欲罷不能，既竭吾才，如有所立卓爾，雖欲從之，末由之也。」（註44）

孔子的人生哲學，主要是談的人生倫理。他的政治哲學，多談到政治倫理和社會倫理。而他的倫理學，又多屬規範倫理。聖與仁在孔子思想中，代表一種理想的人生境界，也是完美人格的實現。此種境界雖不易達到，但必須心嚮往之，努力以赴，所謂顛沛必於是，造次必於是。孔子說；「若聖與仁，則吾豈敢？抑爲之不厭，誨人不倦，則可謂云爾已矣！」（註45）爲之不厭，在於修己；誨人不倦，在於立人。己立立人，庶幾近於內聖而外

王。

　　孔子的人生態度，兼有入世與出世的精神。入世是急切爲了救人救世，使道能行；出世是成功不必在我，名利得失不存於心。出世的精神，表現在「知者樂水，仁者樂山；知者動，仁者靜；知者樂，仁者壽。」（註46）所謂樂、壽，既展現動靜相宜、身心寬廣的無爲胸襟，也表示了生命力的綿延持續，永不枯竭。中和的情緒及中庸的智慧，是理想人生的方法。「中庸之爲德也，其至矣乎！民鮮久矣！」（註47）人的才幹有賢愚，人的命運有順逆，能盡人力，聽天命，始能不患得患失。「窮則獨善其身，達則兼善天下」，可謂懂得人生之人。

　　孔子說：「聖人，吾不得而見之矣！得見君子者，斯可矣。」（註48）其實，要見到君子，也還不是頂容易。君子的特質是多方面的。他能在窮困的環境中，還堅守著善的原則。他只講究該不該爲，而不問對自己有何好處。他是表裏如一，外表與內在同樣的美。他以義爲行爲的根本，以禮來實踐它，以謙遜來表達它，以信實來完成它。他心胸坦蕩，泰而不驕。他不憂、不惑、不懼。他注重人際和諧，但反對同流合污，反對黨同伐異，樂於助人爲善，成人之美。他嚴以責己，厚以待人，喜歡言行一致，以言過其實爲恥。他不但修己，而且能推己及人，修己以安人，修己以安百姓。他不以言舉人，不以人廢言。他謀道不謀食，憂道不憂貧。他不可小知，而可大受。君子有三畏：畏天命，畏大人，畏聖人之言。君子有九思：視思明，聽思聰，色思溫，貌思恭，言思忠，事思敬，疑思問，忿思難，見得思義。總而言之，君子是言行能謹守中庸之人。「君子中庸，小人反中庸。君子之中庸也，君子而時中。」（註49）君子修身而能時時發揮理性的實踐智慧，於一切情境中，都能做最適當的判斷、選擇和行動。

教育的終極目標，在於完美人格的實現，此一教育理想，孔子以「聖」與「仁」二概念狀之。仁是理想人格的完成，聖是具有此完美人格的個體。此境界不易達到，但是能志於道，勉力精進而不懈怠的，即是君子。以孟子的話來說明，君子的消極面是不自暴自棄，積極面則是求人的本質之充分實現的恒久努力。仁的境界是先天下之憂而憂，後天下之樂而樂，是菩薩的大慈悲心。仁是己欲立而立人，己欲達而達人。仁是己所不欲，勿施於人。仁是愛人。仁是能行恭、寬、信、敏、惠五者：恭是敬謹行事，不草率不敷衍；寬是心胸廣大，能包容，有慈悲心；信是可靠；敏是精勤任事而有效率；惠是能布施，能替別人著想。孔子的人文理念，具體凝結成為人性之修己及善群雙方面的精誠作為，仍是一種不為自了漢的關懷世間的情操，既要提昇自己，昇華自己劣弱的部分，去發揚人性中光輝耀眼的部分，又要助人昇華，助社會人群昇華，同登大同境域。可見人文胸懷不是自憐自溺，而是從自愛至愛人，自修身而齊家、治國、平天下。孔子絕非逃世遯世者，而是積極入世者，但不同流合污，出淤泥而不染，窮通與否，永遠熱愛眞理，堅守原則，其教化學生，則循循善誘，善巧方便，身教言教，兼而有之，而又以人格感化、人生境界之提昇為主軸。實不愧萬世之師表，百代之儒者，亦為現代教師的典範。

三、孟子

孟子繼續孔子理想，而思發揚光大之。孟子的人性說是人人都具有為善成聖之潛在可能，即仁義禮智四端。人而不去充分擴充、發展這些良知良能、這些善性善根，實在是太可惜了，可以說是辜負了「生為人身」。這些潛在美好的可能性，如果能夠充

分發展實現，這個人就成爲聖人，完美無缺，在人性中只有優點，沒有缺點；在人性中只見閃爍著光輝，而沒有任何陰暗的黑影。教育的目的就是要助人達到這個境界。這種教育理想，不就等於現代學者所提倡的「自我實現」說嗎？孟子的人性論，還有很重要的一項是，人性的平等觀：人人都具同等善性，人人都可以爲堯舜。至於爲何有人成了堯舜，有人卻成不了堯舜，其差別在那裏呢？第一是，我們有無自覺、有沒有覺醒？我們有沒有了解到自己本性中的這種美好的特質，珍惜它，愛護它，並且想進一步把它發揚光大？人和一般動物的區別，以及聖賢和凡人的區別，就在於這麼一點點：有沒有自覺、有沒有立志發心要去做一個美好的人、去過一個美好的人生？其次是，我們有沒有接受教育，願不願意去親近良師益友，效法古今聖賢，從思想觀念及日常言行去學習，向聖賢的好榜樣去學？孟子的人性平等觀，提供了一個寬廣的人文教育的基礎，這其間沒有天生的種族、階級、社經甚至賢愚等的差別。所有的人間的差別，都原於後天的環境。由是可見全民教育的重要性。孟子的此種人性觀，幾可以視爲現代西方民主教育理念的先驅思想。

孟子的治國思想，也由此而發展成功。能夠尊重人性四個善端：仁、義、禮、智的政府，才有可能實行仁政。有不忍人之心，始有不忍人之政。政府的職責，無論是行政或是教育，都應在於導引激發人民的善性善端，而不是壓抑之，更不要去誘發人民的貪念、瞋恚、無知、惡性競爭、甚至相殘等低劣的惡性。有些政府常做錯了事而不自知，結果作爲越多，人心越亂，社會也越亂。有些教師也常犯錯而不自知，結果越教育，學生的一些低劣習氣越形突顯發作，而人性中最純良可愛的特質，卻反而消失得不見蹤影。這都是由於不了解人性而發生的錯誤。教師在了解

人性的特質以後，進一步要研究的是，須以什麼方法才能把善性引發激勵，而不至於有不良的副作用。過分依賴獎懲；過分執著於抽象的所謂教育原則，而卻不能因個別差異去行善巧方便；過分強調教師的權威及學生的盲目順服；過於「有所為」「有所得」而為等等，都是值得我們注意和警惕的現象。教育之智慧的重要性，在此又再度地顯發出來。

四、老子

老子被視為自然主義者，因為他的人生哲學，主張師法自然，自然是道，天地依此運轉，人也應依此而作為。老子又被視為「無為」論者，因為他強調人生欲增益真正福祉，行事而欲有最好的效果，必須「無為而無不為」。自然的道理，我們須虛心、靜心地去觀察、揣摩和體會。自然之道是什麼？老子在*道德經*中多所論列。但是老子之解釋自然之道，是在人生的事情、現象上面去解釋的，而不是抽離人世去談自然、談天道的。整部*道德經*五千餘言，除了一小部分解說存有論和宇宙論以外，其他絕大部分都在言簡意賅地講論其人生哲學和政治哲學。所謂無為的哲學，究其實，還是自然哲學的應用。老子的哲學，表面上似乎是超脫現實的，甚至是不食人間煙火的，而其實不然。他觀察自然的奧妙，提煉了人生的理則，其動機還不是關懷人類，希望他們在飄風不終朝、驟雨不終日的無常多變生命旅程中，在五色令人目盲乃至於馳騁畋獵令人心發狂，以及眾人昭昭皆有餘的爭競社會裏，如何獲得真正的平靜和快樂？所以老子的哲學，不是天道的哲學，而是人道的哲學，他關懷人生，關心人類，而願意將其所體悟的高妙的人生智慧，貢獻給人類，希望能夠指引他們一條愉快而順利的前進的明路。老子確確實實是位人文思想家及人

文教育者。

老子所體悟而欲告訴世人的人生及教育智慧是，

㈠天地所以能長且久者，以其不自生，不自私自利，所以聖人後其身而身先，外其身而身存。（註50）這是說人應先去私心。人所以有大患，為吾有身，及吾無身，吾有何患？（註51）去私心之要在於無我，不執著於自我，要去人我的分別。

㈡無我以後，才能處衆人之所惡，才能像水一樣，善利萬物而不爭。（註52）如此一來，自然能「居善地，心善淵，與善仁，言善信，正善治，事善能，動善時。」（註53）也就是不爭奪，不居功而處卑下之地，此是善地。心胸寬廣，能包容，寧靜平和，如深淵一般，此是善淵。常常布施，為人服務，替別人著想，宅心仁慈，此是善仁。言而有信，不虛詭，不挑撥，不作不實的承諾，這是善信。為政以善為依循才是善治，做事以善為動機始為善能，行動則總能選擇最恰當的時機，是為善時。

㈢不自見（不急切地自我表現），不自是（不自以為是），不自伐（不自誇功勞），不自矜（不自是己能）。（註54）為什麼呢？因為企者不立（踮起腳跟要高過別人，反而會站不穩），跨者不行（闊步而行，反而走不遠）。（註55）所以說，善行者不留痕跡，善言者不留瑕疵。（註56）自然之德，是生而不有，為而不恃，長而不宰。（註57）人效法此一精神，便是只有付出和施予，而不求自利，不圖回報。施予之後，依然是雲淡風清，船過水無痕，一點掛礙和痕轍都沒有。

㈣為者敗之，執者失之，（註58）聖人無為故無失，無執故無敗，（註59）所以要為無為，事無事，味無味。（註60）又說為學日益，為道日損，損之又損，以至於無為，無為而無不為。（註61）這意思是說，人真正要有作為，必須以無為的心情來作為

，才能揮灑自如，與自然暗合。什麼是無爲的心情呢？就是不急功近利，不執著於事功，不受不相關或不重要因素的左右干擾，而要看清楚我如此爲的眞正意義是什麼，以清淨心去做，不偏離原來的純正的目標。無爲也是反省，若我已盡了心，便不要去在意事情的後果。事前的審愼考慮和詳細的規畫是必要的，該準備的工作都已盡了力，事情到臨時，便不再憂懼，勇於面對，不患得患失，不畏首畏尾。簡單的說，無爲是生活及工作時的心理建設，純正清淨的心是無爲，去除不必要的雜念是無爲，無欲無我無計較是無爲。老子所說的損之又損，就是要把這些雜念妄念等等雜質，逐一清除，以至於無爲，能夠無爲，才能無不爲，才能自由自在，做什麼事都會成功。教師教學亦應如此。所謂無爲而民自化。（註62）

㈤知足不貪求是生活快樂要素之一。「持而盈之，不如其已；揣而銳之，不可長保。金玉滿堂，莫之能守；富貴而驕，自遺其咎。功成身退天之道。」（註63）所以說，知足不辱，知止不殆，可以長久。（註64）又說，禍莫大於不知足，咎莫大於欲得，故知足之足常足矣。（註65）

㈥老子所持而保之的人生三寶，是慈、儉、不敢爲天下先。（註66）慈是慈愛，有慈愛則會盡力維護人類生物乃至萬物，有此慈心，勇氣無敵，莫可抵擋。愛是眞正有大力量者。儉是儉嗇，不做不必要的浪費，例如無益的話少說，無益之事少做，可以少災禍之外，尙可以留此精力去從事眞正有意義的活動。故老子說：「治人事天，莫若嗇。夫唯嗇，是以早服，早服謂之重積德，重積德則無不克。⋯⋯」（註67）教學要抓住重點要點，要講究方法和技巧，以最經濟的方式獲得最大效果，便是嗇之一例。嗇即是以科學精神及方法辦事，有效率有成績，便是嗇。不敢爲天下

先者，即是一種不爭之德。（註68）這裏頭涵蘊有不貪求、不躁進的意思，也含有謙虛的風度。更重要的是，做什麼事情，若不先審慎思量便盲目莽動，或只爲了逞一時之快，發洩一時之激情，則其後果多是苦而不是甘。也有人只是意氣之爭，爲爭一口氣而爭，不能忍，不知退，都非致福之道。老子在此提出了謙讓的美德，也強調柔弱哲學。「人之生也柔弱，其死也堅強；萬物草木之生也柔脆，其死也枯槁。故堅強者死之徒，柔弱者生之徒。……」（註69）又云：「天下莫柔弱於水，而攻堅強者莫之能勝。……弱之勝強，柔之勝剛，天下莫不知，莫能行。」（註70）又云：「聖人之道，爲而不爭。」（註71）教師的教學，不要太強調競爭哲學，否則使學生彼此傷了感情，使求學變成緊張的漫長的競賽，也使學生的人生觀受到扭曲，把最重要最美好的人生目標反而忽略了。教師的輔導方法，也要應用以柔克剛的原理，可以使頑石點頭，產生水滴石穿的效果。

五、莊子

莊子講逍遙，講養生，論齊物，說人生如夢，人生的弔詭……等等，雖然超然物外，平等無我，相對看萬物而不絕對論斷，不師己心而涵容異見，但基本上，他乃是人文者，重視人類高層的精神活動，重視心靈的自由，強調眞知與淺見的不同，而這一切，都不外是他的人生之自由解脫的幸福原理。莊子是灑脫的哲學家，也是敏銳而感受豐沛的文學家。

莊子是看似超人文而實仍落實在人文的思想者和理解者。他是要以超現實的心情來度化現實的人生。他善於說故事，把繁雜的世間萬象，巧妙融合於游戲自在的文字，道理似顯未顯，似隱非隱，在說一事中似有一義又似有多義。巧妙的說喩的語言的運

用，使閱讀者接受到一波又一波、一層接一層、一事復一事的啓發。有些含義是隱蔽的，是潛在的。他不想把事情的道理，一語就說破，大概如此更能產生感染的影響效果吧！

世人常受知識的利益，但也受其障礙；世人依感官而生存、而生活，但感官也往往招來錯誤的訊息，甚至限制了思想的領域，使得心靈的能力無法開展。人的許多成見，許多個人的經驗之知，使你我圍於「小知」，而遂不知有「大知」的存在。這麼多的框架，使我們生活方便，但也把自己的手腳綑住了。人的肉體的限制是無法突破的，但是認知的障礙、心靈的桎梏、以及情感的負擔，卻都是「自作孽」的結果。人的不得自由，人生之無法逍遙自在，豈有別的原因嗎？豈能怨天尤人嗎？

世人又是缺乏平等心的；以外表的美醜來判斷、閱讀別人的內心，以眼前的可利用的效益來衡量一個人或一樣東西的存在的價值，以我的利害乃至我的好惡來賦予一人一事以意義。缺乏平等心，也實際就是缺乏慈悲心。莊子不但在「逍遙遊」，「齊物論」講人我、物我、生死、得失、有用無用之本質區分的不當，更在「德充符」講只見浮面外表不見美善內涵之可悲。社會的不平等，價值觀的誤導，人際之不和諧，乃至於我人的煩惱的滋生，不正由於此嗎？

心本應為主人，心的力量本應為主導人生的能力，但是沉淪於現實生活的輪轉，受到各種事象的干擾及左右，再加上人身七情六欲本能力量的強大，人心遂為形體所役、外事外物所役、生活所役、社會制度所役、大的潮流及大的環境所役，隨波逐流，無法停止。莊子說這是「坐馳」。（註72）坐馳的相反是定靜。「人莫鑑於流水，而鑑於止水。唯止能止眾止。」（註73）不止則慧不能生。又說「有人之形，故群於人；無人之情，故是非不

得於身。……吾所謂無情者，言人之不以好惡內傷其身，常因自然而不益生也。」（註74）又說：「無爲名尸，無爲謀府，無爲事任，無爲知主，體盡無窮，而遊無朕，盡其所受於天，而無見得，亦虛而已。至人之用心若鏡，不將不迎，應而不藏，故能勝物而不傷。」（註75）這一段在說明，人不要一肚子裝的是名利心，是謀略心，不要變成事物及智慮的奴隸，天天被他們牽著鼻子走，煩惱不已，沒有自由；而是應該好好體會一下，人是怎麼回事，自然又是怎麼回事，這樣一體會，心平靜下來、澄清下來，心就能虛空，對於世事就容易做到不將不迎，應而不藏，也即是不勉強不刻意追求圖謀，但也不逃避現實，兵來將擋，水來土掩，事未生不必焦慮，事臨頭認真去解決，事已去便不再掛在心上，如此便能「勝物而不傷」。這叫做「用心若鏡」。故莊子不是避世、遯世者。莊子反對人生以追求名利爲目的，但名利到來時也不必逃避，而是以平常心、以智慧來妥爲因應和安排。所以若以爲老莊哲學是避世哲學，恐怕是誤解老莊二位大思想家的苦心了。

六、佛教

佛教不是神道教。佛法並不排斥神祇，有時常肯定神祇，尤其是善神的做法，例如**華嚴經**「入法界品」善財童子的五十三參，許多他參訪的對象是神祇，這些神祇都有著菩薩的精神和做法，他們即是菩薩。但是，佛教到底不是只以神爲主的宗教。基本上，佛教是講平等觀的，具有無限的包容性，佛教應該是以眾生爲主的宗教。神也是眾生之一，但不是全部眾生，更不是至高的眾生，所以說佛教不是神道教。但是我們卻可以說佛教是人間的宗教，甚至是人文的宗教。爲什麼呢？因爲一方面在人間有六

道眾生共同生活著,有時候時空相同,有時候時空不同,但是這個娑婆世界,倒真是眾生的「大道場」,是個眾生不但生存,而且要學習如何生活、如何精進的一所大型的「學校」。中國禪宗六祖說佛法在世間,不離世間覺。眾生離開了這個人間,除非是到佛土淨土,否則要聽聞佛法、聽聞真理,都相當困難。人間有各種磨難,但還不至於苦到毫無希望;人間雖有歡樂,但也不至於太過安逸,使你我太過於耽溺沉迷,失去了精進學習的動機。你看,在世間可以聽聞真理,可以遇到許多的善知識、許多的良師益友,又有著互相激勵、磨練的機會,在苦難中有著光明,在歡樂中又顯透著警訊。怪不得佛教說,人身難得,想要生在這樣一個好的學習環境,還真不容易,我們豈可不好好珍惜和把握?禪宗六祖又說,離世求菩提,猶如覓兔角。兔角是不存在的。離開了煩惱而多苦難的無常世間,離開了互動頻繁的、互相製造麻煩的人群,反倒是難以求得真實的覺悟。唯識哲學說轉識成智,識是煩惱眾生所共有,有了覺醒,煩惱反而是求得真智的觸媒。在*維摩詰所說經*裏文殊師利菩薩有如此一段話,正是這個道理的解說:「六十二見及一切煩惱皆是佛種。」又說:「煩惱泥中乃有眾生起佛法耳!……是故當知一切煩惱為如來種,譬如不下巨海,不能得無價寶珠,如是不入煩惱大海,則不能得一切智寶。」(註76)

佛法所以是人文宗教的第二個理由是,他的宗旨在於提昇眾生,尤其是人間的眾生,至於佛的境界。有些宗教雖聲稱有個完美的存有的典範,以為人類的依恃,以為信仰學習的對象,但是這類宗教並不主張依法修行,可以使人性提昇至如同完美存有的境界,因為他們強調在這宇宙之間,只有一位真神,只有一位全能全智的完美的神。人類無論如何努力,都無法變成那樣子的

神，否則豈不是變成多神，宇宙中都充滿完美至高的眞神？然而，佛教的主張，恰好是與此相反的。佛教的理想是人人都可以成佛，衷心期望的是，人間變成清淨佛土，人人都具有佛的慈悲心腸和佛的智慧。這和儒家的人人都可以成堯舜，人世也可以變成大同世界，有著異曲同工之妙。儒家之所強調，人生社會是個大的「學習社會」(learning society)，人人都應該活到老、學到老；而佛教之所主張亦然，人生是個學習精進的大道場，應該不斷自修以善群，自利以利人。成佛遠乎哉？顛沛必於是，造次必於是，儘管眼前還不是個佛，至少要學習做個菩薩。什麼是菩薩？常隨佛學，學習佛的大慈大悲，學習佛的智慧能力，持續不懈，雖不能一下子達到理想，但是心嚮往之，心念及生活都不離開這樣的一個想法及做法，並且常在進步當中，便是菩薩。佛教之所以是人文宗教，乃是因為他不但允許人類，而且鼓勵人類，以成佛，以達到生命的完美存在的境界，做為生存的目標，以提昇自己、實現自己作為生命的意義之所在。

佛教雖然講三世（過去、現在、未來）因果及輪迴，但是他不是只講來生，或者把現世的生活忽略掉了，只強調那縹緲的未來。佛教至少也同等重視、甚至是更為重視現世的生活，現實的人生，關懷著有情眾生的福祉。當然，他也不是只把眼光局限在現實人生的那種淺短而偏狹的現世主義者。佛陀創立佛教，即是因為深刻體驗眾生之苦，而悟出苦、集、滅、道之眞理，並以此滅苦之道，救拔眾生的苦厄，使他們能夠離苦而得樂。所以佛之教化的主旨，是使眾生在現世的生活中，就獲得安樂，就能從貪瞋癡慢疑，從各種不正確的觀念、不清淨的念頭以及不好的行為所造成的苦惱纏繞束縛中，解脫出來，獲得身心的自由和安樂。並且要人人以此做基礎，也去幫助別人獲得同樣的覺悟和解脫。

　　佛教的解脫，是要靠自力的，也就是說必須人人自己去努力，才能達到。雖然有佛、菩薩做為我們的榜樣，啓發和引導我們，指引明路，甚至助我們一臂之力，在失望、沮喪、失去自信的時候，拉拔我們，教誨我們，但是，人要得到宗教的好處和幫助，首先還得你肯接受，有這個心。老師諄諄教誨，苦口婆心，學生如果一句話都聽不進去，是無法得益的。在這裏就存在一個弔詭：宗教是要改變人的，但是人要從宗教得到利益，又須先改變自己的心態。在此，覺醒就很重要。在人間，能觸發人的覺醒的機緣，應該是比較多的。機緣是要至少兩個條件的結合。佛度有緣人。教育工作者，或者宗教工作者，便是要創造比較多的機緣，也可以說是機會，增加眾生自覺的可能性。自覺是改變及學習的契機。自覺是要深切體認自己的不足：智慧、能力及心性修養之不足，而要從自身思想、觀念、判斷、生活態度等等方面的改變，來改變自己的生活，自己的生命，自己的命運。所以佛教不是命定論或宿命論，而是命運改造論，要人人改善自己現在以及未來的命運，創造自己的命運，刷新人生的意義，賦予生命價值。

　　佛教也教人要自立立人、自度度人，不要只作個自了漢，只管自己，不管別人。換句話說，佛的教法，教導人們要對人類以及一切眾生，產生無量無邊的關懷，即所謂「四無量心」：慈無量心，悲無量心，喜無量心，捨無量心。這四個慈、悲、喜、捨都有個「無量心」，意思即是說沒有個限度，不講條件，只有不斷奉獻。慈是希望眾生得樂，悲是希望眾生離苦，喜是見眾生離苦得樂而喜，捨是如實知人生苦樂、如實知眾生苦樂、如實知我之慈悲喜心，但不執著於我，不執著於相，不執著於有為無為，所以不為煩惱所繫縛，具足平等心，是能轉煩惱而非為煩惱所轉

之清淨心。有此四心，可以入世復出世，出世復入世，在入世中有出世，在出世中有入世。菩薩由是而可以無盡付出卻不耗損枯竭，能無限入世而卻常保出世之心。

從以上可以歸納佛教的人文精神是：㈠如實面對人生、恰如其分注重人世，是一種人生哲學，也是人間的哲學。㈡人身難得，論修行的環境和條件，六道之中，人道最為有利，最為可貴而難得，故人身是值得珍視而好好愛惜的；珍視愛惜之道，在於發善心、存善念、求善法，在於自覺、精進，使智慧能力心性獲得大進步，使自己從各種有形無形的繫縛中解脫出來。㈢主張自力，而不是完全依賴他力。凡事要立志，下定決心，謙虛地檢討自己，努力改善自己，如此命運才能扭轉。天底下無有不勞而獲的事；有一分努力，才有一分收穫，功不唐捐；種瓜得瓜，種豆得豆，因果不爽。㈣自立立人，自己已經離苦得樂，尚要進一步念念拔濟眾生之苦，使眾生也能得到自主，自由和解脫。以上例舉若干，都是人文教育的精要內涵。

第五節　民主教育的人文基礎

一、民主的本質

民主是一種政治制度，也是一種社會型態和生活方式。民主還是一種觀念和態度。民主在一個不健全的社會，容易受到扭曲，而變成不完美，它的存在，須有一些條件作為基礎，否則，民主發揮不了它的長處，還可能會給社會帶來災禍。民主政治和暴民政治往往只有一線之隔；民主政治有時也會淪為庸俗化的政

治，數人頭的政治，重數量但不重品質的政治，金權政治，黑道政治等等。有時我們也看到，民主政治是欠缺效率的政治。所以說，民主的好處不是絕對的，它需要有相當多的條件的配合。因此，民主的道路往往也是艱辛的道路。這麼艱辛的路，我們為什麼還要去走呢？至少有兩個理由。第一是，這是今天世界的潮流，潮流所趨，很難逆勢而行。第二是，在各種政治體制當中，民主是比較好的一種，它最人性化，最講公平和平等，最注重人權，最能尊重人的自由意志，最有機會讓人性中的善性發揮出來（同樣，它也最有機會讓人性中的弱點暴露顯現出來）。簡單地說，民主是最具有人文精神，最富於人文色彩的制度。這第二個理由，正是使得民主成為今日世界沛然莫之能禦的潮流的主要原因。

二、民主教育的特質

民主要辦得好，要步上正軌，首先需要一些基本條件的配合。而這些基本條件要能夠充分具備，主要是依賴教育。

民主肯定人的善性。人的善性發揮出來，民主才有可能成功。教育的成效如何，展現在一個人的優良的本質，發展了多少，發揮了多少，而也同樣展現在一個社會、一個國家民主實施的成績如何。民主是最仰賴教育的一種制度，它的成敗的關鍵是教育。好的教育，能把人的善性多啓發一些，多發展一些，那麼民主成功的機會，便大一些。否則，民主便會失敗。

民主要實施得成功，首先是人民的觀念、態度和生活方式須作適當的調整。這是實行民主最基本的條件。這裏所指的人民，是廣義而言，當然包含政府的官員以及各階層、型式的團體的領導者，而不單指「老百姓」而言。全民的觀念、態度及生活方式

的調整方向，便成了現代民主教育主要的方針和內容。以下試舉若干調整的方向，而亦即教育的方向，以爲讀者參考。

第一，自尊尊人。因爲尊重自己，所以也要尊重別人，我們也會因此受到別人的尊重。自尊而不自大，自尊而不以自我爲中心，不傷人，不害人，心中有別人，人人如此，這個社會便成爲互相尊重的好禮而和諧的社會。

第二，寬容異己。人世之可貴，是因爲人人不同，每個人都有其獨特之處。我可以想辦法說服你，希望你同意我的看法，但是我不可以強迫你同意我的意見。民主的社會要在異中求同，但也要在同中存異。這樣的社會是健康而多姿多彩的。

第三，以理性的方式，形成共識，商訂各種「遊戲」規則。規則既定，人人都要遵守，沒有例外。規則是可以修改的，但是要遵循理性的、大家可以接受的合理方式來進行，一如訂定新的遊戲規則一般。

第四，民主社會人人互動頻繁，普遍參與，所以不應該、也很難只求做一個自了漢，服務是必須要有的生活態度，服務即是布施。關心社會，熱心參與，在息息相關的環境中，我要扮演善意而正面的角色，我不但能夠隨順因緣，隨喜功德，而且也能夠創造善緣、廣結善緣。我希望自己的一份力量，在社會進展中，作出了貢獻。

第五，自由與約束是一體的兩面。無限制的自由，是大家都沒有了自由。人之所以有自由的空間，是因爲人人都做了相當的節制和約束。在自由與約束之間，有一條平衡線，把它擺在最適當的位置，是非常重要的。在民主社會中，人人應學習自我的約束和節制，也應學會守法。

第六，每個人都要不斷學習，不斷成長，把自己本來有的優

良的性質，盡我所能充分發展，盡量發揮其作用。如此一來，個人越健全，社會也越健全，大家才能真正享受到民主的好處，而避免受到民主所可能產生的不良副作用的傷害。這也即是教育的一個主要任務。學習不但成為每一個人的事，而且成為每一個人終身要去做的事。教育也成為終身教育，成為社會上人人在任何時間、任何地方都在進行的活動了。

三、民主教育的人文真諦

　　民主制度基本上是個不斷發展的制度，在眼前，它總是有缺點的。缺點的減少和補救，依靠的是社會中每個人的學習和進步。這是民主與教育的關係之所在。民主要達到完美的境地，需要每個人性中最好的性質都已充分發展和發揮。這是理想。這種理想的實現，要依靠教育。人性的盡善盡美的發展，就是人文的真諦。

　　這是一個緣起的宇宙，是個因緣和合的世界和社會。一切事物和現象的發生，都不是孤立事件，而是至少要有兩個以上的條件的配合，才有可能。這些條件也就是所謂的因緣。因是主要的條件，緣是配合的條件。其實因也是緣。單靠我自己一個人，不但成就不了什麼事，連生存下去都不可能。我有任何的成就，乃至於最起碼的我能生存、生活下去，不但要靠許多人類的幫忙，而且也要靠自然界許多事物的幫忙。我要了解這個道理，不但心存感恩，而且也要盡量設法去幫助別人。

　　更進一步分析，這宇宙間的事，乃是你我份內的事；而不是別人的事，與我無關。一個人有了什麼心念、什麼作為，都會產生一定的影響；個體與個體之間，事物與事物之間，人與事與物之間，個人與團體之間，乃至團體與團體之間，無時無刻不在彼

此互動激盪，我之存有影響他之存有，他之存有亦影響我之存有。有人說這是一個有機的關聯的世界，也有人說這是一個邏輯關聯的世界。而**華嚴經**說，這是一個「華藏莊嚴世界海」，在此世界海當中，存有及時空的種類之多，到了令人難以思議的地步，但是卻「一一皆自在，各各無雜亂」，（註77）這是本來的世界，本當如此這般的一個世界。以其現象而論，在一微塵中涵攝無量，而無量也入於一微塵之中。

> *一切世界入一毛道，一毛道入一切世界。*
>
> *一切眾生身入一身，一身入一切眾生身。*
>
> *不可說劫入一念，一念入不可說劫。*
>
> *一切佛法入一法，一法入一切佛法。*
>
> *不可說處入一處，一處入不可說處。*
>
> *不可說根入一根，一根入不可說根。*
>
> *一切根入非根，非根入一切根。*
>
> *一切想入一想，一想入一切想。*
>
> *一切言音入一言音，一言音入一切言音。*
>
> *一切三世入一世，一世入一切三世。（註78）*

這說明了這世界中的各個存有，物質的，非物質的，包含那些假名的概念和語言等，是如何錯綜複雜地交互作用，彼此涵攝，彼此融入、包容、化合，彼此在增益、消減、分解、綜合、變化……之中。這樣的世界，事事物物，具象抽象，有情無情，互成互補，互為消長，或生起，或消減，起起落落，如真似幻，似住如暫，似有似無。

張載說，民吾同胞，物吾與也。沙特也說，我每做一個選擇和決定，事實上即為我周圍的人、乃至於即為社會上所有的人作了選擇。

　　故人生應該和諧互助，互相關懷，彼此尊重，互相扶持，使得這個世界日新又新，創化不已，而人類自然也要自強不息，精進無已。

　　我們今天所需要的「道德」，就是如此不斷學習，不斷教育（教化眾生，接受教化，自我教育等等）、不斷成長、不斷進步的道德。在這種道德之下，我們必須謙虛、自制、自尊尊人、理性、富於同理心、遵守規範和法度。爲什麼？因爲我們不自滿，我們還要再進步。

　　人類的未來，在於我們有創造的進化。這種創造進化，能夠突破目前所遭遇的許多困境和瓶頸。創化能使文明，在質與量兩方面，都產生大的進展。這不僅是指的科技，而且也指的是人類的心靈力量。人類的善良性質的充分釋出，是人性光輝及智慧的充分展現。人類的勝利，表現在如何超越自己，如何戰勝自己的弱點，如何補救許多的缺陷。教育只有從這裏著手，才有可能保住目前文明的成果，進一步產生更精良的文明。如果不此之圖，人類的前途是黯淡的。

　　大同的境界，人間的淨土，都是人類夢寐以求的理想，雖不容易達到，卻也絕對不是遙不可及、永遠無法實現的烏托邦。俗話說得好，「事在人爲」。

附　註

註1：*道德經*，第 25 章。

註2：參閱 *Aristotle, **Ethics**, Book one* , 1102a 29-1103a 10。

註3：*周易*「繫辭傳」上，第 2 章。

註 4 ：同上。

註 5 ：同上，第 8 章

註 6 ：同上，第 11 章。

註 7 ：同上，第 10 章。

註 8 ：同上，第 5 章。

註 9 ：同上，第 11 章。

註10：同上，第 1 章。程石泉氏著 *易學新探*（台北：黎明，民 7 8 ，頁 12 ）中說，易藉圖、象、數、辭提供（明白地或暗示地）吾人以種種基型理念（ *archetypal ideas* ）──道、義、仁、愛、眞、善、美、聖、太和、恒久等等──此項基型理念潛存於「集體潛意識」中，而凡屬於「人之類者」無不分別具有此「集體潛意識」之部分。

註11：同上，第 4 章。

註12：*易*「繫辭傳」上，第 6 章。

註13：*易*「繫辭傳」下，第 5 章。

註14：程石泉教授注此段，謂「物」疑爲「神」之誤，「變」疑爲「鬼」之誤，如是方與下文「鬼神之情狀」相應。程博士謂 *禮記*「祭義」有子曰：「氣也者，神之盛也。魄也者，鬼之盛也。合鬼與神教之至也。眾生必死，死必歸土，此之謂鬼。骨肉斃於下，陰爲野土。其氣發揚于上爲昭明。」程教授說，後有三魂七魄之說，三魂屬陽，發揚於上爲昭明，七魄屬陰，腐化於土成化學原素。他說，三魂類似西方所謂精神、靈魂及心靈，七魄類似潛意識、意識、魄，神經系統等。參閱程著 *易學新探*，同上引書，頁 164 。

註15：*易*，「繫辭傳」下，第 3 章。

註16：*易*，「繫辭傳」下，第 *1* 章。

註17：*易*，「序卦傳」。

註18：*易*「繫辭傳」下，第 *5* 章。

註19：參閱李鼎祚，*周易集解*，卷第十六。

註20：*易*「繫辭傳」下，第 *5* 章。

註21：*易*「繫辭傳」上，第 *5* 章。

註22：乾卦，象傳。

註23：*易*「繫辭傳」上，第 *8* 章。

註24：*易*，乾卦文言。

註25：乾，九三。

註26：*易*「繫辭傳」上，第 *8* 章。

註27：*易*「繫辭傳」下，第 *5* 章。

註28：同上，第 *11* 章。

註29：同上，第 *5* 章。

註30：同上，第 *2* 章。

註31：同上，上，第 *1* 章。

註32：*論語*，「衛靈公」，*15:38* 。

註33：同上，「述而」，*7:15* 。

註34：同上，「里仁」，*4:5* 。

註35：同上，「里仁」，*4:8* 。

註36：同上，「述而」，*7:18* 。

註37：同上，「子罕」，*9:7* 。

註38：同上，「憲問」，*14:37* 。

註39：同上，「先進」，*11:25* 。

註40：同上，「微子」，*18:6* 。

註41：同上，「微子」，*18:6* 。

註42：同上，「微子」，18:7。

註43：同上，「鄉黨」，10:1。

註44：同上，「子罕」，9:10。

註45：同上，「述而」，7:33。

註46：同上，「雍也」，6:21。

註47：同上，「雍也」，6:27。

註48：同上，「述而」，7:25。

註49：*中庸*，第 2 章。

註50：*道德經*，第 7 章。

註51：同上，第 13 章。

註52：同上，第 8 章。

註53：同上。

註54：同上，第 22 章。

註55：同上，第 24 章。

註56：同上，第 27 章。

註57：同上，第 51 章。

註58：同上，第 29，64 章。

註59：同上，第 64 章。

註60：同上，第 63 章。

註61：同上，第 48 章。

註62：同上，第 57 章。

註63：同上，第 9 章。

註64：同上，第 44 章。

註65：同上，第 46 章。

註66：同上，第 67 章。

註67：同上，第 59 章。

註68：同上，第 68 章。

註69：同上，第 76 章。

註70：同上，第 78 章。

註71：同上，第 81 章。

註72：莊子，「人間世」。

註73：同上，「德充符」。

註74：同上，「德充符」。

註75：同上，「應帝王」。

註76：維摩詰所說經，姚秦，鳩摩羅什譯，大正大藏經，卷十四，經集部一，「佛道品」第八。

註77：大方廣佛華嚴經，實叉難陀譯，「華藏世界品」第五之三。

註78：同上，「普賢行品」第三十六。

參 考 書 目

參考書目

哲　學

☞周易。

☞大學。

☞中庸。

☞論語。

☞孟子。

☞荀子。

☞道德經。

☞莊子。

☞方東美。**中國人生哲學概要**。台北：先知出版社，民 63。

☞王文俊。**哲學概論**。台北：正中書局，民 56。

☞王先謙。**莊子集解**。台北：世界書局，民 72。

☞李世傑譯述。**印度與義書哲學概要**。台北：慈航佛學院，民 54。

☞———著。**印度哲學史講義**。台北：新文豐出版股份有限公司，民 68。

☞李志夫譯，*D.M.Datta & S. C. Chatterjee* 合著。**印度哲學導論**。台北：幼獅文化事業公司，民 63。

☞吳康。**哲學大綱**。上下冊。台北：台灣商務印書館，民 81 [48]。

☞———。**康德哲學簡編**。台北：台灣商務印書館，人人文庫，335，民 56。

☞唐君毅。「述海德格之存在哲學」（民 41 ）。載於哲學概論。下冊。台北：台灣學生書局，民 74 ，頁 648-709 。

☞耿濟之譯，托爾斯泰著。藝術論。台北：晨鐘出版社，民 61 。

☞張東蓀譯，柏拉圖原著。柏拉圖理想國。台北：正文書局，民 59 。

☞──────────。柏拉圖對話錄。台北：正文書局，民 58 。

☞張秀亞譯。論藝術。台北：大地出版社，民 61 。

☞黃建中。比較倫理學。台北：正中書局，民 51 。

☞黃昆輝主編。美育與文化。台北：三民書局，民 82 。

☞黃慶萱。周易讀本。台北：三民書局，民 69 。

☞黃錦鋐註譯。新譯莊子讀本。台北：三民書局，民 63 。

☞程石泉。易學新探。台北：黎明文化事業公司，民 78 。

☞───。易辭新詮。台北：文景出版社，民 84 。

☞───。柏拉圖三論。台北：東大圖書股份有限公司，民 81 。

☞傅東華譯，亞理斯多德著。詩學。台北：台灣商務印書館，人人文庫，245 ，民 56 。

☞傅偉勳。西洋哲學史。台北：三民書局，民 54 。

☞邱言曦譯，羅素著。西洋哲學史。台北：台灣中華書局，民 80 。

☞楊家駱主編。四書集註。台北：世界書局，民 67 。

☞楊深坑。柏拉圖美育思想研究。台北：水牛出版社，民 72 。

☞郭象［晉］注，成玄英［唐］疏，陸德明［唐］釋文，郭慶藩［清］集解。莊子集釋。台北：世界書局，世界文庫，四部刊要，民 71 。

☞陳榮捷。王陽明傳習錄詳註集評。台北：台灣學生書局，民 72 。

☞－－－編著，楊儒賓、吳有能、朱榮貴、萬先法合譯。**中國哲學文獻選編**。上下冊。台北：巨流圖書公司，民 82。

☞陳鼓應、孟祥森、劉崎譯，考夫曼編著。**存在主義哲學**。台北：台灣商務印書館，民 82[60]。

☞謝扶雅。**倫理學新論**。台北：台灣商務印書館，人人文庫，特271，民 62。

☞謝大荒編著。**易經語解**。台北：大中國圖書公司，民 80。

☞Aristotle. **The Basic Works of Aristotle.** Edited by Richard Mckeon. New York; Random House, 1941.

      "Rhetorica (Rhetoric)," trans. W. Rhys Roberts, pp. 1320-1451.

      "De Poetica (Poetics)," trans. Ingram Bywater, pp. 1455-1487.

      "Politica (Politics)," trans. Benjamin Jowett, pp. 1114-1316.

      "Ethica Nicomachea (Nicomachean Ethics)," trans. W. D. Ross, pp. 928-1112.

      "Metaphysica (Metaphysics)," trans. W. D. Ross, pp. 682-926.

      "Physica (Physics)," tranx. R. P. Hardie and R. D. Gaye, pp. 216-394.

☞Ayer, A. J. **Lanquage, Truth and Logic**. New York: Dover, 1946.

☞--- . **Philosophy in the Twentieth Century**. London: Unwin Paperbacks, 1984.

☞Barret, William E. **Irrational Man. A Study in Exis-**

tentialist Philosophy. Garden City, New York: Double-day, 1958.

☞Berkeley, George. **Three Dialogues Between Hylas and Philonous**. Indiana: The Bobbs-Merrill Company, 1979 [1954, 1713].

☞Buber, Martin. **Between Man and Man**. Translated by R. G. Smith. Boston: Beacon Press, 1955.

☞----. **I and Thou**. Translated by R. G. Smith. New York: Scribner, 1955.

☞Bullough, Edward. **Aesthetics**. Stanford, CA: Stanford University Press, 1957.

☞Chang, Wing-tsit, ed. and trans. **A Source Book in Chinese Philosophy**. Princeton:Princeton University Press,1973.

☞Christian, J. L. **Philosophy: An Introduction to the Art of Wondering**. New York: Rinehart and Winston, 1986.

☞Collins, Ames. **The Existentialists**. Chicago: Henry Regnery Company, 1953.

☞Descartes, Rene. **Meditations on First Philosophy**. Translated by Donald A. Cress from tne Latin. Indi-anapolis, Indiana:Hackett Publishing Company, 1979 [1641].

☞----. **The Philosophical Works of Descartes**. Translated by E. S. Haldane and G. R. T. Ross. Cambridge: Cambridge University Press, 1931.

☞Dewey, John. **A Common Faith**. New Haven: Yale University Press, 1934.

☞**Early Greek Philosophy**. Translated by J. Brunet. London: Black, 1920.

☞Edman, Irwin. **Four Ways of Philosophy**. New York: Henry Holt and Company, 1937.

☞Frankena, William. **Ethics**. Englewood Cliffs, N.J.:Prentice-Hall Inc., 1963.

☞Freud, Sigmund. **The Basic Writings of Sigmund Freud**. Translated by A. A. Brill. New York: The Modern Library, Random House, 1938.

☞----. **A General Introduction to Psychoanalysis**. Translated by Joan Riviere. New York: Liveright, 1935.

☞----. **An Outline of Psychoanalysis**. Translated by James Strachey. New York: W. W. Norton, 1949.

☞Harper, Ralph. **Existentialism**. Cambridge: Harvard University Press, 1948.

☞Herberg, W. ed. **Four Existentialist Theologians; A Reader from the Works of Jacques Maritain, Nicolas Berdyaev, Martin Buber, and Paul Tillich**. Garden City, New York: Doubleday, 1958.

☞Hospers, John. **An Introduction to Philosophical Analysis**. 2nd. ed. Englewood Cliffs, N. J.: Prentice-Hall, Inc., 1967 [1953].

☞Hume, David. **A Treatise of Human Nature**. Oxford: Oxford University Press, 1981 [1978, 1739-40].

☞----. **An Enquiry Concerning Human Understanding** *Indianapolis: Hackett Publishing Company, 1980 [1977,1748].*

☞Husserl, Edmund. **Ideas: General Introduction to Pure Phenomenology**. *Translated by W. R. Boyce Gibson. New York:Collier Books, 1962 [1931, 1913].*

☞Jacobus, Lee A. **Aesthetics and the Arts**. *New York: McGraw-Hill Book Company, 1968.*

☞James, William. **Praqmatism. A New Name for Some Old Ways of Thinking**. *New York: Longman, Green, 1922.*

☞Jaspers, Karl. **Existentialism and Humanism**. *Three Essays. Edited by H. E. Fischer. Translated by E. B. Ashton. New York: Moore, 1952.*

☞----. **Man in the Modern Age**. *Translated by Eden and Cedar Paul. New York: Doubleday, Anchor Books, 1957.*

☞----. **Reason and Existenz**. *Five Lectures. Translated by H. Earle. New York: Nooday Press, 1955.*

☞Jones, W. T. **A History of Western Philosophy: Hobbes to Hume**. *Vol. III. New York: Harcourt, Brace & World Inc., 1969[1952].*

☞----. **A History of Western Philosophy: The Twentieth Century to Wittgenstein and Sartre**. *Vol. V. New York: Harcourt Brace Jovanovich, Inc., 1975 [1952].*

☞Kaufmann, Walter. **Existentialism from Dostoevsky**

to Sartre. *New York: Meridian Books, 1956.*

☞ *Kant, Immanuel.* **Critique of Pure Reason**. *Translated by Norman Kemp Smith. London:Macmillan and Co. Ltd., 1964[1926,1781].*

☞ ----. **Critique of Judgment**. *Translated by James C. Meredith. In* **The Philosophy of Kant**. *Edited by Carl J. Friedrich. New York: The Modern Library, 1977 [1949].*

☞ ----. **Foundations of the Metaphysics of Morals**. *Translated by Lewis White Beck. Indianapolis: Bobbs-Merrill Educational Publishing, 1980 [1959, 1785].*

☞ *Kaplan, Abraham.* **The New World of Philosophy**. *New York: Vintage Books, 1961.*

☞ *Kearney, Richard.* **Modern Movements in European Philosophy**. *Taipei, Taiwan: Sinda Book Company, 1987.*

☞ *Kierkegaard, Soren.* **Soren Kierkegaard**. *Selected and introduced by W. H. Auden. London: Cassell, 1955.*

☞ ----. **Kierkegaard's Attack upon "Christendom"** *1854-1855. Translated by Walter Lowrie. London: Geoffrey Cumbelege, Oxford University Press, 1946.*

☞ ----. **The Concept of Dread**. *Translated by Walter Lowrie. 2nd ed. Princeton: Princeton University Press, 1957.*

☞ ----. **Either-Or. A Fragment of Life.** *Translated by David F. and Lilian Swenson. Princeton: Princeton*

University Press, 1944.

☞ Langer, Susanne K. ed. **Reflections on Art**. *A Soruce Book of Writings by artists, critics, and philosophers. New York: Oxford University Press, 1961 [1958].*

☞ Levi, Albert William. **Philosophy and the Modern World**. *Chicago: The University of Chicago Press, 1977 [1959].*

☞ Locke, John. **An Essay Concerning Human Understanding.** *Oxford: Oxford University Press, 1990 [1975, 1689].*

☞ Macquarrie, John. **Existentialism**. *Harmondsworth, Middlesex, England: Penguin Books Ltd., 1986 [1973, 1972].*

☞ Maslow, Abraham H. **New Knowledge in Human Values**. *New York: Harper & Brothers, 1959.*

☞ Matson, Floyd W. **The Idea of Man**. *New York: Dell Publishing Co., Inc., 1976.*

☞ Melden, A. I. ed. **Ethical Theories: A Book of Readings.** *2nd ed. Englewood Cliffs, N. J.: Prentice-Hall, Inc., 1959 [1955, 1950].*

☞ Niebuhr, Rienhold. **The Nature and Destiny of Man**, *A Christian Interpretation. 2 volumes. London: Nisbet & Company, 1949-1956.*

☞ Oaklander, L. Nathan. **Existentialist Philosophy: An Introduction**. *Englewood Cliffs, New Jersey: Prentice-Hall, Inc., 1992.*

☞ Olson, Robert G. **An Introduction to Existentialism**. New York: Dover Publications, Inc., 1962.

☞ Passmore, John. **A Hundred Years of Philosophy**. New York: The Macmillan, 1957.

☞ Plato. **Aoplogy**. Translated by Benjamin Jowett. In The Harvard Classics. Danbruy, Con.: Grolier Enterprises Corp., 1980.

☞ ----. **The Republic**. Translated by Paul Shorey. Loeb Classical Library, 1953 [1930].

☞ ----. **The Republic**. Translated by Benjamin Jowett. Oxford: Oxford University Press, 1986.

☞ ----. **The Republic**. A new translation by Richard W. Sterling and William C. Scott. New York: W. W. Norton & Company, 1985.

☞ ----. **The Collected Dialogues of Plato**. Princeton: Princeton University Press, 1971.

"Socrates' Defense (Apology)," trans. Hugh Tredennick, pp. 3-26.

"Symposium," trans. Michael Joyce, pp. 526-574.

"Republic," trans. Paul Shorey, pp. 575-846.

☞ Pojman, Louis. **Ethics: Discovering Right and Wrong**. Belmont, CA: Wadsworth Publishing Company, 1990.

☞ ----. ed. **Introduction to Philosophy: Classical and Contemporary Readings**. Belmont, CA: Wadsworth

Publishing Company, 1991.

☞Rader, Melvin, ed. **A Modern Book of Aesthetics**. New York: Holt, Rinehart & Winston, 1973.

☞Russell, Bertrand. **Logic and Knowledge: Essays 1901-1950**. Edited by C. Harsh. London: Allen & Unwin, 1956.

☞----. **The Problems of Philosophy**. Oxford: Oxford University Press, 1912.

☞Sartre, Jean-Paul. **Existentialism**. Translated by Bernhard Frechtman. New York: Philosophical Library, 1947.

☞----. **Being and Nothingmess**. An Essay on Phenomenological Ontology. Translated by Hazel S. Barnes. London: Methuen & Co. Ltd., 1957 [1943].

☞----. **Existentialism and Humanism**. Translated by Philip Mairet. London: Methuen & Company, 1948.

☞----. **Existentialism and Human Emotions**. New York: The Wisdom Library, 1957.

☞Sidgwick, H. **Philosophy: Its Scope and Relations**. London: Macmillan and Co., Limited, 1902.

☞Solomon, Robert C. ed. **Phenomenology and Existentialism.** New York: Harper & Row, Publishers, Inc., 1972.

☞Taylor, Richard. **Metaphysics**. Englewood Cliffs, N. J.: Prentice-Hall, Inc., 1963.

☞Titus, H. H., Smith, M. S. & Nolan, R. T. **Living**

Issues in Philosophy. 8th ed. Belmont, CA: Wadsworth Publishing Company, 1986.

☞Whitehead, Alfred North. **Symbolism: Its Meaning and Effect**. New York: Capricorn Books, 1959 [1927].

☞----. **Religion in the Making**. Lowell Lectures 1926. New York: Macmillan Company, 1927.

☞----. **Science and the Modern World**. Lowell Lectures 1925. New York: The New American Library, 1948.

☞Watson, John. **The Ways of Behaviorism**. New York: Harper & Brothers, 1928.

☞Wittgensteia, Ludwig. **Tractatus Logico-Philosophicus**. Translated by D. F. Pears and B. F. McGuinness. New York: Humanities Press, 1961.

☞----. **Philosophical Investigations**. Translated by G. E. M. Anscombe. London: Basil Blackwell & Mott, 1958.

☞Weitz, Morris. **Problems in Aesthetics**. An Introductory Book of Readings. New York: The Macmillan Company, 1964.

☞Wolff, Robert P. **About Philosophy**. 5th ed. Englewook Cliffs, New Jersey: Prentice-Hall, 1992.

☞Woodhouse, M. B. **A Preface to Philosophy**. 4th ed. Belmont, Ca: Wadsworth Publishing Company, 1990.

宗　教

☞**大般若波羅蜜多經**。唐，玄奘法師譯。**大正新修大藏經**，卷五

至七，般若部一至三。

☞ **大方廣佛華嚴經**。八十卷。唐，實叉難陀譯。**大正新脩大藏經**，卷十，華嚴部下。

☞ **大方廣佛華嚴經**。四十卷。唐，般若譯。**大正新脩大藏經**，卷十，華嚴部下。

☞ **大方廣佛華嚴經**。六十卷。東晉，佛馱跋陀羅譯。**大正新脩大藏經**，卷九，華嚴部上。

☞ **大佛頂如來密因修證了義諸菩薩萬行首楞嚴經〔大佛頂首楞嚴經〕**。唐，般剌蜜帝譯，房融筆受。**大正新脩大藏經**，卷十九，密教部二。

☞ **四十二章經**。後漢迦葉摩騰、竺法蘭同譯。**大正新脩大藏經**，卷十七，經集部四。

☞ **佛說八大人覺經**。後漢沙門安世高譯。**大正新脩大藏經**，卷十七，經集部四。

☞ **佛垂般涅槃略說教誡經〔佛遺教經〕**。姚秦，三藏法師鳩摩羅什譯。**大正新脩大藏經**，卷十二，涅槃部全。

☞ **妙法蓮華經**。姚秦，三藏法師鳩摩羅什譯。**大正新脩大藏經**，卷九，法華部全。

☞ **金剛般若波羅蜜經**。姚秦，三藏法師鳩摩羅什譯。**大正新脩大藏經**，卷八，般若部四。

☞ **般若波羅蜜多心經**。唐，玄奘法師譯。**大正新脩大藏經**，卷八，般若部四。

☞ **解深密經**。唐，玄奘法師譯。**大正新脩大藏經**，卷十六，經集部三。

☞ **聖經（新約全書）**。國際基甸會中華民國總會印製，*1991*。

☞ **維摩結所說經**。姚秦，三藏法師鳩摩羅什譯。**大正新脩大藏**

經，卷十四，經集部一。

☞ *遊行經*。後秦佛陀耶舍共竺佛念譯。載於*長阿含經*。**大正新脩大藏經**，卷一，阿含部上。

☞ *雜阿含經*。劉宋，求那跋陀羅譯。**大正新脩大藏經**，卷二，阿含部下。

☞龍樹菩薩著。**中論**。姚秦，三藏法師鳩摩羅什譯。**大正新脩大藏經**，卷三十，中觀部全。

☞———。**大智度論**。姚秦，三藏法師鳩摩羅什譯。**大正新脩大藏經**，卷二十五，釋經論部上。

☞世親菩薩著。**唯識三十論頌**。唐，玄奘法師譯。**大正新脩大藏經**，卷三十一，瑜伽部下。

☞護法菩薩等著。**成唯識論**。唐，玄奘法師譯。**大正新脩大藏經**，卷三十一，瑜伽部下。

☞**六祖大師法寶壇經〔六祖壇經〕**。元，宗寶編。**大正新脩大藏經**，卷四十八，諸宗部五。

☞菩提達摩。「略辨大乘入道四行」。**楞伽師資記**。唐，淨覺集。**大正新脩大藏經**，卷八十五。

☞窺　基。　**成唯識論述記**。**大正新脩大藏經**，卷四十三，論疏部四。

☞巴　宙。　**巴宙文存**。台北：新文豐出版公司，民74。

☞方東美。　**華嚴宗哲學**。上下冊。台北：黎明文化事業公司，民70。

☞方　倫。　**初級佛學教本**。台中市：菩提樹雜誌社，民51。

☞———。　**中級佛學教本**。台中市：菩提樹雜誌社，民51。

☞———。　**高級佛學教本**。台中市：菩提樹雜誌社，民50。

☞———。　**唯識三頌講記**。高雄：佛光出版社，*1995 [1968]*。

☞方立天。　佛教哲學。台北：洪葉文化事業有限公司，1994。

☞印順導師。佛法概論。台北：正聞出版社，民 81 [61, 38]。

☞————。　淨土與禪。台北：正聞出版社，民 59。

☞————。　唯識學探源。台北：正聞出版社，民 59。

☞————。　般若經講記。台北：正聞出版社，民 60 [37]。

☞————。　中觀今論。台北：正聞出版社，民 60。

☞————。　中觀論頌講記。台北：正聞出版社，民 62 [41]。

☞————。　印度之佛教。台北：正聞出版社，民 77。

☞————。　中國禪宗史。台北：正聞出版社，民 60。

☞————。　學佛三要。台北：正聞出版社，民 60。

☞————。　性空學探源。　台北：正聞出版社，民 62。

☞————。　我之宗教觀。台北：正聞出版社，民 70。

☞————。　如來藏之研究。台北：正聞出版社，民 70。

☞————。　藥師經講記。台北：正聞出版社，民 81 [43]。

☞————。　說一切有部為主的論書與論師之研究。台北：正聞
　出版社，民 57。

☞————。　勝鬘經講記。台北：正聞出版社，民 59。

☞————。　華雨香雲。台北：正聞出版社，民 62。

☞————。　大樹緊那羅王所問經偈頌講記。台中市：菩提樹雜
　誌社，民 64。

☞————。　妙雲選集。新竹市：福嚴精舍；台北市：慧日講
　堂；桃園縣龜山鄉：覺海寺，民 80。

☞————。　成佛之道。增注本。台北：正聞出版社，民 83。

☞————。　華雨選集。台北：正聞出版社，民 84。

☞————。　印度佛教思想史。台北：正聞出版社，民 77。

☞————。　契理契機之人間佛教。台北：正聞出版社，民 78。

☞李世傑譯，川田熊太郎等著。**華嚴思想**。台北：法爾出版社，
民 78 。

☞———， 鈴木大拙著。**禪佛教入門**。台北：協志工業叢書出
版股份有限公司，民 59 。

☞李潤生導讀。**唯識三十頌**。香港：密乘佛學會、博益出版集團
有限公司聯合出版，1994 。

☞呂　澂。 **中國佛學思想概論**。台北：天華出版事業公司，民
71 。

☞———。 **印度佛教思想概論**。台北：天華出版事業公司，民
71 。

☞佛光山禪淨法堂。「學習禪修的入門方法」，載於**普門**，199
期 (85,4)，頁 48-49 。

☞———。 「禪的叩應」，載於**普門**，198 期 (85, 3)，頁
41-43 。

☞法舫法師。**唯識史觀及其哲學**。台北：天華出版事業股份有限
公司，民 67 。

☞星雲法師監修，慈怡主編。**佛光大辭典**。高雄：佛光出版社，
1988 。

☞星雲法師編著。「淨土三經㈠，無量壽經」，載於**覺世**，
1355 期 (84,12,20)，頁 14 -18 。

☞———。 「最初的根本佛法㈡；第二篇　四聖諦」，載於**覺
世**，1355 期 (84,12,2 0)，頁 10-13 。

☞———。 「最初的根本佛法㈢；第三篇　三法印」，載於**覺
世**，1356 期 (85,1,20)，頁 10-13 。

☞———。 「佛教的真理是什麼㈡；第二篇　業」，載於**覺
世**，1358 期 (85,3,20) ，頁 10-12 。

☞ーーー。　**佛教**。高雄：佛光出版社，*1995*。此乃叢書，共
有十冊。

☞侯秋東。　**無我的妙義**。台北：龍樹菩薩贈經會，民*79*。

☞高觀廬譯，高楠順次郎、木村泰賢合著。**印度哲學宗教史**。台
北：臺灣商務印書館，人人文庫，特*163*，民*60*。

☞黃懺華。　**佛教各宗大意**。台北：文津出版社，民*73*。

☞ーーー。　**佛學概論**。台北：佛學出版社。*[未標明出版年份]*

☞聖嚴法師。戒律學綱要。台北：東初出版社，民*77[54]*。

☞楊惠南。　**佛教思想發展史論**。台北：東大圖書股份有限公
司，民*82*。

☞歐陽竟無。**支那內學學院院訓釋**。台北：佛教出版社，民*67*。

☞蔣維喬。　**佛學概論**。高雄：佛光出版社，民*82[48]*。

☞演培法師譯，木村泰賢著。**小乘佛教思想論**。台北：慧日講
堂，民*67[46]*。

☞ーーー。　**入中論頌講記**。台北：正聞出版社，民*69*。

☞ーーー。　**俱舍論頌講記**。上下冊。台北：正聞出版社，民*69*。

☞鄭振煌譯，索甲仁波切著。**西藏生死書**。台北：張老師文化事
業股份有限公司，民*85*。

☞霍韜晦。　**佛學**。上冊。香港：中文大學出版社，*1982*。

☞ーーーー。　**佛學**。下冊。香港：中文大學出版社，*1991[
1983]*。

☞ーーーー。　**佛教的現代智慧**。香港：佛教法住學會，*1982*。

☞齋戒學會編輯。**佛道教經袞解**。台北：佛陀教育基金會出版
部，民*78*。

☞藍吉富譯，高楠順次郎著。**佛教哲學要義**。台北：正文書局，
民*60*。

☞關世謙中譯，凝然大德原著，鐮田茂雄日譯。**八宗綱要**。高雄：佛光山出版社，民 *74*。

☞韓廷傑。　**唯識學概論**。台北：文津出版社有限公司，民 *82*。

教育哲學及相關領域

☞王文俊。　**人文主義與教育**。台北：五南圖書出版公司，民 *72*。

☞王鳳喈。　**中國教育史**。台北：正中書局，民 *61*。

☞王連生。　**教育哲學研究**。台北：五南圖書公司，民 *77*。

☞———。　「初等教育的哲學基礎」。載於王家通主編，**初等教育**。台北：師大書苑，民 *81*。

☞毛連塭。　**生活教育與道德成長**。台北：心理出版社，民 *83*。

☞田培林著，賈馥茗編。**教育與文化**。上下冊。台北：五南圖書出版公司，民 *65*。

☞———。　**教育史**。台北：正中書局，民 *42*。

☞———主編。**教育學新論**。台北：文景出版社，民 *82[61,58]*。

☞石偉平、王斌華、王紅宇、洪光磊、黃志成、吳鋼　合譯，*Rex Gibson* 著，葉郁菁校訂。**結構主義與教育 (Structuralism and Education)**。台北：五南圖書出版社，民 *84*。

☞伍振鷟主編。教育哲學。台北：師大書苑，民 *78*。

☞———。　**中國教育思想史**（先秦部份）。台北：師大書苑，民 *84 [76]*。

☞———。　**中國教育思想史**（兩宋部份）。台北：師大書苑，民 *81 [76]*。

☞李奉儒譯，*Roger Straugham* 著。**兒童道德教育 (Can We Teach Children To Be Good?)**。台北：揚智文化事業公

司，1994。

☞吳俊升。 **教育哲學大綱**。台北：台灣商務印書館，民62。

☞林玉體。 **西洋教育思想史**。台北：三民書局，民84。

☞———譯，*J. S. Brubacher* 著。西洋教育史。台北：教育文物出版社，民69。

☞沈 六。 **道德發展與行為之研究**。台北：水牛出版社，民80。

☞高廣孚。 **教育哲學**。台北：五南圖書公司，民78。

☞———。 **杜威教育思想**。台北：水牛出版社，民80。

☞———。 **西洋教育思想**。台北：五南圖書出版公司，民81。

☞徐宗林。 **西洋教育思想史**。台北：文景出版社，民81 [69]。

☞———。 **現代教育思潮**。台北：五南圖書出版公司，民83 [77]。

☞———。 **西洋教育史**。台北：五南圖書出版公司，民80。

☞徐南號。 **當代教育思潮**。台北：三民書局，民72 [67]。

☞許 慎。 **說文解字**。

☞張光甫。 「教育的哲學基礎」。載於王家通主編。**教育導論**。高雄：麗文文化事業公司，民84。頁93-120。

☞國立臺灣師範大學教育研究所編著。**西洋教育思想**。上下冊。高雄：復文圖書出版社，民79。

☞程石泉。 **教育哲學十論**。台北：文景出版社，民83。

☞葉學志。 **教育哲學**。台北：三民書局，民82 [72]。

☞曾紀元譯，*John Dewey* 著。**教育哲學**。台北：幼獅文化事業公司，民77 [63]。

☞黃昌誠譯，*Van Cleve Morris* 著。**存在主義與教育 (Existentialism in Education: What It Means)**。台北：五南圖書出版公司，民84。

☞賈馥茗。　教育哲學。台北：三民書局，民 72。

☞楊亮功譯，E. P. Cubberley 著。西洋教育史。台北：協志工業叢書出版公司，民 54。

☞楊深坑。　「教育的哲學基礎」。載於黃光雄主編。教育概論。台北：師大書苑，民 82。頁 213-241。

☞楊國賜。　現代教育思潮。台北：黎明文化公司，民 66。

☞詹棟樑。　現代教育哲學。台北：五南圖書出版公司，民 82。

☞———。　現代教育思潮。台北：五南圖書出版公司，民 84。

☞溫明麗，Wilfred Carr 著。新教育學 (For Education: Towards Critical Educational Inquiry)。台北：師大書苑，民 85。

☞趙一葦。　現代教育哲學大綱。台北：世界書局，民 82。

☞———譯，John S. Brubacher 著。現代教育哲學。台北：正中書局，民 56。

☞歐陽教。　教育哲學導論。台北：文景出版社，民 62。

☞———。　道德判斷與道德哲學。台北：文景出版社，民 63。

☞———。　德育原理。台北：文景出版社，民 84 [74]。

☞編輯小組。教育哲學。台北：文景出版社，民 82 [65]。

☞劉貴傑譯，P. H. Hirst & R. S. Peters 原著。教育的邏輯。台北：五南圖書出版公司，民 83。

☞劉秋木、呂正雄合譯。德育模式。台北：五南圖書出版公司，民 82。

☞郭爲藩。　人文主義的教育信念。台北：五南圖書出版公司，民 83 [77,73]。

☞陳照雄。　西洋教育哲學導論。台北：心理出版社，民 84。

☞———。　當代美國人文主義教育思想。台北：五南圖書出版

公司，民 75。

☞陳柏達。 **佛陀的人格與教育**。台北：天華出版事業公司，民 80[66]。

☞陳迺臣。 **教育哲學**。台北：心理出版社，民 81 [79]。

☞———。 「初等教育的理論基礎：哲學的基礎」。載於林萬義、呂祖琛、蔡義雄、陳迺臣合著。**初等教育**。台北：心理出版社，民 77。頁 30-36。

☞———。 「教育的哲學基礎」。載於葉學志主編。**教育概論**。台北：正中書局，民 83。頁 129-153。

☞———。 **宗教的教育價值**。台北：文景出版社，民 77。

☞謝明昆。 **道德教學法**。台北：心理出版社，民 83。

☞簡成熙。 **教育哲學**。高雄：復文圖書出版社，民 80。

☞———譯，George R. Knight 著。**美國教育哲學導論 (Issues and Alternatives In Educational Philosophy)**。台北：五南圖書公司，民 84。

☞———譯，Jonas F. Soltis 著。**教育概念分析導論 (An Introduction to the Analysis of Educational Concepts)**。台北：五南圖書出版公司，民 84。

☞鄭石岩。 **覺，教導的智慧：應用禪式教學**。台北：遠流出版公司，1994[1991]。

☞———。 **教師的大愛**。台北：遠流出版公司，民 83。

☞Adler, Mortimer J. "The Order of Learning." In **The Phiosophy of Christian Education**. American Catholic Philosophical Association Proceedings of the Western Division, 1941.

☞Allpotr, Gordon W. **Personality**. A **Psychological** Inter *pretation*. New York: Henry Holt & Company, 1937.

☞Archambault, Reginald. **Philosophical Analysis and Education**. London: Routledge & Kegan Paul, 1965.

☞Bagley, William C. **The Educative Process**. New York: Macmillan Company, 1905.

☞Barrow, Robin and Wood, Ronald. **An Introduction to Philosophy of Education**, 3rd ed. London and New York: Routledge, 1989 [1982,1975].

☞Brameld, Theodor. **Ends and Means in Education. A Midcentury Appraisal**. New York: Harper & Brothers, 1950.

☞----. **Philosophies of Education in Cultrual Perspective**. New York: Dryden Press, 1956.

☞Broudy, Harry S. **Building A Philosophy of Education**. New York: Prentice-Hall Inc., 1954.

☞Brubacher, John S. **A History of the Problems of Education**. New York: McGraw-Hill Book Company, 1947.

☞Bruner, Jerome S. **The Process of Education**. Cambridge: Harvard University Press, 1960.

☞Butler, J. Donald. **Four Philosophies and Their Practice in Education and Religion**. New York: Harper & Brothers, 1957.

☞Butts, R. Freeman. **The American Tradition in Religion and Education**. Boston: Beacon Press, 1950.

☞Dewey, John. **Democracy and Education: An Intro-**

duction to the Philosophy of Education. New York: Macmillan Company, 1916.

☞----. **Human Natrue and Conduct.** New York: The Modern Library, 1957 [1922].

☞----. **Philosophy of Education (Problems of Men).** Ames, Iowa: Littlefield, Adams & Company, 1956.

☞---. **Moral Principles in Education.** Carbondale and Edwardsville: Soutnern Illinois Univesity Press, 1975 [1909].

☞---. "My Pedagogic Creed." In **John Dewey on Education.** Edited by Reginald D. Archambault, Chicago: The University of Chicago Press, 1964.

☞----. **The Child and the Curriculum.** Chicago: The Unicersity of Chicago Press, 1902.

☞----. **Interest and Effort in Education.** Carbondale: Soutnern Illinois University Press, 1975 [1913].

☞----. **How We Think.** Boston: D. C. Heath, 1933.

☞----. **Logic: The Theory of Inquiry.** New York: Henry Holt, 1938.

☞Downey, Meriel & Kelly, A. V. **Moral Education: Theory and Practice.** London: Harper & Row Ltd., 1978.

☞Gagne, Robert M. **Conditions of Learning.** 4th ed. New York: Holt, Rienhart & Winston, 1985.

☞Gilbert, Highet. **The Art of Teaching.** New York: Vintage Books, 1958.

☞ Hare, William & Portelli, John P. eds. **Philosophy of Education: Introductory Readings**. *Alberta, Canada: Detselig Enterprises Ltd., 1988.*

☞ Henry, Nelson B. ed. **Modern Philosophies and Education . The Fifty-foruth Yearbook of the National Society for the Study of Education**. *Chicago: University of Chicago Press, 1955.*

☞ Hersh, Richard H., Miller, John P., and Fielding, Glen D. **Models of Moral Eduation**: **An Appraisal**. *New York: Longman Inc.,1980.*

☞ Horne, Herman. **The Democratic Philosophy of Education**. *New York:Macmillan Company, 1935.*

----. *Idealism in Education. New York: Macmillan Company, 1923.*

☞ Hutchins, Robert M. **The Higher Learning in America**. *New Haven: Yale University Press, 1936.*

☞ ----. **The Conflict in Education**. *New York: Harper & Brothers, 1953.*

☞ Jung, Carl G. **Memories, Dreams, Reflections**. *Translated by Richard and Clara Winston. Glasgow, Great Britain: William Collins Sons & Co. Ltd., 1986[1961].*

☞ ----. **The Development of Personality**. *Translated by R. F. C. Hull. New York: Bollingen Foundation Inc., Published by Princeton University Press, 1981 [1964, 1954].*

☞ Kandel, Issac L. **The Dilemma of Democracy**.

Cambridge: Harvard University Press, 1934.

☞Kneller, George F. **Introduction to the Philosophy of Education**. New York: John Wiley & Sons, Inc.,1971 [1964].

☞----. **Movements of Thought in Modern Education**. New York: John Wiley & Sons, Inc.,1984.

☞----. **Existentialism and Education**. New York: Philo- sophical Library, 1958.

☞----. **Logic and Language of Education**. New York: John Wiley & Sons, 1966.

☞Lucas, Christopher J., ed. **What Is Philosophy of Education?** New York: The Macmillan, 1970.

☞Magee, John B. **Philosophical Analysis in Education**. New York: Harper and Row, 1971.

☞Maslow, Abraham. **Toward A Psychology of Being**. 2nd ed. New York: D. Van Nostrand Company, 1968.

☞----. **The Farther Reaches of Human Nature**. New York: Penguin Books, 1976.

☞Mayhew, Kathrine Camp, and Edwards, Anna Camp. **The Dewey School**. New York: D. Appleton-Century, 1936.

☞O'Connor, D. J. **An Introduction to the Philosophy of Education**. London: Routledge & Kegan Paul, 1957.

☞Ozmon, H. & Craver, S. **Philosophical Foundations of Education**. 4th ed. Columbus, Ohio: Merrill Publishing Company, 1990.

☞ Piaget, Jean. **The Principles of Genetic Episte-mology**. Translated by W. Ways. London: Routledge & Kegan Paul.

☞ Pearson, Ralph M. **The New Art Education**. Rev. ed. New York: Harper & Brothers, 1953.

☞ Peters, Richard S. **Ethics and Education**. London: George Allen and Unwin, 1966.

☞ Price, K. **Education and Philosophical Thought.** 2nd. ed. Boston: Allyn and Bacon, Inc.,1967.

☞ Read, Herbert. **Education through Art**. New York: Pantheon Books, 1948.

☞ Redden, John D. and Ryan, Francis A. **A Catholic Philosophy of Education**. Milwaukee: Bruce Publishing Company, 1942.

☞ Rogers, Carl. **A Way of Being**. Boston: Houghton Mifflin Company, 1980.

☞ Russell, Bertrand. **Education and the Modern World**. New York: W. W. Norton, 1932.

☞ Scheffler, Israel. **Philosophy and Education**. Boston: Allyn and Bacon, 1966 [1958].

☞ ----. **The Language of Education**. Springfield, Illinois: Charles C. Thomas, 1960.

☞ ----. **Conditions of Language**. Chicago: Scott, Foresman, 1965.

☞ Sherman, Robert R. **Democracy, Stoicism, and Edu-**

cation, Gainesville: University of Florida Press, 1973.

☞Smith, B. Othanel, and Ennis, Robert H., eds. **Language and Concepts in Education**. Chicago: Rand McNally, 1961.

☞Soltis, Jonas F. **An Introduction to the Analysis of Educational Concepts**. Reading, Massachusetts: Addison-Wesley, 1977 [1968].

☞Taylor, Harold. **On Education and Freedom**. New York: Abelard Schuman, 1954.

☞Thompson, Keith. **Education and Philosophy. A Practical Approach**. Oxford: Basil Blackwell, 1975 [1972].

☞Ulich, Robert. **Philosophy of Education**. New York: American Book Company, 1961.

☞Van Doren, Mark. **Liberal Education**. New York: Henry Holt & Company, 1943.

☞Webb, Rodman B. and Sherman, Robert R. **Schooling and Society**. New York: Macmillan Publishing Company, 1989 [1981].

☞Whitehead, Alfred North. **The Aims of Education and Other Essays**. New York: Macmillan Co., 1926.

索引

索　引

人名索引

書名索引

一般名詞索引

永然法律事務所聲明啟事

　　本法律事務所受心理出版社之委任爲常年法律顧問，就其所出版之系列著作物，代表聲明均係受合法權益之保障，他人若未經該出版社之同意，逕以不法行爲侵害著作權者，本所當依法追究，俾維護其權益，特此聲明。

　　　　　　　永然法律事務所

　　　　　　　李永然律師

一般教育 24

教育哲學導論：人文、民主與教育

作　　　者：陳迺臣

責任編輯：戴月芳

執行主編：張毓如

總　編　輯：吳道愉

發　行　人：邱維城

出　版　者：心理出版社股份有限公司

社　　　址：台北市和平東路二段 163 號 4 樓

總　　　機：(02) 27069505

傳　　　眞：(02) 23254014

郵　　　撥：19293172

E-mail：psychoco@ms15.hinet.net

網　　　址：www.psy.com.tw

駐美代表：Lisa Wu

　　Tel：973 546-5845　　　　　Fax：973 546-7651

法律顧問：李永然

登　記　證：局版北市業字第 1372 號

印　刷　者：玖進印刷有限公司

初版一刷：1997 年 2 月

再版一刷：2001 年 7 月

定價：新台幣 400 元

ISBN 957-702-212-X

讀者意見回函卡

No._____ 　　　　　　　　　　　　填寫日期：　年　月　日

感謝您購買本公司出版品。為提升我們的服務品質，請惠填以下資料寄回本社【或傳真(02)2325-4014】提供我們出書、修訂及辦活動之參考。您將不定期收到本公司最新出版及活動訊息。謝謝您！

姓名：_____ 　　性別：1□男 2□女

職業：1□教師 2□學生 3□上班族 4□家庭主婦 5□自由業 6□其他_____

學歷：1□博士 2□碩士 3□大學 4□專科 5□高中 6□國中 7□國中以下

服務單位：_____ 　部門：_____職稱：_____

服務地址：_____ 電話：_____傳真：_____

住家地址：_____ 電話：_____傳真：_____

電子郵件地址：_____

書名：_____

一、您認為本書的優點：（可複選）

　　❶□內容 ❷□文筆 ❸□校對❹□編排❺□封面 ❻□其他_____

二、您認為本書需再加強的地方：（可複選）

　　❶□內容 ❷□文筆 ❸□校對❹□編排 ❺□封面 ❻□其他_____

三、您購買本書的消息來源：（請單選）

　　❶□本公司 ❷□逛書局⇨_____書局 ❸□老師或親友介紹

　　❹□書展⇨____書展 ❺□心理心雜誌 ❻□書評 ❼□其他_____

四、您希望我們舉辦何種活動：（可複選）

　　❶□作者演講❷□研習會❸□研討會❹□書展❺□其他_____

五、您購買本書的原因：（可複選）

　　❶□對主題感興趣 ❷□上課教材⇨課程名稱_____

　　❸□舉辦活動 ❹□其他_____ 　　　（請翻頁繼續）

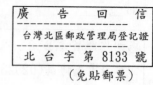

<table>
<tr><td>廣　告　回　信</td></tr>
<tr><td>台灣北區郵政管理局登記證</td></tr>
<tr><td>北　台　字　第　8133　號</td></tr>
</table>

（免貼郵票）

 心理出版社 股份有限公司

台北市 106 和平東路二段 163 號 4 樓

TEL:(02)2706-9505
FAX:(02)2325-4014
EMAIL:psychoco@ms15.hinet.net

沿線對折訂好後寄回

六、您希望我們多出版何種類型的書籍

❶□心理 ❷□輔導 ❸□教育 ❹□社工 ❺□測驗 ❻□其他

七、如果您是老師，是否有撰寫教科書的計劃：□有□無

書名/課程：_____

八、您教授/修習的課程：

上學期：_____

下學期：_____

進修班：_____

暑　假：_____

寒　假：_____

學分班：_____

九、您的其他意見

_____

謝謝您的指教！

41024